COLECCIÓN POPULAR

51

EL CUENTO HISPANOAMERICANO

*

SEYMOUR MENTON

EL CUENTO
HISPANOAMERICANO

ANTOLOGÍA CRÍTICO–HISTÓRICA

*

COLECCION

POPULAR

FONDO DE CULTURA ECONÓMICA

MÉXICO

Primera edición,   1964
Primera reimpresión, 1965
Segunda reimpresión, 1970
Tercera reimpresión, 1972
Cuarta reimpresión, 1974
Quinta reimpresión, 1976
Sexta reimpresión,   1977
Séptima reimpresión, 1978
Octava reimpresión   1979

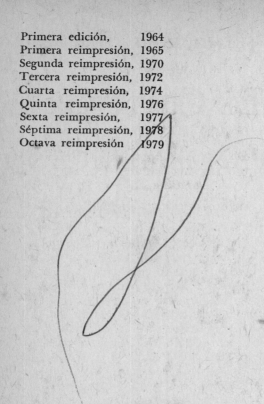

D. R. © 1964 Fondo de Cultura Económica
Av. de la Universidad 975, México 12, D. F.

ISBN 968–16–0016–9 (edición completa)
ISBN 968–16–0017–7 (volumen I)

Impreso en México

PRÓLOGO

QUE YO sepa, no hay ningún antólogo que haya
pretendido abarcar, con espíritu analítico, el desarrollo del cuento en Hispanoamérica desde sus
primeros brotes románticos hasta su exuberancia
madura del presente. Existen muchas antologías
nacionales; otras, hispanoamericanas, se limitan
a ciertas épocas; algunas no reconocen el cuento
como un género literario independiente de la novela; y muy pocas incluyen comentarios verdaderamente críticos.

El título que decidí poner a esta obra —*El
cuento hispanoamericano: antología crítico-his-
tórica*— refleja bastante bien mi base de selección. A pesar de algunos antecedentes más o
menos lejanos, el cuento no aparece en las letras
hispanoamericanas hasta después de las guerras
de independencia, durante la época romántica.
De ahí hasta la actualidad, trato el cuento desde
cuatro ángulos: como una indicación del desarrollo del género; como una manifestación del
movimiento literario vigente; como reflejo de la
gestación de una literatura ya no hispanoamericana, sino nacional; y como una obra de arte
con valores universales. Hay que manifestar que
es raro que converjan los cuatro enfoques en el
análisis de un cuento. Más bien, están en pugna
constante. Un cuento que sirve para representar
el romanticismo, el naturalismo o el surrealismo
puede tener una importancia principalmente histórica; en cambio, un cuento de altos valores

7

literarios puede negar totalmente las generaliza-
ciones que se han hecho sobre la literatura de
ese país en esa época. No obstante, al intentar
unir el trabajo del historiador de la literatura
con el del crítico literario, no he rehuido de ninguna manera las anomalías que tienen que surgir
a raíz de esa unión.

Tratándose de cierto género literario, hay
que empezar con una definición, por arbitra-
ria que sea. *El cuento es una narración, fingida
en todo o en parte, creada por un autor, que se
puede leer en menos de una hora y cuyos elementos contribuyen a producir un solo efecto.* Así
es que la novela se diferencia del cuento tanto
por su extensión como por su complejidad; los
artículos de costumbres y las tradiciones, por su
base verídica y por la intervención directa del
autor que rompe la unidad artística; y las fábu-
las y las leyendas, por su carácter difuso y por
carecer en parte de la creación original del autor.

La estructura de esta antología se basa en los
distintos movimientos literarios que han marcado
la evolución de la literatura hispanoamericana
desde la tercera década del siglo XIX: romanticismo; realismo; naturalismo; modernismo;
criollismo; cosmopolitismo* (surrealismo, cu-
bismo, realismo mágico y existencialismo); y
neorrealismo. Para cada movimiento, señalo los
rasgos generales, los orígenes y las particulari-
dades hispanoamericanas. A continuación van
los cuentos representativos, o a veces anómalos,

---

* También llamado *universalismo*. Opté por el término
cosmopolitismo para no insinuar que el criollismo carece
de valores universales.

precedidos de un pequeño bosquejo biográfico y seguidos de un análisis crítico. En fin, esta antología tiene dos propósitos: *1)* Presentar de una manera ordenada lo mejor de la producción cuentística de Hispanoamérica; *2)* Propagar un método analítico que tal vez sirva de base para la interpretación y el mayor aprecio de los cuentos que se han escrito y de los que quedan por escribir.

Tales propósitos excluyen naturalmente cualquier intento de dar igual representación a todos los países hispanoamericanos.

He tenido que defender los juicios críticos y la selección de los cuentos ante las preguntas penetrantes de tres grupos de alumnos graduados de la Universidad de Kansas por cuyo espíritu exigente estoy sumamente agradecido. Para la depuración del estilo, conté con la ayuda generosa de Cristina E. de Escher, Carmen Vieytes y Leonor Dalla Costa Mills. La preparación final del libro se debe al trabajo cuidadoso de Carmen Murillo. Agradezco también a los altos funcionarios de la Universidad de Kansas el haberme otorgado el tiempo y los fondos necesarios para llevar a cabo este proyecto.

EL ROMANTICISMO

Los PRIMEROS cuentos hispanoamericanos aparecieron en plena época romántica. Importado de Europa, el romanticismo encontró tierra propicia en América y echó raíces profundas que todavía no se han extirpado. Este movimiento puede definirse como una actitud de inconformidad e inadaptabilidad que se manifiesta de dos modos: rebeldía y retiro. Tiene sus orígenes tanto en la historia como en la literatura. En Inglaterra, el romanticismo surgió al principio con los poetas laguistas como una protesta contra los efectos de la Revolución Industrial. En Francia, la restauración de la monarquía después de Waterloo abatió el espíritu de los jóvenes intelectuales entusiasmados con los ideales de la Revolución Francesa y con la gloria militar de Napoleón. Además de estos hechos históricos, el romanticismo constituyó una reacción literaria contra el clasicismo, reacción que se manifestaba ya en la primera mitad del siglo XVIII. Añádase el impulso de la melancolía germánica y ya estaba alistado para invadir a América.

Aunque no se puede negar la procedencia europea del romanticismo, hay que reconocer las condiciones propicias del suelo americano. Inspiradas en parte en la Revolución Francesa, las guerras de independencia eran románticas: la lucha por la libertad; las grandes hazañas militares; los altibajos en las fortunas de las guerras; la participación del plebeyo en algunos

11

países; y las condiciones anárquicas. Una vez ganada la victoria final sobre España, los caciques adoptaron el romanticismo como una manera de vivir y siguió un periodo anárquico de unos cincuenta años durante el cual los intelectuales-literatos o mantuvieron una lucha exaltada contra los tiranos; o buscaron en la literatura las bases para fundar una cultura nacional; o sencillamente se desentendieron por completo de la barbarie que asolaba su patria.

En sus obras, los románticos se limitaron a cuatro temas. Los rebeldes, inspirados por Byron, desarrollaron el tema político-liberal, *la lucha contra la tiranía*. Los desilusionados se retiraron del mundo agitado cultivando temas exóticos. *El exotismo geográfico*, inspirado en Chateaubriand y James Fenimore Cooper, trató al indio americano como al "noble salvaje" que se imaginaban los europeos; *el exotismo histórico* convirtió el medievo de Scott en la época colonial de América, y el *exotismo sentimental* produjo amores imposibles que emparentaban con las obras de Saint-Pierre y de Lamartine.

En Europa, el romanticismo encontró su mejor expresión en la poesía y luego en el teatro y por último, en la novela. El cuento todavía no se reconocía como un género independiente de altos valores literarios. En América, pasó lo mismo, a excepción del teatro, que no se desarrolló por falta de grandes centros urbanos, y de la novela que andaba en pañales. Así es que, el cuento y la novela comienzan juntos su trayectoria, lo cual explica en parte la confusión que aparece de vez en cuando entre los dos géneros.

ESTEBAN ECHEVERRÍA
[1805-1851]

Argentino. La figura más importante del romanticismo hispanoamericano. Pasó cuatro años en París, donde absorbió el ambiente romántico, y volvió a Buenos Aires en 1830 para juntarse con los otros jóvenes de su generación: Juan Bautista Alberdi, Juan María Gutiérrez, Vicente Fidel López, Domingo F. Sarmiento y Bartolomé Mitre. En 1838, colaboró en la fundación de la Joven Asociación, o Asociación de Mayo, que difundió el liberalismo y el romanticismo por la Argentina y por otras partes de Hispanoamérica. Redactó el Código de la Asociación, la Declaración de los principios que constituyen la creencia social de la República Argentina, *que se publicó en forma definitiva en 1846 bajo el título de* Dogma socialista. *En 1840, emigró al Uruguay donde murió once años después. Autor de la primera obra romántica de procedencia francesa, "Elvira o la novia del Plata" (1832); del primer poema de tema y de ambiente americanos, "La cautiva" (1837); y de uno de los primeros cuentos americanos, "El matadero" (1838).*

EL MATADERO

A PESAR de que la mía es historia, no la empezaré por el arca de Noé y la genealogía de sus ascendientes como acostumbran hacerlo los antiguos historiadores españoles de América que deben ser nuestros prototipos. Tengo muchas razones para

13

no seguir ese ejemplo, las que callo por no ser difuso. Diré solamente que los sucesos de mi narración, pasaban por los años de Cristo de 183... Estábamos, a más, en cuaresma, época en que escasea la carne en Buenos Aires, porque la Iglesia, adoptando el precepto de Epicteto, *sustine obstine* (sufre, abstente) ordena vigilia y abstinencia a los estómagos de los fieles, a causa de que la carne es pecaminosa y, como dice el proverbio, busca a la carne. Y como la Iglesia tiene *ab initio* y por delegación directa de Dios el imperio inmaterial sobre las conciencias y estómagos, que en manera alguna pertenecen al individuo, nada más justo y racional que vede lo malo.

Los abastecedores, por otra parte, buenos federales, y por lo mismo buenos católicos, sabiendo que el pueblo de Buenos Aires atesora una docilidad singular para someterse a toda especie de mandamientos, sólo traen en días cuaresmales al matadero los novillos necesarios para el sustento de los niños y de los enfermos dispensados de la abstinencia por la Bula... y no con el ánimo de que se harten algunos herejotes, que no faltan, dispuestos siempre a violar los mandamientos carnificinos de la Iglesia, y a contaminar la sociedad con el mal ejemplo.

Sucedió, pues en aquel tiempo, una lluvia muy copiosa. Los caminos se anegaron; los pantanos se pusieron a nado y las calles de entrada y salida a la ciudad rebosaban en acuoso barro. Una tremenda avenida se precipitó de repente por el Riachuelo de Barracas, y extendió majestuosamente sus turbias aguas hasta el pie de las barrancas del Alto. El Plata, creciendo embravecido, empujó esas aguas que venían buscando su cauce y las hizo correr hinchadas por sobre campos, terraplenes, arboledas, caseríos, y extenderse como un lago inmenso

14

por todas las bajas tierras. La ciudad circunvalada del norte al este por una cintura de agua y barro, y al sur por un piélago blanquecino en cuya superficie flotaban a la ventura algunos barquichuelos y negreaban las chimeneas y las copas de los árboles, echaba desde sus torres y barrancas atónitas miradas al horizonte, como implorando misericordia al Altísimo. Parecía el amago de un nuevo diluvio. Los beatos y beatas gimoteaban haciendo novenarios y continuas plegarias. Los predicadores atronaban el templo y hacían crujir el púlpito a puñetazos. Es el día del juicio —decían—, el fin del mundo está por venir. La cólera divina, rebosando, se derrama en inundación. ¡Ay de vosotros, pecadores! ¡Ay de vosotros, unitarios impíos que os mofáis de la Iglesia, de los santos, y no escucháis con veneración la palabra de los ungidos del Señor! ¡Ah de vosotros si no imploráis misericordia al pie de los altares! Llegará la hora tremenda del vano crujir de dientes de las frenéticas imprecaciones. Vuestra impiedad, vuestras herejías, vuestras blasfemias, vuestros crímenes horrendos, han traído sobre nuestra tierra las plagas del Señor. La justicia y el Dios de la Federación os declarará malditos.

Las pobres mujeres salían sin aliento, anonadadas del templo, echando, como era natural, la culpa de aquella calamidad a los unitarios.

Continuaba, sin embargo, lloviendo a cántaros y la inundación crecía acreditando el pronóstico de los predicadores. Las campanas comenzaron a tocar rogativas por orden del muy católico Restaurador, quien parece no las tenía todas consigo. Los libertinos, los incrédulos, es decir, los unitarios, empezaron a amedrentarse al ver tanta cara compungida, oír tanta batahola de imprecaciones. Se hablaba ya, como de cosa resuelta, de una procesión en que debía ir toda la población descalza y a cráneo

15

descubierto, acompañando al **Altísimo**, llevado bajo palio por el obispo, hasta la barranca de Balcarce, donde millares de voces conjurando al demonio unitario, debían implorar la misericordia divina.

Felíz, o mejor, desgraciadamente, pues la cosa habría sido de verse, no tuvo efecto la ceremonia, porque bajando el Plata, la inundación se fue poco a poco escurriendo en su inmenso lecho sin necesidad de conjuro ni plegarias.

Lo que hace principalmente a mi historia es que por causa de la inundación estuvo quince días el matadero de la Convalecencia sin ver una sola cabeza vacuna, y que en uno o dos, todos los bueyes de quinteros y *aguateros* se consumieron en el abasto de la ciudad. Los pobres niños y enfermos se alimentaban con huevos y gallinas, y los gringos y herejotes bramaban por el *beef-steak* y el asado. La abstinencia de carne era general en el pueblo, que nunca se hizo más digno de la bendición de la Iglesia, y así fue que llovieron sobre él millones y millones de indulgencias plenarias. Las gallinas se pusieron a 6 pesos y los huevos a 4 reales y el pescado carísimo. No hubo en aquellos días cuaresmales promiscuaciones ni excesos de gula; pero en cambio se fueron derechas al cielo innumerables ánimas y acontecieron cosas que parecen soñadas.

No quedó en el matadero ni un solo ratón de muchos millares que allí tenían albergue. Todos murieron o de hambre o ahogados en sus cuevas por la incesante lluvia. Multitud de negras rebusconas de *achuras*, como los caranchos de presa, se desbandaron por la ciudad como otras tantas harpías prontas a devorar cuanto hallaran comible. Las gaviotas y los perros, inseparables rivales suyos en el matadero, emigraron en busca de alimento animal. Porción de viejos achacosos cayeron en consunción por falta de nutritivo caldo; pero lo más notable

16

que sucedió fue el fallecimiento casi repentino de unos cuantos gringos herejes que cometieron el desacato de darse un hartazgo de chorizos de Extremadura, jamón y bacalao y se fueron al otro mundo a pagar el pecado cometido por tan abominable promiscuación.

Algunos médicos opinaron que si la carencia de carne continuaba, medio pueblo caería en síncope por estar los estómagos acostumbrados a su corroborante jugo; y era de notar el contraste entre estos tristes pronósticos de la ciencia y los anatemas lanzados desde el púlpito por los reverendos padres contra toda clase de nutrición animal y de promiscuación en aquellos días destinados por la Iglesia al ayuno y la penitencia. Se originó de aquí una especie de guerra intestina entre los estómagos y las conciencias, atizada por el inexorable apetito y las no menos inexorables vociferaciones de los ministros de la Iglesia, quienes, como es su deber, no transigen con vicio alguno que tienda a relajar las costumbres católicas: a los que se agregaba el estado de flatulencia intestinal de los habitantes, producido por el pescado y los porotos y otros alimentos algo indigestos.

Esta guerra se manifestaba por sollozos y gritos descompasados en la peroración de los sermones y por rumores y estruendos subitáneos en las casas y las calles de la ciudad o dondequiera concurría gente. Alarmóse un tanto el Gobierno, tan paternal como previsor, del Restaurador, creyendo aquellos tumultos de origen revolucionario y atribuyéndolos a los mismos salvajes unitarios, cuyas impiedades, según los predicadores federales, habían traído sobre el país la inundación de la cólera divina; tomó activas providencias, desparramó sus esbirros por la población y por último, bien informado, promulgó un decreto tranquilizador de las conciencias y de

17

los estómagos, encabezado por un considerando muy sabio y piadoso para que a todo trance y arremetiendo por agua y todo se trajera ganado a los corrales.

En efecto, al décimosexto día de la carestía, víspera del día de Dolores, entró a nado, por el matadero del Alto, una tropa de cincuenta novillos gordos; cosa poca, por cierto, para una población acostumbrada a consumir diariamente de 250 a 300, y cuya tercera parte, al menos, gozaría del fuero eclesiástico de alimentarse con carne. ¡Cosa extraña que haya estómagos privilegiados y estómagos sujetos a las leyes inviolables y que la Iglesia tenga la llave de los estómagos!

Pero no es extraño, supuesto que el diablo con la carne suele meterse en el cuerpo y que la Iglesia tiene el poder de conjurarlo: el caso es reducir al hombre a una máquina cuyo móvil principal no sea su voluntad, sino la de la Iglesia y el Gobierno. Quizá llegue el día en que sea prohibido respirar aire libre, pasearse y hasta conversar con un amigo, sin permiso de autoridad competente. Así era, poco más o menos, en los felices tiempos de nuestros beatos abuelos que, por desgracia, vino a turbar la revolución de Mayo.

Sea como fuera, a la noticia de la providencia gubernativa, los corrales del Alto se llenaron, a pesar del barro, de carniceros, achuradores y curiosos, quienes recibieron con grandes vociferaciones y palmoteos los cincuenta novillos destinados al matadero.

—Chica, pero gorda —exclamaban—. ¡Viva la Federación! ¡Viva el Restaurador! Porque han de saber los lectores que en aquel tiempo la Federación estaba en todas partes, hasta entre las inmundicias del matadero y no había fiesta sin Restaurador, como no hay sermón sin San Agustín. Cuentan que al

18

oír tan desaforados gritos las últimas ratas que agonizaban de hambre en sus cuevas, se reanimaron y echaron a correr desatentadas conociendo que volvían a aquellos lugares la acostumbrada alegría y la algazara precursora de abundancia.

El primer novillo que se mató fue todo entero de regalo al Restaurador, hombre muy amigo del asado. Una comisión de carniceros marchó a ofrecérselo a nombre de los federales del matadero, manifestándole *in voce* su agradecimiento por la acertada providencia del Gobierno, su adhesión ilimitada al Restaurador y su odio entrañable a los salvajes unitarios, enemigos de Dios y de los hombres. El Restaurador contestó a la arenga *rinforzando* sobre el mismo tema y concluyó la ceremonia con los correspondientes vivas y vociferaciones de los espectadores y actores. Es de creer que el Restaurador tuviese permiso especial de su ilustrísima para no abstenerse de carne, porque siendo tan buen observador de las leyes, tan buen católico y tan acérrimo protector de la religión, no hubiera dado mal ejemplo aceptando semejante regalo en día santo.

Siguió la matanza y en un cuarto de hora cuarenta y nueve novillos se hallaban tendidos en la playa del matadero, desollados unos, los otros por desollar. El espectáculo que ofrecía entonces era animoso y pintoresco aunque reunía todo lo horriblemente feo, inmundo y deforme de una pequeña clase proletaria peculiar del Río de la Plata. Pero para que el lector pueda percibirlo a un golpe de ojo preciso es hacer un croquis de la localidad.

El matadero de la Convalescencia o Alto, sito en las quintas del sur de la ciudad, es una gran playa en forma rectangular, colocada al extremo de dos calles, una de las cuales allí se termina y la otra se prolonga hacia el Este.

Esta playa, con declive al sur, está cortada por un

zanjón labrado por la corriente de las aguas fluviales, en cuyos bordes laterales se muestran innumerables cuevas de ratones y cuyo cauce recoge, en tiempo de lluvia, toda la sangraza seca o reciente del matadero. En la junción del ángulo recto, hacia el oeste, está lo que llaman la casilla, edificio bajo, de tres piezas de media agua, con corredor al frente que da a la calle y palenque para atar caballos, a cuya espalda se notan varios corrales de palo a pique, de ñandubay, con sus fornidas puertas para encerrar el ganado.

Estos corrales son en tiempo de invierno un verdadero lodazal en el cual los animales apeñuscados se hunden hasta el encuentro y quedan como pegados y casi sin movimiento. En la casilla se hace la recaudación del impuesto de corrales, se cobran las multas por violación de reglamentos y se sienta el juez del matadero, personaje importante, caudillo de los carniceros y que ejerce la suma del poder en aquella pequeña República por delegación del Restaurador. Fácil es calcular qué clase de hombre se requiere para el desempeño de semejante cargo. La casilla, por otra parte, es un edificio tan ruin y pequeño que nadie lo notaría en los corrales a no estar asociado su nombre al del terrible juez y a no resaltar sobre su blanca cintura los siguientes letreros rojos: "Viva la Federación". "Viva el Restaurador y la heroína doña Encarnación Ezcurra", "Mueran los salvajes unitarios." Letreros muy significativos, símbolos de la fe política y religiosa de la gente del matadero. Pero algunos lectores no sabrán que la tal heroína es la difunta esposa del Restaurador, patrona muy querida de los carniceros, quienes ya muerta la veneraban como viva por sus virtudes cristianas y su federal heroísmo en la revolución contra Balcarce. Es el caso que en un aniversario de aquella memorable hazaña de la mazorca, los carniceros festejaron con un espléndido banquete en la casilla a la heroína, banquete a que concurrió con su hija y otras señoras federales, y que allí, en presencia de un gran concurso, ofreció a los señores carniceros en un solemne brindis su federal patrocinio, por cuyo motivo ellos la proclamaron entusiastamente patrona del matadero, estampando su nombre en las paredes de la casilla donde se estará hasta que lo borre la mano del tiempo.

La perspectiva del matadero a la distancia era grotesca, llena de animación. Cuarenta y nueve reses estaban tendidas sobre sus cueros y cerca de doscientas personas hollaban aquel suelo de lodo regado con la sangre de sus arterias. En torno de cada res resaltaba un grupo de figuras humanas de tez y raza distintas. La figura más prominente de cada grupo era el carnicero con el cuchillo en mano, brazo y pecho desnudos, cabello largo y revuelto, camisa, chiripá y rostro embadurnados de sangre. A sus espaldas se rebullían, caracoleando y siguiendo los movimientos, una comparsa de muchachos, de negras y mulatas achuradoras, cuya fealdad trasuntaba las harpías de la fábula, y entremezclados con ella, algunos enormes mastines olfateaban, gruñían o se daban de tarascones por la presa. Cuarenta y tantas carretas toldadas con negruzco y pelado cuero se escalonaban irregularmente a lo largo de la playa y algunos jinetes, con el poncho calado y el lazo prendido al tiento, cruzaban por entre ellas al tranco o reclinados sobre el pescuezo de los caballos echaban ojo indolente sobre uno de aquellos animados grupos, al paso que más arriba, en el aire, un enjambre de gaviotas blanquiazules que habían vuelto de la emigración al olor de carne, revoloteaban cubriendo con su disonante graznido todos los ruidos y voces del matadero y proyectando una sombra clara sobre aquel campo de horrible carnicería. Esto se notaba al principio de la matanza.

Pero a medida que adelantaba, la perspectiva variaba; los grupos se deshacían, venían a formarse tomando diversas actitudes y se desparramaban corriendo como si en medio de ellos cayese alguna bala perdida o asomase la quijada de algún encolerizado mastín. Esto era, que interín el carnicero en un grupo descuartizaba a golpe de hacha, colgaba en otro los cuartos en los ganchos a su carreta, despellejaba en éste, sacaba el sebo en aquél, de entre la chusma que ojeaba y aguardaba la presa de achura salía de cuando en cuando una mugrienta mano a dar un tarazón con el cuchillo al sebo o a los cuartos de la res, lo que originaba gritos y explosión de cólera del carnicero y el continuo hervidero de los grupos, —dichos y gritería descompasada de los muchachos.

—Ahí se mete el sebo en las tetas, la tía —gritaba uno.

—Aquél lo escondió en el alzapón —replicaba la negra.

—¡Ché!, negra bruja, salí de aquí antes que te pegue un tajo —exclamaba el carnicero.

—¿Qué le hago ño Juan? ¡No sea malo! Yo no quiero sino la panza y las tripas.

—Son para esa bruja: a la m...

—¡A la bruja! ¡a la bruja!, repitieron los muchachos, ¡se lleva la riñonada y el tongorí! Y cayeron sobre su cabeza sendos cuajos de sangre y tremendas pelotas de barro.

Hacia otra parte, entre tanto, dos africanas llevaban arrastrando las entrañas de un animal; allá una mulata se alejaba con un ovillo de tripas y resbalando de repente sobre un charco de sangre, caía a plomo, cubriendo con su cuerpo la codiciada presa. Acullá se veían acurrucadas en hilera 400 negras destejiendo sobre las faldas el ovillo y arrancando uno a uno los sebitos que el avaro cuchillo del carnicero había dejado en la tripa como rezagados, al paso que otras vaciaban panzas y vejigas y las henchían de aire de sus pulmones para depositar en ellas, luego de secas, la achura.

Varios muchachos, gambeteando a pie y a caballo, se daban de vejigazos o se tiraban bolas de carne, desparramando con ellas y su algazara la nube de gaviotas que columpiándose en el aire celebraban chillando la matanza. Oíanse a menudo, a pesar del veto del Restaurador y de la santidad del día, palabras inmundas y obscenas, vociferaciones preñadas de todo el cinismo bestial que caracterizaban a la chusma de nuestros mataderos, con las cuales no quiero regalar a los lectores.

De repente caía un bofe sangriento sobre la cabeza de alguno, que de allí pasaba a la de otro, hasta que algún deforme mastín lo hacía buena presa, y una cuadrilla de otros, por si estrujo o no estrujo, armaba una tremenda de gruñidos y mordiscones. Alguna tía vieja salía furiosa en persecución de un muchacho que le había embadurnado el rostro con sangre, y acudiendo a sus gritos y puteadas los compañeros del rapaz la rodeaban y azuzaban como los perros al toro y llovían sobre ella zoquetes de carne, bolas de estiércol, con groseras carcajadas y gritos frecuentes, hasta que el juez mandaba restablecer el orden y despejar el campo.

Por un lado dos muchachos se adiestraban en el manejo del cuchillo tirándose horrendos tajos y reveses; por otro, cuatro, ya adolescentes, ventilaban a cuchilladas el derecho a una tripa gorda y un mondongo que habían robado a un carnicero, y no de ellos distante, porción de perros, flacos ya de la forzosa abstinencia, empleaban el mismo medio para saber quién se llevaría un hígado envuelto en barro. Simulacro en pequeño era éste del modo bárbaro con que se ventilan en nuestro país las cuestiones y los derechos individuales y sociales. En fin, la escena que se representaba en el matadero era para vista, no para escrita.

Un animal había quedado en los corrales de corta y ancha cerviz, de mirar fiero, sobre cuyos órganos genitales no estaban conformes los pareceres porque tenía apariencias de toro y de novillo. Llególe su hora. Dos enlazadores a caballo penetraron al corral en cuyo contorno hervía la chusma a pie, a caballo y horquetada sobre sus nudosos palos. Formaban en la puerta el más grotesco y sobresaliente grupo varios pialadores y enlazadores de a pie, con el brazo desnudo y armados del certero lazo, la cabeza cubierta con un pañuelo punzó y chaleco y chiripá colorados, teniendo a sus espaldas varios jinetes y espectadores de ojo escrutador y anhelante.

El animal prendido ya al lazo por las astas, bramaba echando espuma, furibundo, y no había demonio que lo hiciera salir del pegajoso barro donde estaba como clavado y era imposible pialarlo. Gritábanlo, lo azuzaban en vano con las mantas y pañuelos los muchachos prendidos sobre las horquetas del corral, y era de oír la disonante batahola de silbidos, palmadas y voces tiples y roncas que se desprendían de aquella singular orquesta.

Los dicharachos, las exclamaciones chistosas y obscenas rodaban de boca en boca y cada cual hacía alarde espontáneamente de su ingenio y de su agudeza, excitado por el espectáculo o picado por el aguijón de alguna lengua locuaz.

—Hi... de p... en el toro.

—Al diablo los torunos del Azul.

—Mal haya el tropero que nos da gato por liebre.

—Si es novillo.

—¿No está viendo que es toro viejo?

24

—Como toro le ha de quedar. Muéstreme los c... si les parece, ¡c...o!

—Ahí los tiene entre las piernas. ¿No los ve amigo, más grandes que la cabeza de un castaño? ¿O se ha quedado ciego en el camino?

—Su madre sería la ciega, pues que tal hijo ha parido. ¿No ve que todo ese bulto es barro?

—Es emperrado y arisco como un unitario.

Y al oír esta mágica palabra, todos a una vez exclamaron: ¡mueran los salvajes unitarios!

—Para el tuerto los h...

—Sí, para el tuerto, que es hombre de c... para pelear con los unitarios.

—El matahambre a Matasiete, degollador de unitarios. ¡Viva Matasiete!

—¡A Matasiete el matahambre!

—¡Allá va!, gritó una voz ronca interrumpiendo aquellos desahogos de la cobardía feroz. ¡Allá va el toro!

—¡Alerta! Guarda los de la puerta. ¡Allá va furioso como un demonio!

Y en efecto, el animal acosado por los gritos y sobre todo por dos picanas agudas que le espoleaban la cola, sintiendo flojo el lazo, arremetió bufando a la puerta, lanzando a entrambos lados una rojiza y fosfórica mirada. Diole el tirón el enlazador sentando su caballo, desprendió el lazo de la asta, crujió por el aire un áspero zumbido y al mismo tiempo se vio rodar desde lo alto de una horqueta del corral como si un golpe de hacha la hubiese dividido a cercén, una cabeza de niño cuyo tronco permaneció inmóvil sobre su caballo de palo, lanzando por cada arteria un largo chorro de sangre.

—Se cortó el lazo, gritaron unos: allá va el toro. Pero otros, deslumbrados y atónitos, guardaron silencio porque todo fue como un relámpago. Desparramóse un tanto el grupo de la puerta. Una parte se agolpó sobre la cabeza y el cadáver palpitante del muchacho degollado por el lazo, manifestando horror en su atónito semblante, y la otra parte, compuesta de jinetes que no vieron la catástrofe, se escurrió en distintas direcciones en pos del toro, vociferando y gritando. ¡Allá va el toro! ¡Atajen! ¡Guarda! —Enlaza, Sietepelos. —¡Que te agarra, Botija! —Va furioso: no se le pongan delante. —Ataja, ataja, morado! —Déle espuela al mancarrón. —Ya se metió en la calle sola. —¡Que lo ataje el diablo!

El tropel y vocerío era infernal. Unas cuantas negras achuradoras, sentadas en hilera al borde del zanjón, oyendo el tumulto, se acogieron y agazaparon entre las panzas y tripas que desenredaban y devanaban con la paciencia de Penélope, lo que sin duda las salvó, porque el animal lanzó al mirarlas un bufido aterrador, dio un brinco sesgado y siguió adelante perseguido por los jinetes. Cuentan que una de ellas se fue de cámaras, otra rezó salves en dos minutos, y dos prometieron a San Benito no volver jamás a aquellos malditos corrales y abandonar el oficio de achuradoras. No se sabe si cumplieron las promesas.

El toro, entre tanto, tomó hacia la ciudad por una larga y angosta calle que parte de la punta más aguda del rectángulo anteriormente descrito, calle encerrada por una zanja y un cerco de tunas, que llaman *sola* por no tener más de dos casas laterales y en cuyo aposado centro había un profundo pantano que tomaba de zanja a zanja. Cierto inglés, de vuelta de su saladero, vadeaba este pantano a la sazón, paso a paso en un caballo algo arisco, y sin duda iba tan absorto en sus cálculos que no oyó el tropel de jinetes ni la gritería, sino cuando el toro arremetía al pantano. Azoróse de repente su caballo dando un brinco al sesgo y echó a correr dejando al pobre hombre hundido media vara en el fango. Este accidente, sin embargo, no detuvo ni refrenó la carrera de los perseguidores del toro, antes al contrario, soltando carcajadas sarcásticas —¡se amoló el gringo!; ¡levántate, gringo! —exclamaron y cruzaron el pantano amasando con barro bajo las patas de sus caballos, su miserable cuerpo. Salió el gringo como pudo después a la orilla, más con la apariencia de un demonio tostado por las llamas del infierno que de un hombre blanco pelirrubio. Más adelante, al grito de ¡al toro! ¡al toro! cuatro negras achuradoras que se retiraban con su presa se zambulleron en la zanja llena de agua, único refugio que les quedaba.

El animal, entre tanto, después de haber corrido unas veinte cuadras en distintas direcciones, azorando con su presencia a todo viviente, se metió por la tranquera de una quinta donde halló su perdición. Aunque cansado, manifestaba bríos y colérico ceño; pero rodeábalo una zanja profunda y un tupido cerco de pitas, y no había escape. Juntáronse luego sus perseguidores que se hallaban desbandados y resolvieron llevarlo en un señuelo de bueyes para que expiase su atentado en el lugar mismo donde lo había cometido.

Una hora después de su fuga el toro estaba otra vez en el Matadero, donde la poca chusma que había quedado no hablaba sino de sus fechorías. La aventura del gringo en el pantano excitaba principalmente la risa y el sarcasmo. Del niño degollado por el lazo no quedaba sino un charco de sangre; su cadáver estaba en el cementerio.

Enlazaron muy luego por las astas al animal que brincaba haciendo hincapié y lanzando roncos bramidos. Echáronle uno, dos, tres piales; pero infructuosos; al cuarto quedó prendido de una pata: su brío y su furia redoblaron; su lengua, estirándose convulsiva, arrojaba espuma, su nariz humo, sus ojos miradas encendidas. —¡Desjarreten ese animal! exclamó una voz imperiosa. Matasiete se tiró al punto del caballo, cortóle el garrón de una cuchillada y gambeteando en torno de él con su enorme daga en mano, se la hundió al cabo hasta el puño en la garganta, mostrándola en seguida humeante y roja a los espectadores. Brotó un torrente de la herida, exhaló algunos bramidos roncos, vaciló y cayó el soberbio animal entre los gritos de la chusma que proclamaba a Matasiete vencedor y le adjudicaba en premio el matahambre. Matasiete extendió, como orgulloso, por segunda vez el brazo y el cuchillo ensangrentado y se agachó a desollarle con otros compañeros.

Faltaba que resolver la duda sobre los órganos genitales del muerto clasificado provisionalmente de toro por su indomable fiereza; pero estaban todos tan fatigados de la larga tarea que la echaron por lo pronto en olvido. Mas de repente una voz ruda exclamó: aquí están los huevos, sacando de la verija del animal y mostrando a los espectadores dos enormes testículos, signo inequívoco de su dignidad de toro. La risa y la charla fue grande; todos los incidentes desgraciados pudieron fácilmente explicarse. Un toro en el Matadero era cosa muy rara y aún vedada. Aquél, según reglas de buena policía, debió arrojarse a los perros; pero había tanta escasez de carne y tantos hambrientos en la población, que el señor Juez tuvo a bien hacer ojo lerdo.

En dos por tres estuvo desollado, descuartizado y colgado en la carreta el maldito toro. Matasiete colocó el matahambre bajo el pellón de su recado y se preparaba a partir. La matanza estaba concluida a las 12, y la poca chusma que había presenciado hasta el fin, se retiraba en grupos de a pie y de a caballo, o tirando a la cincha algunas carretas cargadas de carne.

Mas de repente la ronca voz de un carnicero gritó: ¡Allí viene un unitario! y al oír tan significativa palabra toda aquella chusma se detuvo como herida de una impresión súbita.

—¿No le ven la patilla en forma de U? No trae divisa en el fraque ni luto en el sombrero.

—Perro unitario.

—Es un cajetilla.

—Monta en silla como los gringos.

—La mazorca con él.

—¡La tijera!

—Es preciso sobarlo.

—Trae pistoleras por pintar.

—Todos estos cajetillas unitarios son pintores como el diablo.

—¿A que no te animas, Matasiete?

—¿A que no?

—A que sí.

Matasiete era un hombre de pocas palabras y de mucha acción. Tratándose de violencias, de agilidad, de destreza en el hacha, el cuchillo o el caballo, no hablaba y obraba. Lo habían picado: prendió la espuela a su caballo y se lanzó a brida suelta al encuentro del unitario.

Era éste un joven como de 25 años, de gallarda y bien apuesta persona, que mientras salían en borbotón de aquellas desaforadas bocas las anteriores exclamaciones, trotaba hacia Barracas, muy ajeno de temer peligro alguno. Notando, empero, las significativas miradas de aquel grupo de dogos de matadero, echa maquinalmente la diestra sobre las pistolas de su silla inglesa, cuando una pechada al sesgo del caballo de Matasiete lo arroja de los lomos del suyo tendiéndolo a la distancia boca arriba y sin movimiento alguno.

—¡Viva Matasiete! —exclamó toda aquella chusma cayendo en tropel sobre la víctima, como los caranchos rapaces sobre la osamenta de un buey devorado por el tigre.

Atolondrado todavía el joven, fue lanzando una mirada de fuego sobre aquellos hombres feroces, hacia su caballo, que permanecía inmóvil, no muy distante a buscar en sus pistolas el desagravio y la venganza. Matasiete, dando un salto, le salió al encuentro y con fornido brazo, asiéndolo de la corbata, lo tendió en el suelo, tirando al mismo tiempo la daga de la cintura y llevándola a su garganta.

Una tremenda carcajada y un nuevo viva estentóreo volvió a vitoriarlo.

¡Qué nobleza de alma! ¡Qué bravura en los federales! Siempre en pandilla cayendo como buitres sobre la víctima inerte.

—Degüéllalo, Matasiete —quiso sacar las pistolas—. Degüéllalo como al toro.

—Pícaro unitario. Es preciso tusarlo.

—Tiene buen pescuezo para el violín.

—Tócale el violín.

—Mejor es la resbalosa.

—Probemos, dijo Matasiete, y empezó sonriendo a pasar el filo de su daga por la garganta del caído, mientras con la rodilla izquierda le comprimía el pecho y con la siniestra mano le sujetaba los cabellos.

—No, no le degüellen, exclamó de lejos la voz imponente del Juez del Matadero que se acercaba a caballo.

—A la casilla con él, a la casilla. Preparen la mazorca y las tijeras. ¡Mueran los salvajes unitarios! ¡Viva el Restaurador de las leyes!

—Viva Matasiete.

¡Mueran! ¡Vivan! repitieron en coro los espectadores, y atándole codo con codo, entre moquetes

30

y tirones, entre vociferaciones e injurias, arrastraron al infeliz joven al banco del tormento como los sayones al Cristo.

La sala de la casilla tenía en su centro una grande y fornida mesa de la cual no salían los vasos de bebida y los naipes sino para dar lugar a las ejecuciones y torturas de los sayones federales del Matadero. Notábase, además, en un rincón otra mesa chica con recado de escribir y un cuaderno de apuntes y porción de sillas entre las que resaltaba un sillón de brazos destinado para el Juez. Un hombre, soldado en apariencia, sentado en una de ellas cantaba al son de la guitarra La Resbalosa, tonada de inmensa popularidad entre los federales, cuando la chusma, llegando en tropel al corredor de la casilla, lanzó a empellones al joven unitario hacia el centro de la sala.

—A ti te toca la resbalosa —gritó uno.

—Encomienda tu alma al diablo.

—Está furioso como toro montaraz.

—Ya le amansará el palo.

—Es preciso sobarlo.

—Por ahora, verga y tijera.

—Si no, la vela.

—Mejor será la mazorca.

—Silencio y sentarse, exclamó el Juez, dejándose caer sobre su sillón. Todos obedecieron, mientras el joven de pie, encarando al Juez, exclamó con voz preñada de indignación.

—Infames sayones, ¿qué intentan hacer de mí?

—¡Calma! —dijo sonriendo el Juez—; no hay que encolerizarse. Ya lo verás. El joven, en efecto, estaba fuera de sí de cólera. Todo su cuerpo parecía estar en convulsión: su pálido y amoratado rostro, su voz, su labio trémulo, mostraban el movimiento convulsivo de su corazón, la agitación de sus nervios. Sus ojos de fuego parecían salirse de las órbi-

31

tas, su negro y lacio cabello se levantaba erizado. Su cuello desnudo y la pechera de su camisa dejaban entrever el latido violento de sus arterias y la respiración anhelante de sus pulmones.

—¿Tiemblas? —le dijo el Juez.

—De rabia, porque no puedo sofocarte entre mis brazos.

—¿Tendrías fuerzas y valor para eso?

—Tengo de sobra voluntad y coraje para ti, infame.

—A ver las tijeras de tusar mi caballo; túsenlo a la federala.

Dos hombres le asieron, uno de la ligadura del brazo, otro de la cabeza y en un minuto cortáronle la patilla que poblaba toda su barba por bajo, con risa estrepitosa de sus espectadores.

—A ver —dijo el Juez—, un vaso de agua para que se refresque.

—Uno de hiel te haría yo beber, infame.

Un negro petizo púsosele al punto delante con un vaso de agua en la mano. Diole el joven un puntapié en el brazo y el vaso fue a estrellarse en el techo, salpicando el asombrado rostro de los espectadores.

—Éste es incorregible.

—Ya lo domaremos.

—Silencio —dijo el Juez—, ya está afeitado a la federala, sólo te falta el bigote. Cuidado con olvidarlo. Ahora vamos a cuentas.

—¿Por qué no traes divisa?

—Porque no quiero.

—No sabes que lo manda el Restaurador.

—La librea es para vosotros, esclavos, no para los hombres libres.

—A los libres se les hace llevar a la fuerza.

—Sí, la fuerza y la violencia bestial. Ésas son vuestras armas: infames. El lobo, el tigre, la pantera también son fuertes como vosotros. Deberías andar como ellos en cuatro patas.

—¿No temes que el tigre te despedace?

—Lo prefiero a que, maniatado, me arranquen como el cuervo, una a una las entrañas.

—¿Por qué no llevas luto en el sombrero por la heroína?

—Porque lo llevo en el corazón por la Patria, la Patria que vosotros habéis asesinado, ¡infames!

—No sabes que así lo dispuso el Restaurador.

—Lo dispusisteis vosotros, esclavos, para lisonjear el orgullo de vuestro señor y tributarle vasallaje infame.

—¡Insolente! te has embravecido mucho. Te haré cortar la lengua si chistas.

—Abajo los calzones a ese cajetilla y a nalga pelada denle verga, bien atado sobre la mesa.

Apenas articuló esto el Juez, cuatro sayones salpicados de sangre suspendieron al joven y lo tendieron largo a largo sobre la mesa comprimiéndole todos sus miembros.

—Primero degollarme que desnudarme; infame canalla.

Atáronle un pañuelo por la boca y empezaron a tironear sus vestidos. Encogíase el joven, pateaba, hacía rechinar los dientes. Tomaban ora sus miembros la flexibilidad del junco, ora la dureza del fierro y su espina dorsal era el eje de un movimiento parecido al de la serpiente. Gotas de sudor fluían por su rostro, grandes como perlas; echaban fuego sus pupilas, su boca espuma y las venas de su cuello y frente negreaban en relieve sobre su blanco cutis como si estuvieran repletas de sangre.

—Átenlo primero —exclamó el Juez.

—Está rugiendo de rabia —articuló un sayón.

En un momento liaron sus piernas en ángulo a los cuatro pies de la mesa, volcando su cuerpo boca abajo. Era preciso hacer igual operación con las manos, para lo cual soltaron las ataduras que las comprimían por la espalda. Sintiéndolas libres el joven, por un movimiento brusco en el cual pareció agotarse toda su fuerza y vitalidad, se incorporó primero sobre sus brazos, después sobre sus rodillas y se desplomó al momento, murmurando: ¡Primero degollarme que desnudarme!

Sus fuerzas se habían agotado —inmediatamente quedó atado en cruz y empezaron la obra de desnudarlo. Entonces un torrente de sangre brotó borbolloneando de la boca y las narices del joven y extendiéndose empezó a caer a chorros por entreambos lados de la mesa. Los sayones quedaron inmóviles y los espectadores estupefactos.

—Reventó de rabia el salvaje unitario —dijo uno.

—Tenía un río de sangre en las venas —articuló otro.

—Pobre diablo: queríamos únicamente divertirnos con él y tomó la cosa demasiado a lo serio, exclamó el Juez frunciendo el ceño de tigre. Es preciso dar parte, desátenlo y vamos.

Verificaron la orden; echaron llave a la puerta y en un momento se escurrió la chusma en pos del caballo del Juez cabizbajo y taciturno.

Los federales habían dado fin a una de sus innumerables proezas.

En aquel tiempo los carniceros degolladores del Matadero eran los apóstoles que propagaban a verga y puñal la federación rosina, y no es difícil imaginarse qué federación saldría de sus cabezas y cuchillas. Llamaban ellos salvaje unitario, conforme a la jerga inventada por el Restaurador, patrón de la cofradía, a todo el que no era degollador, carnicero, ni salvaje, ni ladrón; a todo hombre decente y de corazón bien puesto; a todo patriota ilustrado, amigo de las luces y de la libertad; y por

34

el suceso anterior puede verse a las claras que el foco de la federación estaba en el Matadero.

COMENTARIO

"El matadero", uno de los primeros cuentos hispano-americanos, es una verdadera obra de arte. A pesar de ser escrito en plena época romántica por el propagador del romanticismo en América y sobre el tema romántico de la lucha contra la tiranía, este cuento no es exclusivamente romántico. Mientras su espíritu mordaz y su anticlericalismo lo ligan al enciclopedismo del siglo XVIII, sus descripciones minuciosas, sus detalles obscenos, sus cuadros sinestéticos y su diálogo anónimo lleno de formas dialectales anuncian desde lejos los futuros movimientos literarios del realismo, del naturalismo, del modernismo y del criollismo. Lo que sí lo identifica con el romanticismo es el tono exaltado.

Aunque la representación de una dictadura sanguinolenta por un matadero parece bastante obvia, el cuento se eleva por encima de otras obras antirrosistas por la articulación ingeniosa de un relato dinámico con una introducción intelectual. En el primer párrafo, Echeverría adopta una actitud volteriana para introducir el tema de la carne en cuaresma y para indicar la complicidad de la Iglesia en los sufrimientos del pueblo argentino. Inmediatamente después establece los nexos entre la Iglesia, el matadero y el Gobierno. La descripción de los aguaceros, que parece una desviación en el cuento, hace eco de la primera oración y sirve de entrada a la descripción del hambre que asolaba la ciudad.

Una vez en el matadero, el cuento cobra más vida porque el autor se limita a narrar con exactitud la acción de una sola escena. Las condiciones generales de la tiranía llegan a precisarse en la matanza de las reses. El nombre de la mujer difunta de Rosas, doña Encarnación, aunque es histórico, refuerza la insistencia en lo carnal. Los federales son representados por la chusma que actúa como un solo personaje. El croquis del matadero coloca al lector dentro del "circo romano". Asiste a la matanza de los animales fijándose en cada detalle. El espectáculo le choca por los cinco sentidos: la sangre y el sebo de las reses descuartizadas, los gruñidos de los mastines, los graznidos de las gaviotas, el niño degollado y los gritos de la chusma embrutecida. Son doscientas o cuatrocientas fieras acosando a cuarenta y nueve reses. Aunque el autor distingue a individuos —"dos africanas", "dos muchachos", "un niño"— insiste en la anonimidad de sus personajes para no romper la imagen de la chusma unida. Además de una sola alusión a un tal ño Juan, el único actor que lleva nombre es Matasiete, degollador de toros y de unitarios.

El espíritu dinámico de la escena se refleja en el estilo del autor. Emplea varios adjetivos de fuerza verbal y una serie de oraciones compuestas de frases separadas por comas. La insistencia en el imperfecto prolonga la pesadilla hasta el enfoque en la persecución del toro donde se usa más el pretérito. Ese episodio, donde sobresale Matasiete, efectúa la transición del "circo romano" con sus proporciones épicas a la tortura del unitario, también llevada a cabo principalmente por Matasiete.

El episodio del unitario arrastrado por las calles, desnudado y atado a los cuatro pies de la mesa parece restar fuerza a la escena del matadero. Sin embargo, se justifica artísticamente por el paralelismo con la muerte del toro y por transcurrir la víspera del viernes de Dolores. La muerte violenta del unitario evoca claramente la pasión de Cristo y hace resaltar aún más la alianza anómala entre la Iglesia y el federalismo, alianza criticada severamente por el autor desde la primera página del cuento.

Por la falta de una tradición narrativa en Hispanoamérica, sorprende la maestría del autor tanto en el concepto de la unidad del cuento como en la riqueza del idioma. Para el gusto moderno, el simbolismo puede ser demasiado obvio y la intervención moralizante del

36

autor importuna, pero esos defectos se olvidan ante lo genial, lo dinámico y lo conmovedor de la narración.

Ya en esta primera obra maestra de la literatura argentina se nota un rasgo que va a marcar la historia y la literatura de ese país: su carácter antipopular. El literato argentino no se identifica con el pueblo como sus colegas mexicanos, por ejemplo. Es más, se horroriza ante la chusma y pelea contra los dictadores Rosas y Perón, quienes derivan su poder del propio pueblo.

MANUEL PAYNO
[1810-1894]

Mexicano. Hombre activo en la vida pública de su país. Ministro de Hacienda en varias ocasiones, diplomático, senador y periodista prolífico. Luchó en la guerra contra los Estados Unidos; fue perseguido por Santa Anna; contribuyó al golpe de Estado de 1857 contra el gobierno de la Reforma; y reconoció al imperio de Maximiliano. Su obra narrativa abarca medio siglo. Sus primeros cuentos se escribieron entre 1839 y 1845. Su primera novela, *El fistol del diablo* (1845-46), demasiado larga, reviste el costumbrismo de fantasía. *El hombre de la situación* (1861), en cambio, es una deliciosa novelita picaresca sobre las aventuras de un inmigrante español y de sus descendientes. Sus cuentos y novelas cortas se publicaron en 1871 bajo el título de *Tardes nubladas*. Su obra maestra es *Los bandidos de Río Frío* (1889-1891), novela que, a pesar de sus dos mil páginas, todavía hoy se lee con gusto.

AMOR SECRETO

Mucho tiempo hacía que Alfredo no me visitaba. hasta que el día menos pensado se presentó en mi cuarto. Su palidez, su largo cabello que caía en desorden sobre sus carrillos hundidos, sus ojos lánguidos y tristes y, por último, los marcados síntomas que le advertía de una grave enfermedad me alarmaron sobremanera, tanto, que no pude evitar el

38

preguntarle la causa del mal, o mejor dicho, el mal que padecía.

—Es una tontería, un capricho, una quimera lo que me ha puesto en este estado; en una palabra, es un amor secreto.

—¿Es posible?

—Es una historia —prosiguió— insignificante para el común de la gente; pero quizá tú la comprenderás; historia, te repito, de esas que dejan huellas tan profundas en la existencia del hombre, que ni el tiempo tiene poder para borrar.

El tono sentimental, a la vez que solemne y lúgubre de Alfredo, me conmovió al extremo; así es que le rogué me contase esa historia de su amor secreto, y él continuó:

—¿Conociste a Carolina?

—¡Carolina!... ¿Aquella jovencita de rostro expresivo y tierno, de delgada cintura, pie breve?...

—La misma.

—Pues en verdad la conocí y me interesó sobremanera... pero...

—A esa joven —prosiguió Alfredo— la amé con el amor tierno y sublime con que se ama a una madre, a un ángel; pero parece que la fatalidad se interpuso en mi camino y no permitió que nunca le revelara esta pasión ardiente, pura y santa, que habría hecho su felicidad y la mía.

La primera noche que la vi fue en un baile; ligera, aérea y fantástica como las sílfides, con su hermoso y blanco rostro lleno de alegría y de entusiasmo. La amé en el mismo momento, y procuré abrirme paso entre la multitud para llegar cerca de esa mujer celestial, cuya existencia me pareció desde aquel momento que no pertenecía al mundo, sino a una región superior; me acerqué temblando, con la respiración trabajosa, la frente bañada de un sudor frío... ¡Ah!, el amor, el amor verdadero es una enfermedad bien cruel. Decía, pues, que me acerqué y procuré articular algunas palabras, y yo no sé lo que dije; pero el caso es que ella con una afabilidad indefinible me invitó que me sentase a su lado; lo hice, y abriendo sus pequeños labios pronunció algunas palabras indiferentes sobre el calor, el viento, etcétera; pero a mí me pareció su voz musical, y esas palabras insignificantes sonaron de una manera tan mágica a mis oídos que aún las escucho en este momento. Si esa mujer en aquel acto me hubiera dicho: *Yo te amo, Alfredo;* si hubiera tomado mi mano helada entre sus pequeños dedos de alabastro y me la hubiera estrechado; si me hubiera sido permitido depositar un beso en su blanca frente... ¡Oh!, habría llorado de gratitud, me habría vuelto loco, me habría muerto tal vez de placer.

A poco momento un elegante invitó a bailar a Carolina. El cruel, arrebató de mi lado a mi querida, a mi tesoro, a mi ángel. El resto de la noche Carolina bailó, platicó con sus amigas, sonrió con los libertinos pisaverdes; y para mí, que la adoraba, no tuvo ya ni una sonrisa, ni una mirada, ni una palabra. Me retiré cabizbajo, celoso, maldiciendo el baile. Cuando llegué a mi casa me arrojé en mi lecho y me puse a llorar de rabia.

A la mañana siguiente, lo primero que hice fue indagar dónde vivía Carolina; pero mis pesquisas por algún tiempo fueron inútiles. Una noche la vi en el teatro, hermosa y engalanada como siempre, con su sonrisa de ángel en los labios, con sus ojos negros y brillantes de alegría. Carolina se rió unas veces con las gracias de los actores, y se enterneció otras con las escenas patéticas; en los entreactos paseaba su vista por todo el patio y palcos, examinaba las casacas de moda, las relumbrantes cadenas y fistoles de los elegantes, saludaba graciosamente con su abanico a sus conocidas, sonreía, platicaba... y para mí, nada... ni una sola vez dirigió la vista por donde estaba mi luneta, a pesar de que mis ojos ardientes y empapados en lágrimas seguían sus más insignificantes movimientos. También esa noche fue de insomnio, de delirio; noche de esas en que el lecho quema, en que la fiebre hace latir fuertemente las arterias, en que una imagen fantástica está fija e inmóvil en la orilla de nuestro lecho.

Era menester tomar una resolución. En efecto, supe por fin dónde vivía Carolina, quiénes componían su familia y el género de vida que tenía. ¿Pero cómo penetrar hasta esas casas opulentas de los ricos? ¿Cómo insinuarme en el corazón de una joven del alto tono, que dedicaba la mitad de su tiempo a descansar en las mullidas otomanas de seda, y la otra mitad en adornarse y concurrir en su espléndida carroza a los paseos y a los teatros? ¡Ah!, si las mujeres ricas y orgullosas conociesen cuánto vale ese amor ardiente y puro que se enciende en nuestros corazones; si miraran el interior de nuestra organización, toda ocupada, por decirlo así, en amar; si reflexionaran que para nosotros, pobres hombres a quienes la fortuna no prodigó riquezas, pero que la naturaleza nos dio un corazón franco y leal, las mujeres son un tesoro inestimable y las guardamos con el delicado esmero que ellas conservan en un vaso de nácar las azucenas blancas y aromáticas, sin duda nos amarían mucho; pero... las mujeres no son capaces de amar el alma jamás. Su carácter frívolo las inclina a prenderse más de un chaleco que de un honrado corazón; de una cadena de oro o de una corbata, que de un cerebro bien organizado.

He aquí mi tormento. Seguir lánguido, triste y cabizbajo, devorado con mi pasión oculta, a una mujer que corría loca y descuidada entre el mágico y continuado festín de que goza la clase opulenta de México. Carolina iba a los teatros, allí la seguía yo; Carolina en su brillante carrera daba vueltas por las frondosas calles de árboles de la Alameda, también me hallaba yo sentado en el rincón oscuro de una banca. En todas partes estaba ella rebosando alegría y dicha, y yo, mustio, con el alma llena de acíbar y el corazón destilando sangre.

Me resolví a escribirle. Di al lacayo una carta, y en la noche me fui al teatro lleno de esperanzas. Esa noche acaso me miraría Carolina, acaso fijaría su atención en mi rostro pálido y me tendría lástima... era mucho esto: tras de la lástima vendría el amor y entonces sería yo el más feliz de los hombres. ¡Vana esperanza! En toda la noche no logré que Carolina fijase su atención en mi persona. Al cabo de ocho días me desengañé que el lacayo no le había entregado mi carta. Redoblé mis instancias y conseguí por fin que una amiga suya pusiese en sus manos un billete, escrito con todo el sentimentalismo y el candor de un hombre que ama de veras; pero ¡Dios mío!, Carolina recibía diariamente tantos billetes iguales; escuchaba tantas declaraciones de amor; la prodigaban desde sus padres hasta los criados tantas lisonjas, que no se dignó abrir mi carta y la devolvió sin preguntar aun por curiosidad quién se la escribía.

¿Has experimentado alguna vez el tormento atroz que se siente, cuando nos desprecia una mujer a quien amamos con toda la fuerza de nuestra alma? ¿Comprendes el martirio horrible de correr día y noche loco, delirante de amor tras de una mujer que ríe, que no siente, que no ama, que ni aun conoce al que la adora?

Cinco meses duraron estas penas, y yo constante, resignado, no cesaba de seguir sus pasos y observar sus acciones. El contraste era siempre el mismo: ella loca, llena de contento, reía y miraba al drama que se llama mundo al través de un prisma de ilusiones; y yo triste, desesperado con un amor secreto que nadie podía comprender, miraba a toda la gente tras la media luz de un velo infernal.

Pasaban ante mi vista mil mujeres; las unas de rostro pálido e interesante, las otras llenas de robustez y brotándoles el nácar por sus redondas mejillas. Veía unas de cuerpo flexible, cintura breve y pie pequeño; otras robustas, de formas atléticas; aquellas de semblante tétrico y romántico; las otras con una cara de risa y alegría clásica; y ninguna, ninguna de estas flores que se deslizaban ante mis ojos, cuyo aroma percibía, cuya belleza palpaba, hacía latir mi corazón, ni brotar en mi mente una sola idea de felicidad. Todas me eran absolutamente indiferentes; sólo amaba a Carolina, y Carolina... ¡Ah!, el corazón de las mujeres se enternece, como dice Antony, cuando ven un mendigo o un herido; pero son insensibles cuando un hombre les dice: "Te amo, te adoro, y tu amor es tan necesario a mi existencia como el sol a las flores, como el viento a las aves, como el agua a los peces." ¡Qué locura! Carolina ignoraba mi amor, como te he repetido, y esto era peor para mí que si me hubiese aborrecido.

La última noche que la vi fue en un baile de máscaras. Su disfraz consistía en un dominó de raso negro; pero el instinto del amor me hizo adivinar que era ella. La seguí en el salón del teatro, en los palcos, en la cantina, en todas partes donde la diversión la conducía. El ángel puro de mi amor, la casta virgen con quien había soñado una existencia entera de ventura doméstica, verla entre el bullicio de un carnaval, sedienta de baile, llena de entusiasmo, embriagada con las lisonjas y los amores que le decían. ¡Oh!, si yo tuviera derechos sobre su corazón, la hubiera llamado, y con una voz dulce y persuasiva le hubiera dicho: "—Carolina mía, corres por una senda de perdición; los hombres sensatos nunca escogen para esposas a las mujeres que se encuentran en medio de las escenas de prostitución y voluptuosidad; sepárate por piedad de esta reunión cuyo aliento empaña tu hermosura, cuyos placeres marchitan la blanca flor de tu inocencia; ámame sólo a mí, Carolina, y encontrarás un corazón sincero, donde vacíes cuantos sentimientos tengas en el tuyo: ámame, porque yo no te perderé ni te dejaré morir entre el llanto y los tormentos de una pasión desgraciada." —Mil cosas más le hubiera dicho; pero Carolina no quiso escucharme; huía de mí y risueña daba el brazo a los que le prodigaban esas palabras vanas y engañadoras que la sociedad llama galantería. ¡Pobre Carolina! La amaba tanto, que hubiera querido tener el poder de un dios para arrebatarla del peligroso camino en que se hallaba.

Observé que un petrimete de estos almibarados, insustanciales, destituidos de moral y de talento, que por una de tantas anomalías aprecia y puede decirse venera la sociedad, platicaba con gran interés con Carolina. En la primera oportunidad lo saqué fuera de la sala, lo insulté, lo desafié, y me hubiera batido a muerte; pero él, riendo me dijo: "—¿Qué derechos tiene usted sobre esta mujer?" —Reflexioné un momento, y con voz ahogada por el dolor, le respondí: "—Ningunos". "—Pues bien —prosiguió riéndose mi antagonista—, yo sí los tengo y los va usted a ver." —El infame sacó de su bolsa una liga, un rizo de pelo, un retrato, unas cartas en que Carolina le llamaba su tesoro, su único dueño. "—Ya ve usted, pobre hombre —me

44

dijo alejándose—, Carolina me ama, y con todo la voy a dejar esta noche misma, porque colecciones amorosas iguales a las que ha visto usted y que tengo en mi cómoda, reclaman mi atención; son mujeres inocentes y sencillas, y Carolina ha mudado ya ocho amantes."

Sentí al escuchar estas palabras que el alma abandonaba mi cuerpo, que mi corazón se estrechaba, que el llanto me oprimía la garganta. Caí en una silla desmayado, y a poco no vi a mi lado más que un amigo que procuraba humedecer mis labios con un poco de vino.

A los tres días supe que Carolina estaba atacada de una violenta fiebre y que los médicos desesperaban de su vida. Entonces no hubo consideraciones que me detuvieran; me introduje en su casa decidido a declararle mi amor, a hacerle saber que si había pasado su existencia juvenil entre frívolos y pasajeros placeres, que si su corazón moría con el desconsuelo y vacío horrible de no haber hallado un hombre que la amase de veras, yo estaba allí para asegurarle que lloraría sobre su tumba, que el santo amor que le había tenido lo conservaría vivo en mi corazón. ¡Oh!, estas promesas habrían tranquilizado a la pobre niña, que moría en la aurora de su vida, y habría pensado en Dios y muerto con la paz de una santa.

Pero era un delirio hablar de amor a una mujer en los últimos instantes de su vida, cuando los sacerdotes rezaban los salmos en su cabecera; cuando la familia, llorosa, alumbraba con velas de cera benditas, las facciones marchitas y pálidas de Carolina. ¡Oh!, yo estaba loco; agonizaba también, tenía fiebre en el alma. ¡Imbéciles y locos que somos los hombres!

—Y ¿qué sucedió al fin?

—Al fin murió Carolina —me contestó—, y yo

45

constante la seguí a la tumba, como la había seguido a los teatros y a las máscaras. Al cubrir la fría tierra los últimos restos de una criatura poco antes tan hermosa, tan alegre y tan contenta, desaparecieron también mis más risueñas esperanzas, las solas ilusiones de mi vida.

Alfredo salió de mi cuarto, sin despedida.

COMENTARIO

"Amor secreto", a pesar de todos los ingredientes románticos, se salva por su sinceridad y por su técnica. Hoy día, la trama puede parecer ridícula: el amor es imposible porque Alfredo es humilde y Carolina rica; la fatalidad impide que él se declare; la idealiza tanto que continúa queriéndola aún después de saber que ha tenido ocho amantes; la sigue a la tumba y vive sumido en la mayor tristeza por un amor que nunca se atrevió a confesar. La trama sentimental va acompañada de las descripciones netamente románticas, las exaltaciones, las exclamaciones y los desmayos. Sin embargo, el cuento no deja de tener interés. Aunque nos cuesta identificarnos con Alfredo, su actitud es completamente sincera. El descubrimiento de la frivolidad de Carolina podría ser el desenlace, pero la persistencia del amor de Alfredo convierte lo que sería un cuento de final ingenioso en un cuento de emoción verdadera. A diferencia de muchas novelas sentimentales, la acción es rápida debido a las pocas descripciones, al uso frecuente del pretérito y a los diálogos que forman un marco alrededor del cuento.

Para un cuento escrito en la etapa primitiva del género, "Amor secreto" tiene una estructura muy bien planeada. En el primer párrafo, el autor narra la historia en primera persona. Entra Alfredo y en el diálogo que sigue, poco a poco Alfredo va dominando la escena hasta sustituir al autor como narrador. Durante la narración, sólo dos veces se siente la presencia del autor ("has experimentado..."; "como *te* he repetido") pero esas dos ocasiones son necesarias para justificar la pregunta del autor en la última página y en la oración final del cuento. Dentro del marco, algo artificial, de los diálogos entre Alfredo y el autor, la narración de Alfredo tiene una unidad muy estrecha basada en la primera y la última noche que éste vio a Carolina y en el resumen de una sola frase que hace de su amor en la última página: "la seguí a la tumba, como la había seguido a los teatros y a las máscaras". La mención del título en la primera frase que dice Alfredo y otra vez, pasada la mitad del cuento, también sirve para reforzar la estructura.

Un rasgo estilístico que da al cuento no sólo unidad, sino también cierto ritmo artístico es el uso de series o frases paralelas de tres. Sirvan de ejemplo: "Es una tontería, un capricho, una quimera..."; "esta pasión ardiente, pura y santa..."; "Carolina bailó, platicó con sus amigas, sonrió..."; "Que no siente, que no ama, que ni aun conoce..."; y "tan hermosa, tan alegre y tan contenta...".

Teniendo en cuenta que la *María* de Isaacs y todas sus imitaciones no se publicaron hasta unos veinticinco años después que "Amor secreto", el cuento de Payno tiene que ser considerado como una de las muestras más importantes de la fase sentimental del romanticismo. Además, el predominio de los sentimientos por encima de la razón del protagonista y la expresión sincera de esos sentimientos son rasgos que contribuyeron a formar toda una tradición dentro de la prosa narrativa de México.

JOSÉ VICTORINO LASTARRIA
[1817-1888]

Chileno. Se le considera el padre de la literatura chilena. Discípulo de José Joaquín de Mora y de Andrés Bello, participó en la famosa polémica entre éste y el proscrito argentino, Domingo F. Sarmiento. Pronto se convirtió a las ideas americanistas de Sarmiento. Fundó la Sociedad literaria en 1842 y señaló la necesidad de romper con la tradición para crear una literatura nacional. Quiso estimular a sus contemporáneos y a sus discípulos escribiendo los primeros cuentos chilenos. Abogado, profesor, diputado y ministro. En el Congreso, habló en contra del reconocimiento del gobierno de Maximiliano en México. Portavoz del liberalismo anticlerical de mediados del siglo, escribió Lecciones de política positiva *(1875), basado en Comte, a favor del federalismo.* Recuerdos literarios *(1878) es una de las mejores obras de crítica literaria del siglo xix.*

ROSA
EPISODIO HISTÓRICO

I

EL 11 de febrero de 1817 la población de Santiago estaba dominada de un estupor espantoso. La angustia i la esperanza, que por tantos dias habian ajitado los corazones, convertíanse entónces en una especie de mortal abatimiento que se retrataba en todos los semblantes. El ejército independiente aca-

baba de descolgarse de los nevados Andes i amenazaba de muerte al ominoso poder español: de su
triunfo pendia la libertad, la ventura de muchos,
i la ruina de los que, por tanto tiempo, se habian
señoreado en el pais; pero ni unos ni otros se atre-
vian a descubrir sus temores, porque solo el indi-
carlos podria haberles sido funesto.

La noche era triste: un calor sofocante oprimia
la atmósfera, el cielo estaba cubierto de negros i es-
pesos nubarrones que a trechos dejaban entrever
tal cual estrella empañada por los vapores que va-
gaban por el aire. Un profundo silencio que ponia
espanto en el corazon i que de vez en cuando era
interrumpido por lejanos i tétricos ladridos, anun-
ciaba que era jeneral la consternacion. La noche,
en fin, era una de aquellas en que el alma se oprime sin saber por qué, le falta un porvenir, una
esperanza; todas las ilusiones ceden: no hai amigos, no hai amores, porque el escepticismo viene a
secarlo todo con su duda cruel; no hai recuerdos,
no hai imájenes, porque el alma entera está absor-
ta en el presente, en esa realidad pesada, descon-
solante con que sañuda la naturaleza nos impone
silencio i nos entristece. Temblamos sin saber lo
que hacemos, el zumbido de un insecto, el vuelo
de una ave nocturna nos hiela de pavor i parecen
presajiarnos un no sé qué de siniestro, de horrible...

Eran las diez, las calles estaban desiertas i oscuras; solo al pié de los balcones de un deforme edificio se descubria, envuelto en un ancho manto, un
hombre que, a veces apoyado en la muralla i otras
moviéndose lentamente, semejaba estar en acecho.

De repente hiere el aire el melodioso preludio de
una guitarra, pulsada como con miedo, i luego una
voz varonil, dulce i apagada deja entender estos
acentos:

¿Qué es de tu fe, qué se ha hecho
El amor que me juraste,
Rosa bella,
Acaso alienta tu pecho
Otro amor i ya olvidaste
Mi querella?

¿No recuerdas, linda Rosa,
Que al separarte jurabas,
Sollozando,
Amarme siempre, i donosa
Con un abrazo sellabas
Tu adiós blando?

Como entonces te amo ahora,
Porque en mi pasada ausencia,
A mi lado,
Te soñaba encantador,
Compartiendo la inclemencia
De mi hado.

Torna, pues, a tus amores
No deseches mi quebranto.
¡Que muriera,
Si ultrajaras mis dolores,
Si desdeñaras mi llanto!
¡Hechicera...!

Pone fin a las endechas un lijero ruido en los balcones i un suave murmullo que, al parecer, decia:

—¡Cárlos, Cárlos! ¿Eres tú?

—Si, Rosa mia, yo que vuelvo a verte, a unirme a tí para siempre!

—¡Para siempre! ¿Nó es una ilusion?

—No: hoi que vuelvo trayendo la libertad para mi patria i un corazon para tí, alma mia, tu padre

50

se apiadará de nosotros: yo le serviré de apoyo para ante el gobierno independiente, i él me considerará como un marido digno de su hija...

—¡Ah! no te engañes, Cárlos, que tu engaño es cruel! Mi padre es pertinaz; te aborrece porque defiendes la independencia, tus triunfos le desesperan de rabia...

—Yo le venceré, si tú me amas; prométeme fidelidad, i podré reducirle...

—¡Espera un instante, que en ese sitio estás en peligro!

El diálogo cesó. Despues de un tardío silencio, se ve entrar al caballero del manto por una puerta escusada del edificio, la cual tras él volvió a cerrarse.

Pero la calle no queda sin movimiento; a poco rato se vislumbra un embozado que sale con tiento de la casa, desaparece veloz, i luego vuelve con fuerza armada, i ocupa las avenidas del edificio: voces confusas de alarma, de súplica, ruido de armas, varios pistoletazos en lo interior, turban por algunos momentos el silencio de la ciudad.

Una brisa fresca del sur habia despejado la atmósfera, las estrellas brillaban en todo su esplendor i la luna aparecia coronando las empinadas cumbres de los Andes; su luz amortiguada i rojiza, contrastaba con la oscura sombra de las montañas i les daba apariencias jigantescas i siniestras.

El chirrido de los cerrojos de la cárcel i de sus ferradas puertas resonó en la plaza: un preso es introducido a sus calabozos...

II

A la una del dia doce, estaba sentado a la mesa con toda su familia el marques de Aviles. Uno de los empleados del gobierno real acaba de llegar.

—¿Qué nos dice de nuevo el señor asesor? pregunta el marqués.

—Nada de bueno: los insurjentes trepaban esta mañana a las siete la cuesta de Chacabuco: nuestro ejército los espera de este lado, i en este momento se está decidiendo la suerte del reino, señor marques. Entre tanto, ¿V. S. no ha leido la *Gaceta del Rei?*

—No, léala usted i veamos.

—Trae la misma noticia que acaba de dar a V. S. i este párrafo importante.

El Asesor lee:

"Anoche ha sido aprehendido, en una casa respetable de esta ciudad, el coronel insurjente Cárlos del Rio. Se sabe de positivo que este facineroso ha sido el vencedor de nuestras avanzadas en la cordillera; i que juzgando el insolente San Martin que podia sacar gran ventaja de la audacia i sagacidad de este oficial le ha mandado a Santiago con el objeto de ponerse de concierto con los traidores que se ocultan en esta ciudad. Pero la providencia divina, que proteje la causa del Rei, nuestro señor, puso en manos del gobierno el hilo de esta trama infernal, i uno de los mejores servidores de S. M. entregó anoche al insurjente, el cual se había atrevido a violar el asilo de aquel señor con un objeto bien sacrílego. S. M. premiará a su debido tiempo tan importante servicio, i el traidor espiará hoi mismo su crímen en un patíbulo, a donde le seguirán sus cómplices…"

Aquí llegaba la lectura del Asesor, cuando Rosa, que estaba al lado de su padre el marques, cae desmayada, lanzando un grito de dolor. Todos se alarman, la marquesa da voces, el Asesor se turba, unos corren, otros llegan; solo el marques permanecia impasible, i diciendo al Asesor:

—No se fije usted en esta loca, yo he sido quien

ha prestado al Rei ese servicio, yo hice aprehender aquí, en mi casa, a ese insurjente que me traia inquieta a Rosa de mucho tiempo atras; qué quiere usted ¡casi se criaron juntos! La frecuencia del trato, ¿eh?... El muchacho se inquietó, con los insurjentes, yo le arrojé de mi presencia i hoi ha vuelto a hacer de las suyas!

Despues de algunos momentos, merced a los ausilios de la marquesa, Rosa vuelve en sí: sus hermosos ojos humedecidos, su color enrojecido, sus labios trémulos, su cabellera desarreglada, sus vestidos alterados, todo retrata el dolor acerbo que desgarra su corazon: es un ánjel que pide compasion i que solo obtiene por respuesta una sonrisa fria, satánica!...

—¡Padre mio, dice arrodillada a los piés del marques, yo juro no unirme jamas a Cárlos, pero que él viva!... Un sollozo ahoga su voz.

—Que él muera, replica el anciano friamente, porque es traidor a su Rei.

—¿No os he dado gusto, padre mio? ¿No me he sacrificado hasta ahora por respetaros? Me sacrificaré mas todavía, si es posible, pero que él viva!

—¡Vivirá i será tu esposo, si reniega de esa causa maldita de Dios que ha abrazado, si vuelve a las filas de su Rei... El anciano se conmovió al decir estas palabras.

Rosa se levanta con una gravedad majestuosa, i como dudando de lo que oye, fija en su padre una mirada profunda de dolor i de despecho, i concluye exclamando con acento firme:

—¡Nó, señor! Quiero mas bien morir de dolor, i que Cárlos muera tambien con honra por su patria, por su causa: yo no le amaría deshonrado...

Desapareció. Un movimiento de espanto, como el que produce el rayo, ajitó a todos los circunstantes.

Las tinieblas de la noche iban venciendo ya el crepúsculo, que hacia verlo todo incierto i vago.

Habia gran movimiento en el pueblo, el susto i el
contento aparecian alternativamente en los semblantes, nadie sabe lo que hai, todos preguntan, se
inquietan, corren, huyen; el tropel de los caballos
i la algazara de los soldados de la guarnicion lo ponen todo en alarma. La jente se apiña en el palacio,
el Presidente va a salir, no se sabe a dónde: allí
están el Marques, la Marquesa, el Asesor i otros
muchos de los principales.

Rosa aprovecha la turbación jeneral, sale de su
casa disfrazada con un gran pañolon: oye vivas a
la patria, sabe luego que los independientes han
triunfado en Chacabuco, i corre a la cárcel a salvar
a su querido: llega, ve todas las puertas abiertas,
no halla guardias, todo está en silencio, los calabozos desiertos; corre despavorida, llama a Cárlos,
solo le responde el eco de las ennegrecidas bóvedas.
Penetra al fin en un patio: allí está Cárlos, el pecho
cruelmente desgarrado, la cabeza inclinada i atado por los brazos a un poste del corredor... ¡Una
hora ántes le habian asesinado los cobardes satéli-
tes del Rei!

Rosa toma entre sus manos aquella cabeza que
conservaba todavía la bella espresion del alma noble, intelijente, del bizarro coronel; quiere animar-
la con su aliento... se hiela de horror... vacila i cae
de rodillas... Una mano de fierro la levanta, era
la del Marques que con voz trémula i los ojos llorosos le dice:

—¡Respeta la voluntad de Dios!

III

Era el 12 de febrero de 1818: el ruido de las campanas, las salvas de artillería, las músicas del ejér-

54

cito, los vivas del pueblo que llena las calles i plazas, todo anuncia que se está jurando la independencia de Chile!

¡La patria es libre, gloria a los héroes que en cien batallas tremolaron victoriosos el tricolor! **Prez i honra eterna a los que derramaron su sangre por la libertad i ventura de Chile!**...

En el templo de las Capuchinas pasaba en ese instante otra escena bien diversa: las puertas estaban abiertas, los altares iluminados, algunos sacerdotes celebrando; una que otra mujer piadosa oraba. Las monjas entonaban el oficio de difuntos, su lúgubre campana heria el aire con sones plañideros. En el centro del coro se divisaba, al traves de los enrejados, un ataud...

Ese ataud contenia el cadáver de la hija del Marques de Aviles, estaba bella i pura como siempre, i su frente orlada con una guirnalda de rosas.

COMENTARIO

"Rosa", además de los defectos románticos, peca por su carácter artificial. Todos los elementos del cuento parecen estar sacados de un libro de recetas: *1)* Época histórica: la independencia chilena; *2)* Conflicto histórico: los insurgentes contra los realistas; *3)* Conflicto personal: el amor imposible entre un héroe insurgente y la hija de un realista empedernido; *4)* Escenario: la ciudad de Santiago y la presencia de los Andes gigantescos; *5)* Ambiente romántico: la noche siniestra, los embozados, el calabozo, el desmayo y el ataúd.

Hasta en la última frase, "guirnalda de rosas", se remata la artificialidad con la alusión demasiado obvia al nombre de la heroína.

De escasos méritos literarios, "Rosa" forma parte de esta antología por razones históricas. Por su tamaño, hay que tratarlo como cuento a pesar de que sería más correcto rotularlo esbozo de novela. El tema histórico desarrollado a la manera romántica era demasiado vasto para un cuento. Por eso, todo sucede tan rápidamente que no hay suficiente tiempo para conocer bien a los protagonistas. En cambio, la misma receta susodicha y otras semejantes fueron elaboradas con más éxito por varios novelistas de la segunda mitad del siglo diecinueve.

La ortografía de "Rosa" atestigua la lucha breve pero seria de Lastarria, Sarmiento y otros de conseguir la independencia lingüística de España. Sin embargo, la división tripartita del cuento, la poesía en octosílabos de pie quebrado acompañada de guitarra y toda la tramoya melodramática acusan lazos estrechos entre "Rosa" y el drama español del Siglo de Oro y de la época romántica. Sólo alguno que otro trozo descriptivo revela al escritor genial: "el ejército independiente acababa de descolgarse de los nevados Andes"; "una brisa fresca del sur habia despejado la atmósfera, las estrellas brillaban en todo su esplendor i la luna aparecia coronando las empinadas cumbres de los Andes; su luz amortiguada i rojiza, contrastaba con la oscura sombra de las montañas i les daba apariencias jigantescas i siniestras".

Aunque "Rosa" contiene todos los rasgos típicos del romanticismo histórico, el cuento de Lastarria no hizo escuela en Chile. Su ritmo rápido y su interés en el pasado estaban en pugna abierta con el realismo lento que había de caracterizar la prosa narrativa de Chile a partir de la generación siguiente.

EL REALISMO

A MEDIADOS del siglo XIX, el romanticismo todavía conservaba su vigor en Hispanoamérica; en cambio, en Europa ya había sido sustituido por el realismo. Reaccionando contra el tono exaltado del romanticismo, el realismo se apegaba a la verosimilitud. En vez de buscar temas exóticos, el autor realista examinaba el mundo que lo rodeaba. Se interesaba en los problemas cotidianos de sus vecinos, los que generalmente pertenecían a la clase media. La figura máxima del realismo fue Honorato de Balzac, quien igual que sus correligionarios, Dickens en Inglaterra y Pérez Galdós en España, quiso hacer un esbozo panorámico de la nueva sociedad que iba surgiendo a raíz de la Revolución Industrial y de la Revolución Francesa. Rechazando a los protagonistas heroicos del romanticismo, el autor realista escogía los tipos más interesantes de la clase media y generalmente los caricaturizaba. Al observar la sociedad con los mismos ojos que Cruikshank y Daumier, los autores veían a sus personajes como la encarnación de ciertos rasgos de carácter: el bondadoso, el tacaño, el ingenuo, el chismoso, el "torcido" y el dichoso. A tal extremo llegó la predilección por los tipos caricaturescos que se convirtió en base de un género independiente, el artículo de costumbres.

El protagonista realista raras veces tiene complejidad psicológica. Casi nunca evoluciona den-

57

tro de la obra y toda su actuación refuerza el tipo que el autor quiere presentar, de manera que el conflicto no se libra dentro del personaje sino entre dos personajes, o más, que representan distintos sectores de la población.

Uno de los temas predilectos de los realistas hispanoamericanos era la oposición de la bondad campestre a la maldad urbana. Aunque el desenlace podía no ser feliz, las descripciones detalladas del medio ambiente, fuera el campo o lo ciudad, creaban cierta impresión pastoril. Debido al número muy reducido de grandes ciudades cosmopolitas, los personajes caricaturescos se encontraban, por regla general, en las aldeas o en el campo. Criados con las lecturas de Larra y Mesonero Romanos, los autores realistas a menudo se burlaban de sus personajes.

Aunque el realismo se estrenó en Hispanoamérica a mediados del siglo XIX con Alberto Blest Gana (1830-1920), no llegó a su apogeo hasta fines del siglo. Los tres cuentistas que se han escogido como representantes de ese movimiento nacieron por lo menos veinte años después de Blest Gana: José López Portillo y Rojas (1850-1923); Tomás Carrasquilla (1858-1940); y Manuel González Zeledón (1864-1936). Por eso se nos dificulta la clasificación. Es decir, que al mismo tiempo que florecía el realismo en Hispanoamérica, existían simultáneamente otros dos movimientos que en Europa ya lo habían remplazado: el naturalismo y el modernismo. Sin embargo, en las obras realistas de Hispanoamérica no se nota tanto la influencia naturalista ni la modernista, sino la romántica que perduró a través de todo el siglo XIX. Así es que con toda razón Joaquín Casalduero se refiere en sus conferencias al "realismo sentimental", mientras Fernando Alegría lo llama el "realismo romántico".[1]

A pesar de la amplia producción de cuentos realistas en Hispanoamérica, el género todavía no se definió muy bien. Algunos cuentos realistas lindan peligrosamente con la novela corta en tanto que otros se asemejan mucho al artículo de costumbres. De todos modos, el realismo, más que el romanticismo, el naturalismo y el modernismo, despertó el interés en temas netamente americanos, que había de constituir la base de la literatura ya madura del siglo XX.

[1] Fernando Alegría. *Breve historia de la novela hispanoamericana*, México: Studium, 1959, p. 53.

JOSÉ LÓPEZ PORTILLO Y ROJAS
[1850-1923]

Mexicano. Nació en Guadalajara de una familia rica y tradicionalista. Fue abogado, periodista, catedrático, Gobernador de Jalisco y Secretario de Relaciones Exteriores. Apoyó el régimen de Porfirio Díaz. Con Emilio Rabasa y Rafael Delgado, forma la trilogía de novelistas de fines del siglo xix que sintieron la influencia del realismo español de Galdós y de Pereda. Su mejor novela, La parcela *(1898), es la primera en las letras mexicanas de ambiente totalmente rural, aunque representa el punto de vista del hacendado. También fue autor de otras dos novelas,* Los precursores *(1909) y* Fuertes y débiles *(1919); de cuatro colecciones de relatos breves:* Seis leyendas *(1883),* Novelas cortas *(1900),* Sucesos y novelas cortas *(1903) e* Historias, historietas y cuentecillos *(1918); y de poesía, teatro, relato de viajes, crítica e historia.*

RELOJ SIN DUEÑO

I

—¡INSOPORTABLE es ya la insolencia de estos periodistas —exclamó el juez don Félix Zendejas, golpeando coléricamente la mesa con el diario que acababa de leer.

Era don Félix hombre de mediana edad, como entre los treinta y los cuarenta años, grueso, sanguíneo, carirredondo, barbicerrado, de centelleantes ojos, nariz larga, tupidísimas cejas y carácter tan recio como sus facciones. Hablaba siempre a voz herida, y cuando discutía, no discutía, dogmatizaba. No toleraba objeciones; siempre tenía la razón o pretendía tenerla, y si alguno se la disputaba, exaltábase, degeneraba el diálogo en altercado, y el altercado remataba pronto en pendencia. Hubiérase dicho que la materia de que estaba formado su ser era melinita o roburita, pues con la menor fricción, y al menor choque, inflamábase, tronaba y entraba en combustión espantosa; peligroso fulminante disfrazado de hombre.

Pocas palabras había cruzado con su esposa Otilia durante la comida, por haber estado absorto en la lectura del periódico, la cual le había interesado mucho, tanto más, cuanto que le había maltratado la vesícula de la bilis; porque era su temperamento a tal punto excitable, que buscaba adrede las ocasiones y las causas de que se le subiese la mostaza a las narices.

De la lectura sacó el conocimiento de que los *perros emborronadores de papel,* como irreverente llamaba a los periodistas, continuaban denunciando a diario robos y más robos, cometidos en diferentes lugares de la ciudad y de diversas maneras; y todos de carácter alarmante, porque ponían al descubierto un estado tal de inseguridad en la metrópoli, que parecían haberla trocado en una encrucijada de camino real. Los asaltos en casas habitadas eran el pan de cada día; en plena vía pública y a la luz del sol, llevaban a cabo los bandidos sus hazañas; y había llegado a tal punto su osadía, que hasta los parajes más céntricos solían ser teatro de hechos escandalosos. Referíase que dos o tres señoras habían sido despojadas de sus bolsitas de mano, que a otras les habían sacado las pulseras de los brazos o los anillos de los dedos, y que a una dama

principal le habían arrancado los aretes de diamantes a tirón limpio, partiéndole en dos, o, más bien
dicho, en cuatro, los sonrosados lóbulos de sus preciosas orejas. La repetición de aquellos escándalos
y la forma en que se realizaban, denunciaban la
existencia de una banda de malhechores, o, más
bien dicho, de una tribu de apaches en México, la
cual tribu prosperaba a sus anchas como en campo
abierto y desamparado.

Zendejas, después de haberse impuesto de lo
que el diario decía, se había puesto tan furioso, que
se le hubieran podido tostar habas en el cuerpo, y,
a poco más, hubiera pateado y bramado como toro
cerril adornado con alegres banderillas.

—¡Es absolutamente preciso poner remedio a tanta barbarie! —repitió, dando fuerte palmada sobre
el impreso.

Su esposa, que estaba acostumbrada a aquellos
perpetuos furores, como lo está la salamandra a
vivir en el fuego (en virtud, sin duda, de la ley de
adaptación al medio), no se acobardó en manera
alguna al sentir la atmósfera saturada de truenos
y bufidos, que la rodeaba, y hasta se atrevió a observar con perfecta calma:

—Pero, Félix, ¿no te parece que la insolencia de
los bandidos es mayor que la de los escritores?

Andaba ella cerca de los veintiocho años; era
morena, agraciada, de ojos oscuros y de pelo lacio,
con la particularidad de que peinábalo a la griega,
a la romana o a la buena de Dios, pero siempre en
ondas flojas y caídas sobre las orejas.

Lanzóle con esto el marido una mirada tal, que
un pintor la hubiese marcado en forma de haces
flamígeros salidos de sus pupilas; pero ella no se
inquietó por aquel baño cálido en que Zendejas
la envolvía, y continuó tomando tranquilamente una
taza de té.

—Tú también, Otilia —vociferó el juez, con voz de bajo profundo—. ¡Como si no fuese bastante la rabia que me hacen pasar estas plumas vendidas! ¡Todos los días la misma canción! Robos por todas partes y continuamente. A ese paso, no habría habitante en la capital que no hubiese sido despojado... ¡Ni que se hubiesen reconcentrado cien mil ladrones en esta plaza! Para mí que todas esas son mentiras, que se escriben sólo en busca de sensación y venta de ejemplares.

—Dispensa, esposo, pero a mí no me parece mal que los periodistas traten tales asuntos; lo hallo conveniente y hasta necesario.

—Es demasiada alharaca para la realidad de los hechos.

—Eso no puede saberse a punto fijo.

—Yo lo se bien, y tú no. Si las cosas pasaran como estos papeles lo gritan, habría muchas más consignaciones de ladrones y rateros... En mi juzgado no hay más que muy pocas.

—Y aumentará el número cuando la policía ande más activa. ¿No te parece?

—A mí no me parece.

—El tiempo lo dirá.

El temperamento tranquilo de Otilia tenía la virtud de neutralizar los huracanes y terremotos que agitaban el pecho de Zendejas; lo que no debe llamar la atención, por ser un hecho perfectamente averiguado, que la pachorra es el mejor antídoto contra la violencia, como los colchones de lana contra las balas de cañón.

—En último caso —parlamentó el esposo—, ¿encuentras justo que esos perros (los periodistas) hagan responsables a los jueces de todo cuanto pasa? ¡Que desuellen vivos a los gendarmes! ¡Que se coman crudos a los comisarios! Pero, ¡a los jueces! ¿Qué tenemos que ver nosotros con todos

63

esos chismes? Y, sin embargo, no nos dejan descansar.

—La justicia tardía o torcida, da muy malos resultados, Félix.

—Yo, jamás la retardo ni la tuerzo, ¿lo dices por mí?

—Dios me libre de decirlo, ni aun siquiera de pensarlo: te conozco recto y laborioso; pero tus compañeros... ¿Cómo son tus compañeros?

—Mis colegas son... como son. Unos buenos y otros malos.

—Por ahí verás que no andan de sobra los estímulos.

—Pues que estimulen a los otros; pero a mí, ¿por qué? Dime, esposa, ¿qué culpa puedo tener yo de que a la payita que aquí se menciona (señalando el periódico) le hayan arrebatado ayer, en el atrio de la catedral, a la salida de la misa de las doce, el collarzote de perlas con que tuvo el mal gusto de medio ahorcarse?

—Ya se ve que ninguna; pero de ti no se habla en el diario.

—De mí personalmente no; pero me siento aludido, porque se habla del cuerpo a que pertenezco.

—¿Qué cuerpo es ése? No perteneces a la milicia.

—El respetable cuerpo judicial.

—Sólo en ese sentido; pero esa es otra cosa.

—No, señora, no lo es, porque cuando se dice, grita y repite: "¡Esos señores jueces tienen la culpa de lo que pasa! ¡Todos los días absuelven a un bandido!" O bien: "¡Son unos holgazanes! ¡Las causas duermen el sueño del justo!" Cuando se habla con esa generalidad, todo el que sea juez debe tomar su vela. Además, basta tener un poco de sentido común para comprender que esos ataques son absurdos. Todos los días absolvemos a un bandido; supongámoslo. Entonces, ¿cómo duermen las causas? Si hay absoluciones diarias, es claro que las causas no duermen. Por otra parte, si las causas duermen, es injustamente. ¿Cómo se dice, pues, que duermen el sueño del justo? Son unos imbéciles esos periodistas, que no saben lo que se pescan.

Don Félix descendía a lo más menudo de la dialéctica para desahogar su cólera; pasaba de lo más a lo menos; involucraba los asuntos; pero nada le importaba; lo preciso, para él, era cortar, hender, sajar y tronchar, como bisonte metido en la selva.

—En eso sí tienes razón —repuso la esposa—, está muy mal escrito el párrafo.

—¿Confiesas que tengo razón?

—De una manera indirecta; pero no te preocupes por tan poca cosa. Cumple tu deber; no absuelvas a los culpables; trabaja sin descanso, y deja rodar el mundo.

—Hago todo lo que quieres, sin necesidad de que me lo digas, mujer. No necesito que nadie me espolee. Pero lo que sí no haré nunca, será dejar al mundo que ruede.

A Otilia se le ocurrió contestarle: "Pues, entonces, deténle"; pero temiendo que Zendejas no llevase en paz la bromita, se limitó a sonreír, y a decir en voz alta:

—¿Qué piensas hacer entonces?

—Mandar a la redacción de este diario un comunicado muy duro, diciendo a esos escritorzuelos cuántas son cinco.

—Si estuviera en tu lugar, no lo haría, Félix.

—¿Por qué no, esposa?

—Porque me parecería ser eso lo mismo que apalear un avispero.

—Pues yo sería capaz de apalear el avispero y las avispas.

—Ya lo creo, pero no lo serías de escapar a las picaduras.

—Me tienen sin cuidado las picaduras.

—En tal caso, no te preocupes por lo que dicen y exageran los diarios.

La observación no tenía respuesta; Zendejas se sintió acosado, y no halló qué replicar; por lo que, cambiando de táctica, vociferó:

—Lo que más indignación me causa de todo esto, es saber que no sólo las mujeres, sino también los hombres barbudos se llaman víctimas de los criminales. ¡Pues qué! ¿No tienen calzones? ¿Por qué no se defienden? Que tímidas hembras resulten despojadas o quejosas, se comprende; pero ¡los machos, los valientes!... Eso es simplemente grotesco.

—Pero ¡qué remedio si una mano hábil extrae del bolsillo el reloj o la cartera!

—No hay manos hábiles para las manos fuertes. A mí nadie me las ha metido en la faltriquera, y ¡pobre del que tuviese la osadía de hacerlo! Bien caro le habría de costar. Tengo la ropa tan sensible como la piel, y al menor contacto extraño, echo un manotazo y cojo, agarro y estrujo cualquier cosa que me friccione.

—Pero, ¿si fueras sorprendido en una calle solitaria por ladrones armados?

—A mí nadie me sorprende; ando siempre vigilante y con ojo avizor para todo y para todos. Se bien quién va delante, al lado o detrás de mí; dónde lleva las manos y qué movimientos ejecuta...

—Pero al dar vuelta a una esquina...

—Nunca lo hago a la buena de Dios, como casi todos lo hacen; sino que, antes de doblarla, bajo de la acera para dominar con la vista los dos costados del ángulo de la calle... Por otra parte, jamás olvido el revólver y en caso de necesidad, lo llevo por el mango a descubierto o dentro del bolsillo.

—No quiera Dios que te veas obligado a ponerte a prueba.

—Todo lo contrario. Ojalá se me presente la oportunidad de dar una buena lección a esos bellacos. ¡No les quedarían deseos de repetir la hazaña! Si todos los hombres se defendieran e hiciesen duro escarmiento en los malhechores, ya se hubiera acabado la plaga que, según dice la prensa, asuela hoy a la ciudad.

Otilia nada dijo, pero hizo votos internos porque su marido no sufriese nunca un asalto, pues deseaba que nadie le hiciese daño, ni que él a nadie lo hiciese.

Así terminó la sobremesa.

A renglón seguido, levantóse Zendejas y entró en su cuarto para dormir la acostumbrada siestecita, que le era indispensable para tener la cabeza despejada; pues le pasaba la desgracia de comer bien y digerir mal, cosa algo frecuente en el género humano, donde reinan por igual el apetito y la dispepsia.

Entretanto, ocupóse Otilia en guardar viandas en la refrigeradora y en dar algunas órdenes a la servidumbre.

II

Tan pronto como Zendejas se vio en la alcoba, cerró la puerta y la ventana para evitar que la luz y el ruido le molestasen; despojóse del jaquet y del chaleco, puso el reloj sobre la mesa de noche para consultarle de tiempo en tiempo y no dormir demasiado; y desabrochó los botones del pantalón para dar ensanche al poderoso abdomen, cuyo volumen aumentaba exabrupto después de la ingestión de los alimentos. Y en seguida, tendióse a la bartola, medio mareado por un sabroso sueñecillo que se le andaba paseando por la masa encefálica.

La máquina animal del respetable funcionario estaba bien disciplinada. ¡Cómo no, si quien la gobernaba se hallaba dotado de extraordinaria *energía*! Don Félix no hacía más que lo que quería, tanto de sí mismo como de los otros, ¡canastos! Así que hasta su sueño se hallaba sometido a su beneplácito; y cuando decía *a dormir doce horas*, roncaba la mitad del día; pero cuando se proponía descansar cinco minutos, abría los ojos pasada una doceava parte de la hora, o cuando menos, uno o dos segundos más tarde. ¡No faltaba más! Todo está sujeto a la voluntad del hombre; sólo que los hombres carecen de *energía*. Él era uno de los pocos *enérgicos*, porque no se entregaba a la corriente, ni se descuidaba; y, ¡ya se las podían componer todos cuantos con él trataban, porque con él no había historias, ni componendas, ni medias tintas, sino puras cosas serias, fuertes y definitivas! ¡Canastos!

En prueba de todo eso, saltó del lecho media hora después de lo que se había propuesto; cosa que nadie sospechó, y que permanecerá reservada en el archivo de la historia hasta la consumación de los siglos. No obstante, el saber para sí mismo que se le había pasado la mano en la siesta, le puso de un humor de dos mil demonios, por lo que se levantó de prisa, poniéndose de carrera todas las prendas de vestir de que se había despojado, y abrochando con celeridad, aunque con esmero, las que había dejado sueltas, para facilitar la expansión de las vísceras abdominales. Tomó en seguida el revólver y el sombrero, y salió del aposento con la faz airada de todo hombre de carácter, que no sufre que nadie le mire feo, ni le toque el pelo de la ropa.

Otilia, que se había instalado en el aposento inmediato para cuidar que los niños no hiciesen ruido y poder despedirse de él cuando saliese, no pudo menos de decirle:

—Ahora has dormido un poco más que de co̶
tumbre.

—Exactamente lo que me propuse —repuso Zendejas—, ni más ni menos.

—Celebro hayas descansado de tus fatigas.

—¿Quién te ha dicho que me fatigo? Podría trabajar las veinticuatro horas del día sin sentir el
menor cansancio.

—Sí, eres muy fuerte.

—Me río de los sietemesinos de mi época; tan
enclenques y dejados de la mano de Dios. No, aquí
hay fibra...

Y doblando el brazo derecho hasta formar un ángulo agudo, señaló con la mano izquierda la sinuosa
montaña de su bien desarrollado bíceps. Después
de eso, se pellizcó los muslos, que le parecieron de
bronce, y acabó por darse fuertes puñadas en los
pectorales tan abultados como los de una nodriza.
Aquella investigación táctil de su propia persona,
llenóle de engreimiento y calmó su mal humor, hasta
el punto de que, cuando él y la joven llegaron caminando despacio, al portal de la casa, había olvidado
ya el retardo en que había incurrido por causa del
dios Morfeo.

—Conque hasta luego, Otilia —dijo a su esposa,
estrechándole cariñosamente la mano.

—Hasta luego, Félix —repuso ella, afablemente—.
No vuelvas tarde... Ya ves que vivimos lejos y
que los tiempos son malos.

—No tengas cuidado por mí —repuso el juez con
suficiencia.

—Procura andar acompañado.

El juez contestó la recomendación con una especie de bufido, porque le lastimaba que su esposa
no le creyese suficientemente valeroso para habér-
selas por sí solo hasta con los cueros de vino tinto, y
se limitó a decir en voz alta:

—Te recomiendo a los chicos.

Tomó en seguida su camino, mientras Otilia permanecía en la puerta viéndole con ojos afectuosos, hasta que dobló la esquina. Entró entonces la joven, y prosiguió las diarias y acostumbradas faenas del hogar, que absorbían todo su tiempo, pues era por todo extremo hacendosa. La única preocupación que sentía, era la de la hora en que volvería Zendejas, pues la soledad de aquella apartada calle donde vivían, y la frecuencia de los asaltos de los malhechores, no la dejaban vivir tranquila.

Don Félix, entretanto, llevado del espíritu de contradicción que de continuo le animaba, y del orgullo combativo de que estaba repleta su esponjada persona, iba diciendo para sí: "¡Buenas recomendaciones las de Otilia! Que no vuelva tarde y que me acompañe con otros... ¡Como si fuera un muchacho tímido y apocado! Parece que no me conoce... No tengo miedo a bultos ni fantasmas, y por lo que hace a los hombres, soy tan hombre como el que más... Y ahora, para que mi esposa no torne a ofenderme de esa manera, voy a darle una lección, volviendo tarde a casa, solo y por las calles menos frecuentadas... Y si alguien se atreve a atajarme el paso, por vida mía que le estrangulo, o le abofeteo, o le pateo, o le mato"...

Tan ensimismado iba con la visión figurada de una posible agresión, y de los diferentes grados y rigores de sus propias y variadas defensas que, sin darse cuenta de ello, dibujaba en el espacio, con ademanes enérgicos e inconscientes, las hazañas que pensaba iba a realizar; así que ora extendía la diestra en forma de semicírculo y la sacudía con vigor, como si estuviese cogiendo un cogote o una nuca culpables, o bien repartía puñadas en el aire, como si por él anduviesen vagando rostros provocativos, o alzando en alto uno u otro pie, enviaba coces furibundas a partes (que no pueden ni deben nombrarse) de formas humanas, que desfilaban por los limbos de su enardecida fantasía.

Cualquiera que le hubiese visto accionar de tan viva manera, sin que toque alguno de clarín hubiese anunciado enemigo al frente, habríale tenido por loco rematado, siendo así que, por el contrario, era un juez bastante cuerdo, sólo que con mucha cuerda. Por fortuna estaba desierta la calle y nadie pudo darse cuenta de su mímica desenfrenada; de suerte que pudo llegar al juzgado con la acostumbrada gravedad, y recibir de los empleados la misma respetuosa acogida que siempre le dispensaban.

Instalado ante el bufete, púsose a la obra con resolución y se dio al estudio de varias causas que se hallaban en estado de sentencia, con el propósito de concluirlas y rematarlas por medio de fallos luminosos, donde brillasen a la vez que su acierto incomparable, su nunca bien ponderada *energía*. Y se absorbió de tal modo en aquella labor, que pasó el tiempo sin sentir, declinó el sol y se hizo de noche. Y ni aun entonces siquiera dio muestras de cansancio o aburrimiento, sino que siguió trabajando con el mismo empeño, a pesar de ser escasa y rojiza la luz eléctrica que el supremo gobierno había puesto a su disposición; pues solamente dos focos incandescentes había en la gran sala de despacho, los cuales, por ser viejos, habían perdido su claridad, y parecían moribundas colillas de cigarro metidas dentro de bombas de vidrio y pendientes del techo. Por fortuna, tenía el juez ojos de lince.

Otro funcionario tan empeñoso como él, que se había quedado asimismo leyendo fastidiosos expedientes y borroneando papel, vino a distraerle de sus tareas muy cerca de las ocho de la noche:

—¡Cuán trabajador, compañero! —le dijo.

—Así es necesario, para ir al día —contestó Zendejas.

—Lo mismo hago yo, compañero.

—Necesitamos cerrar la boca a los maldicientes. Nos acusan de perezosos, y debemos probar con hechos, que no lo somos.

—Es mi modo de pensar... Pero, ¿no le parece, compañero, que hemos trabajado ya demasiado, y que bien merecemos proporcionarnos alguna distracción como premio a nuestras fatigas?

—Tiene usted razón, compañero —repuso don Félix, desperezándose y bostezando—, es ya tiempo de dejar esto de la mano.

—Y de ir al Principal a ver la primera tanda.

—Excelente idea —asintió Zendejas.

La invitación le vino como de molde. Resuelto a volver tarde a casa, solo y por las calles menos frecuentadas (para demostrar a su cara mitad que no tenía miedo, ni sabía lo que era *eso*, y apenas conocía *aquella cosa* por referencias), aprovechó la oportunidad para *hacer tiempo* y presentarse en el hogar después de la medianoche. Por tanto, pasados algunos minutos, que invirtió en poner las causas y los Códigos en sus lugares respectivos y en refrescarse la vista, tomó el sombrero y salió a la calle en unión del colega, con dirección al viejo coliseo.

Ambos jueces disputaron en la taquilla sobre quién debía ser el *pagano;* pero Zendejas, que no entendía de discusiones ni de obstáculos, se salió con la suya de ser quien hiciese el gasto, y los dos graves magistrados, orondos y campanudos, entraron en el templo de la alegría, donde ocuparon asientos delanteros para ver bien a las artistas. Proveyéronse, además, de buenos gemelos, que no soltaron de la mano durante la representación; de suerte que disfrutaron el placer de mirar tan de cerca a divetas y coristas, que hasta llegaron a figurarse que podrían pellizcarlas.

Y aquello fue diálogo, risa y retozo, jácara y do-naire, chistecillos de subido color, música jacaran-dosa y baile, y jaleo, y olé, y el fin del mundo. Aquellos buenos señores, que no eran tan buenos como lo parecían, gozaron hasta no poder más con las picardihuelas del escenario, rieron en los pasos más escabrosos de las zarzuelas a carcajada fuerte y suelta, haciendo el estrépito de un par de fres-cas y sonoras cascadas; se comunicaron con des-coco sus regocijadas impresiones, palmotearon de lo lindo, golpearon el entarimado con los pies, y pidieron la repetición de las canciones más saladas y de los bailes más garbosos, como colegiales en día de asueto, a quienes todo coge de nuevo, alegra y entusiasma.

Pasadas las nueve y media, salieron del teatro y fuéronse en derechura del salón Bach, donde cena-ron despacio y opíparamente, hasta que, bien pa-sadas las once, dejaron el restaurante para irse a sus domicilios respectivos. Y después de haber an-dado juntos algunas calles, despidiéronse cordial-mente.

—¡Hasta mañana, compañero, que duerma usted bien!

—¡Buenas noches, compañero, que no le haga daño la cena!

Zendejas se apostó en una esquina de la calle 16 de Septiembre para aguardar el tranvía que debía llevarle a su rumbo, que era el de la colonia Roma; pero anduvo de tan mala suerte, que ante sus ojos se sucedían unos tras otros todos los carros eléctricos que parten de la plaza de la Constitución, menos el que necesitaba. Dijimos que tuvo esa mala suer-te, pero debemos corregirnos, porque él la estimó excelente y a pedir de boca, por cuanto retardaba

su regreso al hogar, que era lo que se tenía propuesto, por motivos de amor propio de hombre y
de negra honrilla de valiente.

Pocos minutos faltaban para la medianoche, cuando ocupó un carro de Tacubaya, determinándose al
fin volver a su domicilio, por ser ya tiempo acomo-
dado para ello, según sus planes y propósitos. Cuando bajó, en la parada de los Insurgentes, habían
sonado ya las doce; atravesó la calzada de Chapul-
tepec y entró por una de las anchas calles de la
nueva barriada; y muy de propósito fue escogiendo
las más solitarias e incipientes de todas, aquellas
donde había pocas casas y falta absoluta de transeúntes. Sentía vehemente deseo de topar con algún ladrón nocturno para escarmentarle; pero alma
viviente no aparecía por aquellas soledades. No obstante, fiel a sus hábitos y a fin de no dejarse sorprender por quienquiera que fuese, continuó poniendo
por obra las medidas precautorias que la prudencia
aconseja; y, aparte de no soltar ni un instante de
la mano la pistola, bajaba de la acera antes de llegar a las esquinas, miraba por todas partes y prestaba oído atento a todos los ruidos.

Buen trecho llevaba andado, cuando, al cruzar
por una de las más apartadas avenidas, percibió el
rumor de fuertes y descompasados pasos que de
la opuesta dirección venían, y, muy a poco, vio aparecer por la próxima bocacalle la oscura silueta de
un hombre sospechoso. Cuando el transeúnte entró en el círculo luminoso que el foco de arco pro-
yectaba, observó Zendejas que era persona elegante
y, además, que traía una borrachera de padre y
muy señor mío... Tan bebido parecía aquel sujeto,
que no sólo *equis* hacía, sino todas las letras del
alfabeto; pero al verle avanzar, dijo don Félix
para su coleto: "A mí no me la hace buena este
ebrio ostentoso. ¿Quién sabe si venga fingiendo

para sorprenderme mejor? ¡Mucho ojo con él, Zendejas!"

Y no le perdió pisada, como suele decirse, a pesar de que, con ser tan ancha la calle, reducida y estrecha resultaba para las amplísimas evoluciones de aquel cuerpo desnivelado. Ítem más, en su alegría como de loco, con voz gemebunda y desentonada venía cantando:

> ¡*Baltasara, Baltasara!*
> ¡*Ay! ¡Ay! ¡Qué cara tan cara!*

O bien:

> ¡*Ay, Juanita! ¡Ay, Juanita!*
> ¡*Ay qué cara tan carita!*

O bien:

> ¡*Ay, Carlota! ¡Ay, Carlota!*
> ¡*Ay qué cara tan carota!*

Es de creer que aquel sacerdote de Baco hubiese acabado de celebrar algunos misterios en compañía de una o varias sacerdotisas, y que por esa y otras razones, viniese recordando al par de sus nombres, la carestía de sus caras bonitas (charitas bonitas). ¡Seguramente por eso también, daba ahora tantos pasos en falso; aparte de otros muchos que ya llevaría dados!

Don Félix tomó sus medidas desde el momento en que se hizo cargo de la marcha irregular del sujeto... ¡Ni tan irregular!... ¡Tanto para la geometría como para la moral y para el orden público! Era preciso evitar una colisión; si era borracho, por desprecio, y si no lo era, para no ser sorprendido. Y se decía mentalmente, observando las desviaciones de la recta en que aquel hombre incurría:

"¿Ahora viene por la derecha? ¡Pues hay que tomar por la derecha!... ¿Ahora camina en línea recta? ¡Pues hay que coger por cualquier lado!...

¡Demonio, demonio, cuán aprisa cambia de dirección!... ¡No, lo que es conmigo no topa!... ¡Sí topa!... ¡No topa!... ¡Voto al chápiro!"

Cuando lanzó esta última exclamación, el ebrio, o lo que fuese, había chocado ya contra él, como un astro errático con un planeta decente y de órbita fija. ¿Cómo se realizó el accidente, a pesar de las precauciones de Zendejas? Ni el juez ni el ebrio llegaron a saberlo nunca.

El hecho fue que a la hora menos pensada se encontró don Félix, de manos a boca, o, mejor dicho, de estómago a estómago, con aquel péndulo viviente, que parecía ubicuo a fuerza de huir porfiadamente de la línea perpendicular.

—¡Imbécil! —gritó Zendejas lleno de ira.

—¿Cómo? ¿Cómo? —articuló el sujeto con la lengua estropajosa—. ¿Por qué no se hacen a un lado?... ¡También se atraviesan!... ¡También no dejan pasar!...

—¡Vaya con todos los diablos! —clamó de nuevo don Félix, procurando desembarazarse del estorbo de aquel cuerpo inerte.

Con algún trabajo, echando pie atrás y apuntalando con el codo la masa que le oprimía, pudo verse al fin libre de la presura, y dejar al borracho a alguna distancia, entre caigo y no caigo. Entonces le cogió por las solapas del jaquet, y por vía de castigo, le sacudió con furia varias veces, soltándolo luego para que siguiese las leyes de su peligrosa inestabilidad. El pobrete giró sobre el tacón de un zapato, alzó un pie por el aire, estuvo a punto de caer, levantó luego el otro, hizo algunas extrañas contorsiones como de muñeco que se dobla y desdobla, y logrando al fin recobrar cierta forma de equilibrio, continuó la interrumpida marcha lenta, laboriosa y en línea quebrada.

Y no bien se vio libre de las garras de Zendejas,

recobró el buen humor y siguió canturreando con voz discorde e interrumpida por el hipo:

> *¡No me mates, no me mates,*
> *con pistola ni puñal!*

Don Félix prosiguió también su camino, hecho un energúmeno, tanto por la testarada, como por la mofa que aquel miserable iba haciendo de su desencadenado y terrible enojo. Mas, de repente, se le ocurrió una idea singular. ¿Y si aquel aparente borracho fuese un ladrón? ¿Y si aquel tumbo hubiese sido estudiado, y nada más que una estratagema de que se hubiese valido para robarle sin que él lo echase de ver? Pensar esto y echar mano al bolsillo del reloj, fue todo uno... Y, en efecto, halló... que no halló su muestra de plata, ni la leontina chapeada de oro, que era su apéndice.

Hecho el descubrimiento, volvió atrás como un rayo, y no digamos corrió sino voló en pos del enigmático personaje, quien iba alejándose como le era posible, a fuerza de traspiés y de sonoras patadas con que castigaba el asfalto de la vía pública.

Tan pronto como le tuvo al alcance de la mano, apercollóle férreamente por la nuca con la siniestra, en la misma forma concertada consigo mismo al salir de su casa, en tanto que con la diestra sacaba y echaba a relucir el pavoneado y pavoroso revólver.

—¡Alto, bellaco! —gritó.

—¿Otra vez?... ¡No *jalen* tan recio! —tartamudeó el sujeto.

—¡Eres un borracho fingido! —gritó Zendejas.

—¡Ay! ¡Ay! ¡Policía, policía! —roncó el hombre

—Ojalá viniera —vociferó don Félix—, para que cargara contigo a la comisaría, y luego te consignaran a un juez y te abrieran proceso.

—¿Me abrieran qué?

—Proceso.

—Por eso, pues, amigo, *por eso*. ¿Qué se le ofrece?

—Que me entregues el reloj.

—¿Qué reloj le debo?

—El que me quitaste, bandido.

—Este reloj es mío y muy mío... Remontoir... Repetición.

—¡Qué repetición ni qué calabazas! Eres uno de los de la banda.

—No soy músico... soy propietario.

—De lo ajeno.

Mientras pasaba este diálogo, procuraba el borracho defenderse, pero le faltaban las fuerzas, y don Félix no podía con él, porque a cada paso se le iba encima, o bien se le deslizaba de entre las manos hacia un lado o hacia otro, amenazando desplomarse. Violento y exasperado, dejólo caer sin misericordia, y cuando le tuvo en el suelo, asestóle al pecho el arma, y tornó a decirle:

—¡El reloj y la leontina, o te rompo la chapa del alma!

El ebrio se limitaba a exclamar:

—¡Ah, Chihuahua!... ¡Ah, Chihuahua!... ¡Ah, qué Chihuahua!...

No quería o no podía mover pie ni mano. Zendejas adoptó el único partido que le quedaba, y fue el de trasladar por propia mano al bolsillo de su chaleco, el reloj y la leontina que halló en poder del ebrio. Después de lo cual, se alzó, dio algunos puntapiés al caído, e iba ya a emprender de nuevo la marcha, cuando oyó que éste mascullaba entre dientes:

—¡Ah, Chihuahua!... ¡Éste sí que es de los de la banda!

—¿Todavía no tienes bastante?... Pues, ¡toma!... ¡toma!... ¡ladrón!... ¡bellaco!... ¡canalla!...

Cada una de estas exclamaciones fue ilustrada por coces furiosas que el juez disparaba sobre el desconocido, el cual no hacía más que repetir a cada nuevo golpe:

—¡Ay, Chihuahua!... ¡Ay, Chihuahua!... ¡Ay, qué Chihuahua!...

Cansado, al fin, de aquel aporreo sin gloria, dejó Zendejas al ebrio, falso o verdadero, que esto no podía saberse, y emprendió resueltamente la marcha a su domicilio, entretanto que el desconocido se levantaba trabajosamente, después de varios frustrados ensayos, y se alejaba a pasos largos y cortos, mezclados de avances y retrocesos, y con inclinaciones alarmantes de torre de Pisa, tanto a la derecha como a la izquierda.

III

Otilia no sabía cómo interpretar la tardanza de su esposo, y estaba seriamente acongojada. Pocas veces daban las diez a Zendejas fuera de casa; de suerte que, al observar la joven que pasaba la medianoche y que no llegaba su marido, figuróse lo peor, como pasa siempre en casos análogos.

"De seguro, algo le ha sucedido —se decía—; no puede explicarse de otra manera que no se halle aquí a hora tan avanzada... ¿Habrán sido los bandidos?... Y si le han conocido y él se ha defendido, como de fijo lo habrá hecho, pueden haberle herido, o matado tal vez... No lo permita Dios... ¡La Santísima Virgen le acompañe!"

Pensando así, no dejaba de tejer una malla interminable, que destinaba a sobrecama del lecho conyugal, y sólo interrumpía de tiempo en tiempo el movimiento de sus ágiles y febriles dedos, bien para enjugar alguna lágrima que resbalaba de sus pestañas, o bien para santiguar el espacio en direc-

ción de la calle por donde debía venir el ausente...
¿Qué haría si enviudaba? No había en todo el
mundo otro hombre como Félix... ¿Y sus pobres
hijos? Eran tres, y estaban muy pequeños. ¿Capital? No lo tenían; el sueldo era corto, y se gastaba
todo en medio vivir. Sufrían muchas privaciones
y carecían de muchas cosas necesarias. Nada, que
iban a quedar en la calle; se vería precisada a dejar aquella casa que, aunque lejana, era independiente y cómoda; ocuparía una vivienda en alguna
vecindad. ¡Qué oscuras y malsanas son las vivien-
das baratas! Ahí enfermarían los niños.

Su imaginación continuaba trabajando sin cesar.
Tendría que coser *ajeno* para pagar su miserable
sustento; los niños andarían astrosos y descalzos;
no concurrirían a colegios de paga, sino a las escuelas del gobierno, donde hay *mucha revoltura;*
aprenderían malas mañas; se juntarían con malas
compañías; se perderían...

Llegó tan lejos en aquel camino de suposiciones
aciagas, que se vio en la miseria, viuda y sola en
este mundo. Negro ropaje cubría su garbosa persona, y el crespón del duelo marital colgaba por sus
espaldas; pero, ¡qué bien le sentaba el luto! Hacíala
aparecer por todo extremo interesante. ¿Volvería
a tener pretendientes?... Si algo valían su gracia y
edad, tal vez sí; pero fijando la atención en su pobreza, era posible que no... Aficionados no le falta-
rían, pero con malas intenciones... ¿Y caería? ¿O
no caería?... ¡La naturaleza humana es tan frágil!
¡Es tan sentimental la mujer! ¡Y son tan malos los
hombres! Nadie diga *de esta agua no beberé.* ¡Oh,
Dios mío!

Y Otilia se echó a llorar a lágrima viva sin saber
bien si despertaban su ternura la aciaga y prematura
muerte de don Félix, o la viudez de ella, o la orfan-
dad de los hijos y su mala indumentaria, o el verlos

en escuelas oficiales y perdidos, o mirarse a sí misma con tocas de viuda (joven y agraciada), o el no tener adoradores, o el ser seducida por hombres perversos, que abusasen de su inexperiencia, de su sensibilidad y de su desamparo... ¡y, sobre todo, de su sensibilidad!... Porque bien se conocía a sí misma; era muy sensible, de aquel pie era precisamente de donde cojeaba. Era aquella la coyuntura donde sentía rajada la coraza de hierro de su virtud... Y si alguno era bastante avisado para echarlo de ver, por ahí le asestaría la puñalada, y sería mujer perdida... ¡Oh, qué horror! ¡Cuán desdichada es la suerte de la mujer joven, hermosa, desamparada y de corazón!... ¿Por qué no tendría en vez de corazón un pedazo de piedra?... Aquella entraña era su perdición; lo sabía, pero no podía remediarlo.

Por fortuna, sonó repetidas veces el timbre de la puerta, en los momentos mismos en que ya la desbocada imaginación de la joven empujábala al fondo del precipicio, y se engolfaba en un mundo inextricable de desgracias, pasiones y aventuras, de donde no era posible, no, salir con los ojos secos... El retintín de la campanilla eléctrica la salvó, por fortuna, sacándola muy a tiempo de aquel baratro de sombras y de sucesos trágicos en que se había despeñado. El sensible y peligroso corazón de la joven dio varios vuelcos de júbilo al verse libre de todos esos riesgos; viudez, tocas negras, muerte de los niños, acechanzas, tropiezos y caídas. Por otra parte, el timbre sonaba alegre y triunfal; con la especial entonación que tomaba cuando Zendejas volvía victorioso y alegre, por haber dicho cuántas son cinco al lucero del alba, o por haber dado un revés a un malcriado, o por haber regalado un puntapié a cualquier zascandil. Así lo presintió Otilia, quien corrió a abrir la puerta, llena de gozo, para verse libre de tantos dolores, lazos y celadas como le iba tendiendo el pavoroso porvenir.

Y, en efecto, venía don Félix radiante por el resultado de la batalla acabada de librar con el astuto ladrón que le había asaltado en la vía pública, y por el recobro del reloj y de la leontina.

—¡Félix! —clamó Otilia con voz desmayada, echándose en sus brazos—. ¿Qué hacías? ¿Por qué has tardado tanto? Me has tenido con un cuidado horrible.

—No te preocupes, esposa —repuso Zendejas—, a mí no me sucede nada, ni puede sucederme. Sería capaz de pasearme solo por toda la República a puras bofetadas.

—¿Dónde has estado?

—En el trabajo, en el teatro, en el restaurante...

—¡Cómo te lo he de creer!... Y yo, entretanto, sola, desvelada y figurándome cosas horribles... He sufrido mucho pensando en ti...

Bien se guardó la joven de referir a don Félix lo de las tocas, la sensibilidad de su corazón y la seducción que había visto en perspectiva.

Cogidos de la mano llegaron a la sala.

—Pero, ¡tate!, si has llorado —exclamó don Félix, secando con el pañuelo las lágrimas que corrían por el rostro de ella.

—¡Cómo no, si te quiero tanto, y temo tanto por ti! —repuso ésta reclinando la cabeza sobre el hombro del juez.

—Eres una chiquilla —continuó Zendejas cariñosamente—, te alarmas sin razón.

—Félix, voy a pedirte un favor.

—El que gustes.

—No vuelvas a venir tarde.

—Te lo ofrezco, esposa. No tengo ya inconveniente, pues acabo de realizar mi propósito.

—¿Cuál, Félix?

—El de una buena entrada de patadas a un bandido... de esos de que habla la prensa.

—¿Con qué sí? ¿Cómo ha pasado eso?... Cuéntame, Félix —rogó la joven vivamente interesada.

Zendejas, deferente a la indicación de su esposa, relató la aventura acabada de pasar, no digamos al pie de la letra, sino exornada con incidentes y detalles que, aunque no históricos, contribuían en alto grado a realzar la ferocidad de la lucha, la pujanza del paladín y la brillantez de la victoria. La joven oyó embelesada la narración y se sintió orgullosa de tener por marido a un hombre tan fuerte y tan valeroso como Zendejas; pero, a fuer de esposa cariñosa y de afectos exquisitos, no dejó de preocuparse por el desgaste que el robusto organismo de su esposo hubiese podido sufrir en aquel terrible choque; así que preguntó al juez con voz dulcísima:

—A ver la mano: ¿no te la has hinchado?... ¿No se te ha dislocado el pie?

—Fuertes y firmes conservo la una y el otro —repuso don Félix con visible satisfacción, levantando en alto el cerrado puño y sacudiendo por el aire el pie derecho.

—¡Bendito sea Dios! —repuso la joven, soltando un suspiro de alivio y satisfacción.

—Aquí tienes la prueba —prosiguió don Félix— de lo que siempre te he dicho: si los barbones a quienes asaltan los cacos se condujeran como yo, si aporreasen a los malhechores y los despojasen de los objetos robados, se acabaría la plaga de los bandidos...

—Tal vez tengas razón... ¿Conque el salteador te había quitado el reloj y la leontina?

—Sí, fingiéndose borracho. Se dejó caer sobre mí como cuerpo muerto y, entretanto que yo me le quitaba de encima, me escamoteó esos objetos sin que yo lo sintiese.

—Son muy hábiles esos pillos...

—Sí lo son; por fortuna, reflexioné pronto lo que podía haber pasado... A no haber sido por eso, pierdo estas prendas que tanto quiero.

Al hablar así, sacólas Zendejas del bolsillo para solazarse con su contemplación. Otilia clavó en ellas también los ojos con curiosidad e interés, como pasa siempre con las cosas que se recobran después de haberse perdido; mas a su vista, en vez de alegrarse, quedaron confusos los esposos. ¿Por qué?

—Pero, Félix, ¿qué has hecho? —interrogó Otilia, asustada.

—¿Por qué, mujer? —preguntó el juez, sin saber lo que decía.

—Porque ese reloj y esa leontina no son los tuyos.

—¿Es posible? —volvió a preguntar Zendejas con voz desmayada, al comprender que la joven tenía razón.

—Tú mismo lo estás mirando —continuó ella, tomando ambas cosas en sus manos para examinarlas despacio—. Este reloj es de oro, y el tuyo es de plata... Parece una repetición.

La joven oprimió un resorte lateral, y la muestra dio la hora con cuartos y hasta minutos, con campanilla sonora y argentina.

—Y mira, en la tapa tiene iniciales: A.B.C.; seguramente las del nombre del dueño... Es muy bueno y valioso.

Zendejas quedó estupefacto y sintió la frente cubierta de gotitas de sudor.

—Y la leontina —continuó la joven, siguiendo el análisis— es ancha y rica, hecha de tejido de oro bueno, y rematada por este dije precioso, que es un elefantito del mismo metal, con ojos de rubíes, y patas y orejas de fino esmalte.

Ante aquella dolorosa evidencia, perdió Zendejas la sangre fría y hasta la caliente, que por sus venas corría, púsose color de cera y murmuró con acento de suprema angustia:

—¡De suerte que soy un ladrón, y uno de los de la banda!

—¡Qué cosa tan extraña!... No digas eso.

—Sí, soy un cernícalo, un hipopótamo —repitió don Félix, poseído de desesperación.

Y llevado de su carácter impetuoso, se dio a administrarse sonoros coscorrones con los puños cerrados, hasta que su esposa detuvo la fiera ejecución cogiéndolo por las muñecas.

—Déjame —decía él, con despecho—, esto y más me merezco. Que me pongan en la cárcel. Soy un malhechor... un juez bribón.

—No, Félix; no ha sido más que una equivocación la tuya. Es de noche, el hombre estaba ebrio y se te echó encima. Cualquiera hubiese creído lo que tú.

—Y luego, que he perdido el reloj —agregó Zendejas.

—¡Es verdad! —dijo la joven—. ¿Cómo se explica?

El juez percibió un rayo de luz. A fuerza de dictar autos y sentencias habíase acostumbrado a deducir, inferir o sutilizar.

—¡Ya caigo en la cuenta! —exclamó, jubiloso y reconfortado—. Ese pretendido borracho había robado antes ese reloj y esta leontina a alguna otra persona... Después, me robó a mí, y al querer recobrar lo que me pertenecía, di con el bolsillo en que había puesto las prendas ajenas; pero se llevó las mías.

La explicación parecía inverosímil; Otilia quedó un rato pensativa.

—Puede ser —murmuró al fin—. ¿Estás cierto de haberte llevado tu reloj?

—Nunca lo olvido —repuso el juez con firmeza.

—Por sí o por no, vamos a tu cuarto.

—Es inútil.

—Nada se pierde...

—Como quieras.

Y los esposos se trasladaron a la alcoba de Zendejas, donde hallaron, sobre la mesa de noche, el reloj de plata del juez con su pobre leontina chapeada, reposando tranquilamente en el mismo lugar donde su propietario lo había dejado al acostarse a dormir la siesta.

Don Félix se sintió aterrado, como si hubiese visto la cabeza de Medusa.

—Aquí está —murmuró con agonía— ...De suerte que ese caballero (no le llamó ya borracho ni bandido) ha sido despojado por mi mano; no cabe la menor duda.

Otilia, afligida, no replicó nada, y el marido continuó:

—El acontecimiento se explica; ese señor, que debe ser algún alegre ricachón, andaba de juerga por esta colonia... Se le pasó la mano en las copas, iba de veras borracho, le confundí con un ladrón y le quité estas prendas... Robo de noche, en la vía pública y a mano armada... Estoy perdido... Mañana mismo me entrego a la justicia: el buen juez por su casa empieza.

—De ninguna manera —objetó Otilia horrorizada—, sería una quijotada que te pondría en ridículo.

—¿Por qué en ridículo? —preguntó Zendejas con exaltación.

—Porque no dejaría de decir la gente, que te las habías habido con un hombre aletargado, incapaz de defenderse, y que ¡buenas hazañas son las tuyas!

—Eso sí que no, porque sobran las ocasiones en que he demostrado que son iguales para mí los fuertes que los débiles, y que no le tengo miedo ni al mismo Lucifer.

86

—Pero la gente es maligna, y más los envidiosos.

—En eso tienes razón: ¡los envidiosos, los envidiosos! —repitió Zendejas—. "Todos los valientes me tienen envidia —siguió pensando para sí— y ¡con qué placer aprovecharían el *quid pro quo* para ponerme en berlina!" Y prosiguió en voz alta: —Pero ¿qué hacer entonces? ¡Porque no puedo quedarme con propiedad ajena!

—Voy a pensar un poco —repuso Otilia, preocupada—... Déjame ver otra vez las iniciales... A.B.C. ¿Cómo era el señor? Descríbemelo, Félix.

—Voy a procurar acordarme... Más viejo que joven; grueso, casi tanto como yo, todo rasurado.

—¿Con lentes?

—Creo que sí, pero los perdió en la refriega.

—Óyeme —prosiguió la joven pensativa—. ¿No será don Antonio Bravo Caicedo?... A.B.C.: coinciden las iniciales.

—¿El caballero rico y famoso, cuyo nombre llena toda la ciudad?

—El mismo.

—No puede ser, mujer.

—¿Por qué no?

—Porque es persona grave, de irreprochable conducta; anda siempre en compañía de sus hijas, que son muy guapas; y, aguarda, si no me equivoco es...

—¿Qué cosa, Félix?

—Miembro conspicuo de la Sociedad de Temperancia.

—Eso no importa —contestó la joven—, son los hombres tan contradictorios y tan malos... (Pensaba, en aquellos momentos, en los peligros de su viudez.)

—En eso tienes razón; son muy malos.

El juez se abstuvo, por instinto, de decir *somos muy malos*, sin duda porque recordó los excesos de pensamiento y de vista que acababa de cometer en el Principal.

Siguió, a continuación, una larga plática entre los esposos, en la cual se analizaron y desmenuzaron los acontecimientos, las suposiciones, todas las cosas posibles en fin; y mientras más ahondaron el asunto, más y más sospecharon que reloj y leontina perteneciesen al provecto, riquísimo e hipocritón don Antonio Bravo Caicedo; mil indicios lo comprobaban, mil pequeños detalles lo ponían en evidencia... ¡Quién lo hubiera pensado!... ¡Que aquel señor tan respetable fuese tan poco respetable! Bien se dice que la carne es flaca... Pero Bravo Caicedo era gordo... ¡Qué cosa tan embrollada... En fin, que por lo visto, la carne gorda es la más flaca...

Despejada la incógnita, o más bien dicho, despejado el incógnito, faltaba hallar el medio de hacer la devolución. ¿Mandar los objetos a la casa del propietario?... No, eso sería comprometerle, descubrirle, abochornarle... Y luego que, aunque lo más verosímil era que aquel grave personaje fuera el pesado borracho de la aventura, cabía, no obstante, en lo posible, que otro sujeto fuese el dueño verdadero de las alhajas. Don Antonio Bravo Caicedo (A.B.C.) había hecho el monopolio del pulque, es verdad; pero no el de las tres primeras letras del abecedario.

IV

En fin, que, después de mirarlo, pensarlo y meditarlo bien, resolvió la honrada pareja que las prendas en cuestión quedasen depositadas en el juzgado de Zendejas, y que éste publicase un aviso en los periódicos, mañosamente escrito para no delatarse a sí mismo ni sacar a plaza las miserias del ricachón.

Elegido ese camino, don Félix, a fuer de hombre honrado, se negó a poner la cabeza en la almohada antes de haberse quitado aquel peso de la conciencia, dejando redactado y listo el documento para llevarlo a dos o tres redacciones vespertinas al siguiente día, a la hora del despacho. Trabajó febrilmente, hizo varios borradores, consultó con Otilia, tachó, cambió, agregó, raspó y garrapateó de lo lindo algunas hojas de papel, hasta que, al fin, cerca ya de la madrugada, terminó la ardua labor de dar forma al parrafejo, el cual quedó definitivamente concebido en los siguientes términos:

AVISO

Esta mañana, al comenzar el despacho, ha sido depositado, en este juzgado, un reloj de oro, Remontoir, con una leontina del mismo metal, rematada por un pequeño elefante, cuyos ojos son de rubí, y las orejas y las patas de negro esmalte. El reloj lleva las iniciales A.B.C., en la tapa superior, tiene el número 40180 y es de la marca *Longines*. Lo que se pone en conocimiento del público para que puedan ser recogidos esos objetos por su propietario; bajo el concepto de que el depositante ha puesto en manos del juez suscrito un pliego que contiene señas exactas e individuales de la persona a quien, por equivocación, le fueron sustraídas esas alhajas, con mención de la calle, la hora y otros datos del mayor interés.

Pero fue inútil la publicación repetida de aquellos renglones. Hasta la fecha en que esto se escribe, nadie se ha presentado a reclamar el reloj y la leontina; ya porque don Antonio Bravo Caicedo no sea el dueño de las alhajas, o bien porque, siéndolo, desee conservar el incógnito a toda costa y a todo costo. De suerte que si alguno de los lectores tiene en su nombre las iniciales A.B.C., si se paseó aquella noche por la colonia Roma, si empinó bien el codo, si tuvo algo que ver con Baltasara, Juanita o Carlota, y, por último, si perdió esas prendas en un asalto callejero, ya sabe que puede ocurrir a recogerlas al juzgado donde se hallan en calidad de depósito.

COMENTARIO

"Reloj sin dueño" combina felizmente el retrato caricaturesco del juez Zendejas con una trama muy bien desarrollada, la presencia de la cual lo coloca entre lo cuentos, a pesar de que tiene todos los rasgos estilísticos del artículo de costumbres. Hombre disciplinado, trabajador, valiente y rabioso, Zendejas recuerda algo a los antihéroes odiosos de Dickens. No obstante, el acierto de López Portillo y Rojas es que con una cantidad muy bien medida de burla, humaniza al energúmeno sin reducirlo a un payaso. El instrumento principal en la creación del juez es el lenguaje del autor. Para concordar con el tipo caricaturesco, emplea giros pintorescos. En la descripción del juez, la serie de adjetivos que incluye "carirredondo, barbicerrado" ya insinúa el tono que va a establecerse definitivamente con "hablaba a voz herida", "entraba en combustión espantosa", "buscaba... las causas de que se le subiese la mostaza a las narices" y "hubiera pateado y bramado como toro cerril adornado con alegres banderillas". Muy propio del autor realista, se establece un nexo íntimo entre el narrador y el lector con frases como "cuando discutía, no discutía, dogmatizaba"; y después de comentar lo disciplinado que era Zendejas "en prueba de todo eso, saltó del lecho media hora después de lo que se había propuesto"; "perdió Zendejas la sangre fría y hasta la caliente que por sus venas corría" y "los hombres son muy malos —El juez se abstuvo, por instinto de decir "somos muy malos." Al mismo tiempo que el autor realista goza jugando con su protagonista, se deleita también con

los juegos lingüísticos: "ambos jueces disputaron sobre quién debía ser el *pagano*".

El tono burlesco del cuento establecido por el lenguaje se funde con todos los antecedentes ominosos
para producir un desenlace inesperado y lógico a la
vez. Las noticias sobre los crímenes, la actitud bravu-
cona del juez y las preocupaciones de su esposa nos
preparan para un fin trágico, pero el tono de todo el
cuento no lo permite y justifica por completo el equí-
voco del juez con su consiguiente abochorno e intento
de disculparse.

Como buen autor realista, López Portillo y Rojas describe física y moralmente a sus personajes antes de
ponerlos en acción. Alude también a detalles locales
que dan una verosimilitud a la narración a pesar de
lo caricaturesco: el Zócalo, los tranvías, la Colonia
Roma, 16 de Septiembre. Tacubaya, Insurgentes y Cha-
pultepec.

Además de representar el realismo, "Reloj sin dueño" pertenece por completo a la tradición de la prosa
mexicana: el ritmo rápido, el humorismo picaresco, el
sabor popular, el énfasis en la acción y el retrato de
la mujer abnegada y comprensiva. Véanse las enormes
diferencias entre este cuento y el que sigue a pesar
de que los dos llevan el mismo rótulo realista.

TOMÁS CARRASQUILLA
[1858-1940]

Colombiano. Nació en un pueblo de Antioquia de una familia rica y aristocrática. Sus estudios de leyes fueron interrumpidos por la Revolución de 1874. Fue secretario del juzgado municipal y luego juez. A excepción de dos visitas a Bogotá (1896, 1915-1916), pasó toda la vida en Antioquia. Sus obras literarias son productos de una edad madura. Clasificado por mucho tiempo con los costumbristas hispanoamericanos que siguieron las huellas de Pereda, Carrasquilla ha sido "descubierto" últimamente como uno de los primeros novelistas y cuentistas artísticos. Aunque escribe sobre los personajes y el ambiente de su región, su obra tiene más trascendencia que la de los otros costumbristas. Es que se interesa más en la realidad y menos en la caricatura y luce un gran dominio del idioma. Autor de la novela histórica. La marquesa de Yolombó *(1928); de tres novelas regionales,* Frutos de mi tierra *(1896),* Grandeza *(1910) y* Hace tiempos *(1935-36); y de varios cuentos largos.*

SAN ANTOÑITO

AGUEDITA PAZ era una criatura entregada a Dios y a su santo servicio. Monja fracasada por estar ya pasadita de edad cuando le vinieron los hervores monásticos, quiso hacer de su casa un simulacro de convento, en el sentido decorativo de la palabra; de su vida algo como un apostolado, y toda,

toda ella se dio a los asuntos de iglesia y sacristía, a la conquista de almas, a la mayor honra y gloria de Dios, mucho a aconsejar a quien lo hubiese o no menester, ya que no tanto a eso de socorrer pobres y visitar enfermos.

De su casita para la iglesia y de la iglesia para su casita se le iba un día, y otro, y otro, entre gestiones y santas intriguillas de fábrica, componendas de altares, remontas y zurcidos de la indumentaria eclesiástica, *toilette* de santos, barrer y exornar todo paraje que se relacionase con el culto.

En tales devaneos y campañas llegó a engranarse en íntimas relaciones y compañerismos con Damiancito Rada, mocosuelo muy pobre, muy devoto y monaguillo mayor en procesiones y ceremonias. En quien vino a cifrar la buena señora un cariño tierno a la vez que extravagante, harto raro por cierto en gentes célibes y devotas. Damiancito era su brazo derecho y su paño de lágrimas; él la ayudaba en barridos y sacudidas, en el lavatorio y lustre de candelabros e incensarios; él se pintaba solo para manejar albas y doblar corporales y demás trapos eucarísticos; a su cargo estaba el acarreo de flores, musgos y forrajes para el altar, y era primer ayudante y asesor en los grandes días de repicar recio, cuando se derretía por esos altares mucha cera y esperma, y se colgaban por esos muros y palamentas tantas coronas de flores, tantísimos paramentones de colorines.

Sobre tan buenas partes, era Damiancito sumamente rezandero y edificante, comulgador insigne, aplicado como él solo dentro y fuera de la escuela, de carácter sumiso, dulzarrón y recatado; enemigo de los juegos estruendosos de la chiquillería, y muy dado a enfrascarse en *La monja santa, Práctica de amor a Jesucristo* y en otros libros no menos piadosos y embelecedores.

Prendas tan peregrinas como edificantes, fueron poderosas a que Aguedita, merced a sus videncias e inspiraciones, llegase a adivinar en Damián Rada no un curita de misa y olla, sino un doctor de la Iglesia, mitrado cuando menos, que en tiempos no muy lejanos había de refulgir cual astro de sabiduría y santidad para honra y santificación de Dios.

Lo malo de la cosa era la pobreza e infelicidad de los padres del predestinado y la no mucha abundancia de su protectora. Mas no era ella para renunciar a tan sublimes ideales: esa miseria era la red con que el Patas quería estorbar el vuelo de aquella alma que había de remontarse serena, serena, como una palomita, hasta su Dios; pues no, no lograría el Patas sus intentos. Y discurriendo, discurriendo cómo rompería la diabólica maraña, diose a adiestrar a Damiancito en tejidos de red y *crochet*; y tan inteligente resultó el discípulo, que al cabo de pocos meses puso en cantarilla un ropón con muchas ramazones y arabescos que eran un primor, labrado por las delicadas manos de Damián.

Catorce pesos, billete sobre billete, resultaron de la invención.

Tras ésta vino otra, y luego la tercera, las cuales le produjeron obras de tres cóndores. Tales ganancias abriéronle a Aguedita tamaña agalla. Fuese al cura y le pidió permiso para hacer un bazar a beneficio de Damián. Concedióselo el párroco, y armada de tal concesión y de su mucha elocuencia y seducciones, encontró apoyo en todo el señorío del pueblo. El éxito fue un sueño que casi trastornó a la buena señora, con ser que era muy cuerda: ¡sesenta y tres pesos!

El prestigio de tal dineral; la fama de las virtudes de Damián, que ya por ese entonces llenaba los ámbitos de la parroquia, la fealdad casi ascética y decididamente eclesiástica del beneficiado formá-

94

ronle aureola, especialmente entre el mujerío y gentes piadosas. "El curita de Aguedita" llamábalo todo el mundo, y en mucho tiempo no se habló de otra cosa que de sus virtudes, austeridades y penitencias. El curita ayunaba témporas y cuaresmas antes que su Santa Madre Iglesia se lo ordenase, pues apenas entraba por los quince; y no así, atracándose con el mediodía y comiendo cada rato, como se estila ogaño, sino con una frugalidad eminentemente franciscana, y se dieron veces en que el ayuno fuera al traspaso cerrado. El curita de Aguedita se iba por esas mangas en busca de soledades, para hablar con su Dios y echarle unos párrafos de *Imitación de Cristo*, obra que a estas andanzas y aislamientos siempre llevaba consigo. Unas leñadoras contaban haberle visto metido entre una barranca, arrodillado y compungido, dándose golpes de pecho con una mano de moler. Quién aseguraba que en paraje muy remoto y umbrío había hecho una cruz de sauce y que en ella se crucificaba horas enteras a cuero pelado, y nadie lo dudaba pues Damián volvía ojeroso, macilento, de los éxtasis y crucifixiones. En fin, que Damiancito vino a ser el santo de la parroquia, el pararrayos que libraba a tanta gente mala de las cóleras divinas. A las señoras limosneras se les hizo preciso que su óbolo pasara por las manos de Damián, y todas a una le pedían que las metiese en parte en sus santas oraciones.

Y como el perfume de las virtudes y el olor de santidad siempre tuvieron tanta magia, Damián, con ser un bicho raquítico, arrugado y enteco, aviejado y paliducho de rostro, muy rodillijunto y patiabierto, muy contraído de pecho y maletón, con una figurilla que más parecía de feto que de muchacho, resultó hasta bonito e interesante. Ya no fue curita: fue "San Antoñito". San Antoñito le nombraban y por San Antoñito entendía. "¡Tan queridito!" —decían las señoras cuando le veían salir de la iglesia, con su paso tan menudito, sus codos tan remendados, su par de parches en las posas, pero tan aseadito y decoroso—. "Tan bello ese modo de rezar, ¡con sus ojos cerrados! ¡La unción de esa criatura es una cosa que edifica! Esa sonrisa de humildad y mansedumbre. ¡Si hasta en el camino se le ve la santidad!"

Una vez adquiridos los dineros, no se durmió Aguedita en las pajas. Avistóse con los padres del muchacho, arreglóle el ajuar; comulgó con él en una misa que habían mandado a la Santísima Trinidad para el buen éxito de la empresa; diole los últimos perfiles y consejos, y una mañana muy fría de enero viose salir a San Antoñito de panceburro nuevo, caballero en la mulita vieja de Señó Arciniegas, casi perdido entre los zamarros del Mayordomo de Fábrica, escoltado por un rescatante que le llevaba la maleta y a quien venía consignado. Aguedita, muy emparentada con varias señoras muy acaudaladas de Medellín, había gestionado de antemano a fin de recomendar a su protegido; así fue que cuando éste llegó a la casa de asistencia y hospedaje de las señoras Del Pino halló campo abierto y viento favorable.

La seducción del santo influyó al punto, y las señoras Del Pino, Doña Pacha y Fulgencita, quedaron luego a cuál más pagada de su recomendado. El Maestro Arenas, el sastre del Seminario, fue llamado inmediatamente para que le tomase las medidas al presunto seminarista y le hiciese una sotana y un manteo a todo esmero y baratura, y un terno de lanilla carmelita para las grandes ocasiones y trasiegos callejeros. Ellas le consiguieron la banda, el tricornio y los zapatos; y Doña Pacha se apersonó en el Saminario para recomendar ante el Rector a Damián. Pero, ¡oh desgracia! no pudo conseguir la beca: todas estaban comprometidas y sobraba la mar de candidatos. No por eso amilanóse Doña Pacha: a su vuelta del Seminario entró a la Catedral e imploró los auxilios del Espíritu Santo para que la iluminase en conflicto semejante. Y la iluminó. Fue el caso que se le ocurrió avistarse con Doña Rebeca Hinestrosa de Gardeazábal, dama viuda riquísima y piadosa, a quien pintó la necesidad y de quien recabó almuerzo y comida para el santico. Felicísima, radiante, voló Doña Pacha a su casa, y en un dos por tres habilitó de celdilla para el seminarista un cuartucho de trebejos que había por allá junto a la puerta falsa; y aunque pobres, se propuso darle ropa limpia, alumbrado, merienda y desayuno.

Juan de Dios Barco, uno de los huéspedes, el más mimado de las señoras por su acendrado cristianismo, as en el Apostolado de la Oración y malilla en los asuntos de San Vicente, regalóle al muchacho algo de su ropa en muy buen estado y un par de botines, que le vinieron holgadillos y un tanto sacados y movedizos de jarrete. Juancho le consiguió con mucha rebaja los textos y útiles en la Librería Católica, y cátame a Periquito hecho fraile.

No habían transcurrido tres meses, y ya Damiancito era dueño del corazón de sus patronas, y propietario en el de los pupilos y en el de cuanto huésped arrimaba a aquella casa de asistencia tan popular en Medellín. Eso era un contagio.

Lo que más encantaba a las señoras era aquella parejura de genio; aquella sonrisa, mueca celeste, que ni aún en el sueño despintaba Damiancito; aquella cosa allá, indefinible, de ángel raquítico y enfermizo, que hasta a esos dientes podridos y desparejos daba un destello de algo ebúrneo, nacarino; aquel filtrarse la luz del alma por los ojos, por los poros de ese muchacho tan feo al par que tan hermoso. A tanto alcanzó el hombre que a las Señoras se les hizo un sér necesario. Gradualmente, merced a instancias que a las patronas les brotaban desde la fibra más cariñosa del alma, Damiancito se fue quedando, ya a almorzar, ya a comer a casa; y llegó día en que se le envió recado a la señora de Gardeazábal que ellas se quedaban definitivamente con el encanto.

—Lo que más me pela del muchachito —decía Doña Pacha— es ese poco metimiento, esa moderación con nosotros y con los mayores. ¿No te has fijado, Fulgencia, que si no le hablamos, él no es capaz de dirigirnos la palabra por su cuenta?

—No digás eso, Pacha ¡esa aplicación de ese niño! ¡Y ese juicio que parece de viejo! ¡Y esa vocación para el sacerdocio! Y esa modestia: ni siquiera por curiosidad ha alzado a ver a Candelaria.

Era la tal una muchacha criada por las Señoras en mucho recato, señorío y temor de Dios. Sin sacarla de su esfera y condición mimábanla cual a propia hija; y como no era mal parecida y en casa como aquélla nunca faltan asechanzas, las Señoras, si bien miraban a la chica como un vergel cerrado, no la perdían de vista ni un instante.

Informada Doña Pacha de las habilidades del pupilo como franjista y tejedor, púsolo a la obra, y pronto varias señoras ricas y encopetadas, le encargaron atimacasares y cubiertas de muebles. Corrida la noticia por los *réclames* de Fulgencia, se le pidió un cubrecama para una novia... ¡Oh! ¡En aquello sí vieron las Señoras los dedos de un ángel! Sobre aquella red sutil e inmaculada cual telaraña de la gloria, albeaban con sus pétalos ideales, manojos de azucenas, y volaban como almas de vírgenes unas mariposas aseñoradas, de una gravedad coqueta y desconocida. No tuvo que intervenir la lavandera: de los dedos milagrosos salió aquel ampo de pureza a velar el lecho de la desposada.

Del importe del cubrecama sacóle Juancho un flux de muy buen paño, un calzado hecho sobre medidas y un tirolés de profunda hendidura y ala muy graciosa. Entusiasmada Doña Fulgencia con tantísima percha, hízole de un retal de blusa mujeril que le quedaba en bandera una corbata de moño, a la que, por sugestión acaso, imprimió la figura arrobadora de las mariposas supradichas. Etéreo, como una revelación de los mundos celestiales, quedó Damiancito con los atavíos; y cual si ellos influyesen en los vuelos de su espíritu sacerdotal, iba creciendo, al par que en majeza y galanura, en las sapiencias y reconditeces de la latinidad. Agachado en una mesita cojitranca, vertía del latín al romance y del romance al latín ahora a Cornelio Nepote y tal cual miaja de Cicerón, ahora a San Juan de la Cruz, cuya serenidad hispánica remansaba en unos hiperbatones dignos de Horacio Flaco. Probablemente Damiancito sería con el tiempo un Caro número dos.

La cabecera de su casta camita era un puro pegote de cromos y medallas, de registros y estampitas, a cuál más religioso. Allí Nuestra Señora del Perpetuo, con su rostro flacucho tan parecido al del seminarista; allí Martín de Porres, que armado de su escoba representaba la negrería del Cielo; allí Bernadette, de rodillas ante la blanca aparición; allí copones entre nubes, ramos de uvas y gavillas de espigas, y el escapulario del Sagrado Corazón, de alto relieve, destacaba sus chorrerones de sangre sobre el blanco disco de franela.

Doña Pacha, a vueltas de sus entusiasmos con las virtudes y angelismo del curita, y en fuerza acaso de su misma religiosidad, estuvo a pique de caer en una cisma: muchísimo admiraba a los sacerdotes, y sobre todo, al Rector del Seminario, pero no le pasaba, ni envuelto en hostias, eso de que no se le diese becas a un sér como Damián, a ese pobrecito desheredado de los bienes terrenos, tan millonario en las riquezas eternas. El Rector sabría mucho; tanto, si no más que el Obispo; pero ni él ni su Ilustrísima le habían estudiado, ni mucho menos comprendido. Claro. De haberlo hecho, desbecarían al más pintado, a trueque de colocar a Damiancito. La Iglesia Antioqueña iba a tener un San Tomasito de Aquino, si acaso Damián no se moría, porque el muchacho no parecía cosa para este mundo.

Mientras que Doña Pacha fantaseaba sobre las excelsitudes morales de Damián, Fulgencita se daba a mimarle el cuerpo endeble que aprisionaba aquella alma apenas comparable al cubrecama consabido. Chocolate sin harina, de lo más concentrado y empumoso, aquel chocolate con que las hermanas se regodeaban en sus horas de sibaritismo, le era servido en una jícara tamaña como esquilón. Lo más selecto de los comistrajes, las grosuras domingueras con que regalaban a sus comensales, iban a dar en raciones frailescas a la tripa del seminarista, que gradualmente se iba anchando, anchando. Y para aquella cama que antes fuera dura tarima de costurero, hubo blandicies por colchones y almohadas, y almidonadas blancuras semanales por sábanas y fundas, y flojedades cariñosas por la colcha grabada, de candideces blandas y flecos desmadejados y acariciadores. La madre más tierna no repasa ni revisa los indumentos interiores de su unigénito cual lo hiciera Fulgencita con aquellas camisas, con aquellas medias y con aquella otra pieza que no pueden nombrar las *misses*. Y aunque la señora era un tanto asquienta y poco amiga de entenderse con ropas ajenas, fuesen limpias o sucias, no le pasó ni remotamente al manejar los tra-

100

pitos del seminarista ni un ápice de repugnancia. Qué le iba a pasar; si antes se le antojaba, al manejarlas, que sentía el olor de pureza que deben exhalar los suaves plumones de los ángeles. Famosa dobladora de tabacos, hacía unos largos y aseñorados, que eran para que Damiancito los fumase a solas en sus breves instantes de vagar.

Doña Pacha, en su misma adhesión al santico, se alarmaba a menudo con los mimos y ajonjeos de Fulgencia, pareciéndole un tanto sensuales y antiascéticos tales refinamientos y tabaqueos. Pero su hermana le replicaba, sosteniéndole que un niño tan estudioso y consagrado necesitaba muy buen alimento; que sin salud no podía haber sacerdotes, y que a alma tan sana no podían malearla las insignificancias de unos cuatro bocados más sabrosos que la bazofia ordinaria y cuotidiana, ni mucho menos el humo de un cigarro; y que así como esa alma se alimentaba de las dulzuras celestiales, también el pobre cuerpo que la envolvía podía gustar algo dulce y sabroso, máxime cuando Damiancito le ofrecía a Dios todos sus goces puros e inocentes.

Después del rosario con misterios en que Damián hacía el coro, todo él ojicerrado, todo él recogido, todo extático, de hinojos sobre la áspera estera antioqueña que cubría el suelo, después de este largo coloquio con el Señor y su Santa Madre, cuando ya las patronas habían despachado sus quehaceres y ocupaciones de prima noche, solía Damián leerles algún libro místico, del padre Fáber por lo regular. Y aquella vocecilla gangosa, que se desquebrajaba a salir por aquella dentadura desportillada, daba el tono, el acento, el carácter místico de oratoria sagrada. Leyendo *Belén*, el poema de la Santa Infancia, libro en que Fáber puso su corazón, Damián ponía una cara, unos ojos, una mueca que a Fulgencita se le antojaban transfiguración o cosa así. Más de una lágrima se le saltó a la buena señora en esas leyendas.

Así pasó el primer año, y, como era de esperarse, el resultado de los exámenes fue estupendo; y tanto el desconsuelo de las Señoras al pensar que Damiancito iba a separárseles durante las vacaciones, que él mismo, *motu proprio*, determinó no irse a su pueblo y quedarse en la ciudad, a fin de repasar los cursos ya hechos y prepararse para los siguientes. Y cumplió el programa con todos sus puntos y comas: entre textos y encajes, entre redes y cuadernos, rezando a ratos, meditando con frecuencia, pasó los asuetos; y sólo salía a la calle a las diligencias y compras que a las Señoras se les ocurría, y tal vez a paseos vespertinos a las afueras más solitarias de la ciudad, y eso porque las Señoras a ello lo obligaban.

Pasó el año siguiente; pero no paso, que antes se acrecentaba más y más, el prestigio, la sabiduría, la virtud sublime de aquel santo precoz. No pasó tampoco la inquina santa de Doña Pacha al Rector del Seminario: que cada día le sancochaba la injusticia y el espíritu de favoritismo que aún en los mismos seminarios cundía e imperaba.

Como a fines de ese año, a tiempo que los exámenes terminaban, se les hubiese ocurrido a los padres de Damián venir a visitarlos a Medellín, y como Aguedita estuviera de viaje a los ejercicios de diciembre, concertaron las patronas, previa licencia paterna, que tampoco en esta vez fuese Damián a pasar las vacaciones a su pueblo. Tal resolución les vino a las Señoras no tanto por la falta que Damián iba a hacerles, cuanto y más por la extremada pobreza, por la miseria que revelaban aquellos viejecitos, un par de campesinos de lo más sencillo e inocente, para quienes la manuten-

102

ción de su hijo iba a ser, si bien por pocos días, un gravamen harto pesado y agobiador. Damián, este sér obediente y sometido, a todo dijo amén con la mansedumbre de un cordero. Y sus padres, después de bendecirle, partieron, llorando de reconocimiento a aquellas patronas tan bondadosas, a mi Dios que les había dado aquel hijo.

¡Ellos, unos pobrecitos montañeros, unos ñoes, unos muertos de hambre, taitas de un curita! Ni podían creerlo. ¡Si su Divina Majestad fuese servida de dejarlos vivir hasta verlo cantar misa o alzar con sus manos la hostia, el cuerpo y sangre de mi Señor Jesucristo! Muy pobrecitos eran, muy infelices; pero cuanto tenían, la tierrita, la vaca, la media roza, las cuatro matas de la huerta, de todo saldrían, si necesario fuera, a trueque de ver a Damiancito hecho cura. Pues ¿Aguedita? El cuajo se le ensanchaba de celeste regocijo, la glorificación de Dios le rebullía por dentro al pensar en aquel sacerdote, casi hechura suya. Y la Parroquia misma, al sentirse patria de Damián, sentía ya vibrar por sus aires el soplo de la gloria, el hálito de la santidad: sentíase la Padua chiquita.

No cedía Doña Pacha en su idea de la beca. Con la tenacidad de las almas bondadosas y fervientes buscaba y buscaba la ocasión: y la encontró. Ello fue que un día, por allá en los julios siguientes, apareció por la casa, como llovida del cielo y en calidad de huésped, Doña Débora Cordobés, señora briosa y espiritual, paisana y próxima parienta del Rector del Seminario. Saber Doña Pacha lo del parentesco y encargar a Doña Débora de la intriga, todo fue uno. Prestóse ella con entusiasmo, prometiéndole conseguir del Rector cuanto pidiese. Ese mismo día solicitó por el teléfono una entrevista con su ilustre allegado; y al Seminario fue a dar a la siguiente mañana.

Doña Pacha se quedó atragantándose de Te Deums y Magnificats, hecha una acción de gracias; corrió Fulgencita a arreglar la maleta y todos los bártulos del curita, no sin *chocolear* un poquillo por la separación de este niño que era como el respeto y la veneración de la casa. Pasaban horas, y Doña Débora no aparecía. El que vino fue Damián, con sus libros bajo el brazo, siempre tan parejo y tan sonreído.

Doña Pacha quería sorprenderlo con la nueva, reservándosela para cuando todo estuviera definitivamente arreglado, pero Fulgencita no pudo contenerse y le dio algunas puntadas. Y era tal la ternura de esa alma, tanto su reconocimiento, tanta su gratitud a las patronas, que, en medio de su dicha, Fulgencita le notó cierta angustia, tal vez la pena de dejarlas. Como fuese a salir, quiso detenerlo Fulgencita; pero no le fue dado al pobrecito quedarse, porque tenía que ir a la Plaza de Mercado a llevar una carta a un arriero, una carta muy interesante para Aguedita.

Él que sale, y Doña Débora que entra. Viene inflamada por el calor y el apresuramiento. En cuanto la sienten las Del Pino se le abocan, la interrogan, quieren sacarle de un tirón la gran noticia. Siéntase Doña Débora en un diván exclamando:

—Déjenme descansar y les cuento.

Se le acercan, la rodean, la asedian. No respiran. Medio repuesta un punto, dice la mensajera:

—Mis queridas, ¡se las comió el santico! Hablé con Ulpianito. Hace más de dos años que no ha vuelto al Seminario... Ulpianito ni se acordaba de él!...

—¡Imposible! ¡Imposible! —exclamaban a dúo las dos señoras.

—No ha vuelto... Ni un día. Ulpianito ha averiguado con el vicerrector, con los Pasantes, con los

Profesores todos del Seminario. Ninguno lo ha visto. El Portero, cuando oyó las averiguaciones, contó que ese muchacho estaba entregado a la vagamundería. Por ai dizque lo ha visto en malos pasos. Según cuentas, hasta donde los protestantes dizque ha estado...

—Ésa es una equivocación, Misiá Débora —prorrumpe Fulgencita con fuego.

—Eso es por no darle la beca —exclama Doña Pacha, sulfurada—. ¡Quién sabe en qué enredo habrán metido a ese pobre angelito!

—Sí, Pacha —asevera Fulgencita—. A Misiá Débora la han engañado. Nosotras somos testigos de los adelantos de ese niño; él mismo nos ha mostrado los certificados de cada mes y las calificaciones de los certámenes.

—Pues no entiendo, mis señoras, o Ulpiano me ha engañado —dice Doña Débora, ofuscada, casi vacilando.

Juan de Dios Barco aparece.

—Oiga, Juancho, por Dios —exclama Fulgencita en cuanto le echa el ojo encima—. Camine, oiga estas brujerías. Cuéntele, Misiá Débora.

Resume ella en tres palabras; protesta Juancho; se afirman las Patronas; dase por vencida Doña Débora.

—Ésta no es conmigo —vocifera Doña Pacha, corriendo al teléfono.

Tilín... tilín...

—Central... ¡Rector del Seminario!...

Tilín... tilín...

Y principian. No oye, no entiende; se enreda, se involucra, se *tupe;* da la bocina a Juancho y escucha temblorosa. La sierpe que se le enrosca a Núñez de Arce le *pasa rumbando.* Da las gracias Juancho, se despide, cuelga la bocina y aísla.

Y aquella cara anodina, agermanada, de zuavo

de Cristo, se vuelve a las Señoras; y con aquella voz de inmutable simpleza, dice:

—¡Nos co-mió el se-bo el pen-de-je-te!

Se derrumba Fulgencia sobre un asiento. Siente que se desmorona, que se deshiela moralmente. No se asfixia porque la caldera estalla en un sollozo.

—No llorés, Fulgencita —vocifera Doña Pacha, con voz enronquecida y temblona—, ¡déjamelo estar!

Álzase Fulgencia y ase a la hermana por los molledos.

—No le vaya a decir nada, mi querida. ¡Pobrecito!

Rúmbala Doña Pacha de tremenda manotada.

—¡Que no le diga! ¡Que no le diga! ¡Que venga aquí ese pasmado!... ¡Jesuita! ¡Hipócrita!

—No, por Dios, Pacha...

—¡De mí no se burla ni el obispo! ¡Vagabundo! ¡Perdido! Engañar a unas tristes viejas; robarles el pan que podían haberle dado a un pobre que lo necesitara. ¡Ah malvado, comulgador sacrílego! ¡Inventor de certificados y de certámenes!... ¡Hasta protestante será!

—Vea mi queridita, no le vaya a decir nada a ese pobre. Déjelo siquiera que almuerce.

Y cada lágrima le caía congelada por la arrugada mejilla.

Intervienen Doña Débora y Juancho. Suplican.

—¡Bueno! —decide al fin Doña Pacha, levantando el dedo—, Jártalo de almuerzo hasta que reviente. Pero eso sí, chocolate del de nosotras sí no le das a ese sinvergüenza. Que beba aguadulce o que se largue sin sobremesa.

Y erguida, agrandada por la indignación, corre a servir el almuerzo.

Fulgencita alza a mirar, como implorando auxilio, la imagen de San José, su santo predilecto.

A poco llega el santico, más humilde, con la sonrisilla seráfica un poquito más acentuada.

—Camine a almorzar, Damiancito —le dice Doña
Fulgencia, como en un trémolo de terneza y amargura.

Sentóse la criatura y de todo comió, con masti-
queo nervioso, y no alzó a mirar a Fulgencita, ni
aun cuando ésta le sirvió la inusitada taza de agua
de panela.

Con el último trago le ofrece Doña Fulgencia un
manojo de tabacos, como lo hacía con frecuencia.
Recíbelos San Antoñito, enciende y vase a su cuarto.

Doña Pacha, terminada la faena del almuerzo,
fue a buscar al protestante. Entra a la pieza y no
lo encuentra; ni la maleta, ni el tendido de la
cama.

Por la noche llaman a Candelaria al rezo y no
responde; búscanla y no aparece: corren a su cuarto, hallan abierto y vacío el baúl... Todo lo entienden.

A la mañana siguiente, cuando Fulgencita arre-
glaba el cuarto del malvado, encontró una alpargata
inmunda de las que él usaba; y al recogerla cayó
de sus ojos, como el perdón divino sobre el crimen,
una lágrima nítida, diáfana, entrañable.

COMENTARIO

Carrasquilla revela ya una mayor conciencia artística
que los autores anteriores. Lo importante de este cuento no es tanto la trama con su desenlace inesperado,
sino la creación del medio ambiente de un pueblo y
de una ciudad provinciana de fines del siglo XIX.
El autor logra captar el espíritu religioso y el ritmo soporífico de la vida colombiana de esa época con
un estilo que corresponde al asunto a las mil ma-

ravillas. Las oraciones suelen ser muy largas debido al uso de: *1)* series de adjetivos o de frases paralelas: "Sobre tan buenas partes era Damiancito sumamente rezandero y edificante, comulgador insigne, aplicado como él solo dentro y fuera de la escuela, de carácter sumiso, dulzarrón y recatado"; *2)* combinaciones bimembres a base de "y" y hasta palabras bimembres "rodillijunto y patiabierto" y "ojicerrado"; *3)* la repetición del mismo vocablo: "y toda, toda ella se dio a los asuntos de iglesia y sacristía"; "aquella alma que había de remontarse serena, serena"; "y discurriendo, discurriendo cómo rompería la diabólica maraña"; *4)* la aliteración: "repicar recio"; "prendas tan peregrinas como edificantes, fueron poderosas..."; "cual astro de sabiduría y santidad".

Además del ritmo soporífico, la prosa de Carrasquilla se distingue por su sabor popular derivado del uso de giros pintorescos y arcaicos y de una variedad de diminutivos y de otros sufijos: *1)* "La no mucha abundancia de su protectora"; "una vez adquiridos los dineros, no se durmió Aguedita en las pajas"; "un curita de misa y olla"; "Juancho le consiguió con mucha rebaja los textos y útiles en la Librería Católica, y cátame a Periquito hecho fraile"; "unos ñoes"; *2)* San Antoñito, Aguedita, Damiancito, curita, pasadita de edad, intriguillas, mocosuelo aviejado y paliducho —una figurilla, el santico, holgadillos, sonrisilla.

Carrasquilla crea el ambiente ultrarreligioso de la vida provinciana con el propósito de burlarse de él. Aunque el fin es inesperado, hay indicaciones anteriores que sólo tienen significado para los que conocen a Carrasquilla. El mismo título indica que el protagonista va a ser adorado por todas las mujeres. Por mucho que su actitud pasiva justifique su apodo, hay alguna que otra nota que hace sospechar al lector de que no se trata exclusivamente del amor religioso: "en quien vino a cifrar la buena señora su cariño tierno a la vez que extravagante, harto raro por cierto en gentes célibes y devotas". Se habla de las "seducciones" de Aguedita y de "la seducción del santo". La insinuación más directa, e irónica a la vez, del desenlace se nota en la frase de Fulgencia: "y esa modestia: ni siquiera por curiosidad ha alzado a ver a Candelaria", seguida de un párrafo que explica cómo las señoras vigilaban a la bien parecida Candelaria contra las asechanzas de los hombres. La nota del amor sensual que hace contraste con la fealdad ascética de Damián sigue hasta el desenlace: el cubrecama para el lecho de la desposada; los mimos "un tanto sensuales y anti-ascéticos" de Fulgencia; la angustia de Damián al saber que va a dejar la casa para entrar en el Seminario; y "una carta muy interesante para Aguedita".

Para captar la impresión violenta que produce el descubrimiento del crimen de Damián, Carrasquilla abandona la narración descriptiva y presenta la acción por medio de una combinación de frases y párrafos cortos con un diálogo muy realista y pintoresco.

"—Nos co-mió el se-bo el pen-de-je-te!"

"...Jártalo de almuerzo hasta que reviente."

Aunque la trama del cuento no es nada extraordinaria, su elaboración artística lo sitúa por encima de los otros cuentos realistas. El tono ameno, los personajes de lo que podría llamarse la clase media, la afición por lo pintoresco, las descripciones detalladas y el regionalismo en general corresponden al realismo del siglo XIX. La conciencia artística de Carrasquilla, que lo distingue de sus contemporáneos de otros países, además de ser propia del genio del hombre, lo pone junto a los grandes hablistas colombianos que han dado a ese país la fama de lucir el mejor conocimiento del idioma español de toda Hispanoamérica.

MANUEL GONZÁLEZ ZELEDÓN (MAGÓN)
[1864-1936]

Costarricense. Nació en San José, estudió en el Instituto Nacional. Participó en la política. Vice-cónsul en Bogotá, cónsul en Nueva York y embajador en Washington. Vivió treinta años en los Estados Unidos. Su obra literaria se limita esencialmente a los cuadros de costumbres.

EL CLIS DE SOL

No ES cuento, es una historia que sale de mi pluma como ha ido brotando de los labios de ñor Cornelio Cacheda, que es un buen amigo de tantos como tengo por esos campos de Dios. Me la refirió hará cinco meses y tanto me sorprendió la maravilla que juzgo una acción criminal el no comunicarla para que los sabios y los observadores estudien el caso con el detenimiento que se merece.

Podría tal vez entrar en un análisis serio del asunto, pero me reservo para cuando haya oído las opiniones de mis lectores. Va, pues, monda y lironda, la consabida maravilla.

Ñor Cornelio vino a verme y trajo consigo un par de niñas de dos años y medio de edad, nacidas de una sola "camada", como él dice, llamadas María de los Dolores y María del Pilar, ambas rubias como una espiga, blancas y rosadas como durazno maduro y lindas como si fueran "imágenes", según la expresión de ñor Cornelio. Contrastaban notablemente la belleza infantil de las gemelas con la

110

sincera incorrección de los rasgos fisonómicos de ñor Cornelio, feo si los hay, moreno subido y tosco hasta lo sucio de las uñas y lo rajado de los talones. Naturalmente, se me ocurrió en el acto preguntarle por el progenitor feliz de aquel par de boquirrubias. El viejo se chilló de orgullo, retorció la jetaza de pejibaye rayado, se limpió las babas con el revés de la peluda mano y contestó:

—¡Pos yo soy el tata, mas que sea feo el decilo! ¡No se parecen a yo, pero es que la mama no es tan pior, y pal gran poder de mi Dios no hay nada imposible!

—Pero dígame, ñor Cornelio, ¿su mujer es rubia, o alguno de los abuelos era así como las chiquitas?

—No, ñor; en toda la familia no ha habido ninguna gata ni canelo; todos hemos sido acholaos.

—Y entonces, ¿cómo se explica usted que las niñas hayan nacido con ese pelo y esos colores?

El viejo soltó una estrepitosa carcajada, se enjarró y me lanzó un mirada de soberano desdén.

—¿De qué se ríe, ñor Cornelio?

—¿Pos no había de rirme, don Magón, cuando veo que un probe inorante como yo, un campiruso pión, sabe más que un hombre como usté, que todos dicen que es tan sabido, tan leído y que hasta hace leyes onde el Presidente con los menistros?

—A ver, explíqueme eso.

—Hora verá lo que jue.

Ñor Cornelio sacó de las alforjas un buen pedazo de sobao, dio un trozo a cada chiquilla, arrimó un taburete en el que se dejó caer satisfecho de su próximo triunfo, se sonó estrepitosamente las narices, tapando cada una de las ventanas con el índice respectivo y soplando con violencia por la otra, restregó con la planta de la pataza derecha limpiando el piso, se enjugó con el revés de la chaqueta y principió su explicación en estos términos:

—"Usté sabe que hora en marzo hizo tres años que hubo un clis de sol, en que se escureció el sol en todo el medio; bueno, pues como unos veinte días antes, Lina, mi mujer, salió habelitada de esas chiquillas. Desde ese entonce, le cogió un desasosiego tan grande, aquello era cajeta; no había cómo atajala, se salía de la casa de día y de noche, siempre ispiando pal cielo; se iba al solar, a la quebrada, al charralillo del cerco, y siempre con aquel capricho y aquel mal que no había descanso ni más remedio que dajala a gusto. Ella siempre había sido muy antojada en todos los partos. Vea, cuando nació el mayor, jue lo mesmo; con que una noche me dispertó tarde de la noche y m'izo ir a buscarle cojoyos de cirgüelo macho. Pior era que juera a nacer la criatura con la boca abierta. Le truje los cojoyos; en después jueron otros antojos, pero nunca la llegué a ver tan desasosegada como con estas chiquitas. Pos hora vería, como le iba diciendo, le cogió por ver pal cielo día y noche y el día del clis de sol, que estaba yo en el breñalillo del cerco dende bueno mañana.

"Pa no cansalo con el cuento, así siguió hasta que nacieron las muchachitas estas. No le niego que a yo se mi hizo cuesta arriba el velas tan canelas y tan gatas, pero dende entonces parece que hubieran traído la bendición de Dios. La mestra me las quiere y les cuese la ropa, el Político les da sus cincos, el Cura me las pide pa paralas con naguas de puros linoses y antejuelas en el altar pal Corpus, y pa los días de la Semana Santa, las sacan en la procesión arrimadas al Nazareno y al Santo Sepulcro; pa la Nochebuena, las mudan con muy bonitos vestidos y las ponen en el portal junto a las Tres Divinas. Y todos los costos son de bolsa de los mantenedores y siempre les dan su medio escudo, gu bien su papel de a peso, gu otra buena regalía. ¡Bendito sea mi Dios que las jue a sacar pa su servicio de un tata tan feo como yo!... Lina hasta que está culeca con sus chiquillas y dionde que aguanta que no se las alabanceen. Ya ha tenido sus buenos pleitos con curtidas del vecinduario por las malvadas gatas."

Interrumpí a ñor Cornelio, temeroso de que el panegírico no tuviera fin y lo hice volver al carril abandonado.

—Bien, ¿pero idiái?

—Idiái qué ¿Pos no ve que jue por ber ispiao la mama el clis de sol por lo que son canelas? ¿Usté no sabía eso?

—No lo sabía, y me sorprende que usted lo hubiera adivinado sin tener ninguna instrucción.

—Pa qué engañalo, don Magón. Yo no jui el que adevinó el busiles. ¿Usté conoce a un mestro italiano que hizo la torre de la iglesia de la villa? ¿Un hombre gato, pelo colorao, muy blanco y muy macizo que come en casa dende hace cuatro años?

—No, ñor Cornelio.

—Pos él jue el que me explicó la cosa del clis de sol.

COMENTARIO

Manuel González Zeledón (Magón) fue el fundador del costumbrismo costarricense, la tendencia más característica de toda la literatura de ese país desde sus principios hasta la actualidad.

El costumbrismo de Magón se puede atribuir a varios factores nacionales, pero no se puede negar su parentesco con el costumbrismo que estaba de moda en toda Hispanoamérica. La gran popularidad de ese movimiento a través de toda la literatura costarricense proviene del carácter homogéneo de la nación. Ni para Magón

113

ni para los escritores de hoy existe la jerarquía social que caracteriza los otros países hispanoamericanos. Tampoco existe una jerarquía cultural, por la ausencia de una larga tradición universitaria y por el énfasis en la educación primaria y secundaria. Geográficamente tampoco existen barreras infranqueables entre el literato citadino y el pueblo campesino. Así es que cuando Magón escribió sus cuadros de costumbres estaba contando sus propias experiencias. Tanto él como los escritores que lo han seguido pueden asociarse e identificarse con el pueblo sin reserva alguna. Sin embargo, el mismo Magón confesó haberse inspirado en la literatura de Colombia, donde ya existía toda una escuela de costumbristas: "En 1889 fui a Bogotá y, estando allá, el gobierno de Costa Rica me nombró vicecónsul. Allá cultivé las bellas letras y escribí en varios periódicos bajo diferentes seudónimos, en su mayor parte acerca de Costa Rica. Durante los dos años y medio que pasé en Bogotá hice muy íntimas relaciones con notables prosistas y poetas colombianos: Jorge Isaacs, Jorge Pombo, Santiago Pérez Triana, Roberto McDouall, José Asunción Silva, Julio Flórez, Samuel Velázquez, Rivas Frade y Rivas Groot, y otros cuyos nombres se han borrado de mi memoria. Ese roce me fue de mucho provecho como educación literaria y para formar mi estilo."[1]

De todos los cuadros de Magón, "El clis de sol" es el que más parece cuento. "La propia" es esencialmente el bosquejo de una novela, mientras que los otros en realidad son más cuadros de costumbres donde el autor se divierte tanto describiendo el ambiente físico, el pueblo costarricense y su manera de vivir y de hablar a fines del siglo pasado que el argumento pierde su importancia. Aun en "El clis de sol", la gracia del cuento proviene en gran parte del dialecto que emplea Ñor Cornelio, pero no logra predominar sobre el desenlace. Al leer la última frase, el lector se da cuenta

[1] Carta de Magón a José María Arce fechada "marzo 21 de 1933" y reproducida en José M. Arce, *Cuentos por Manuel González Zeledón.* San José: Universidad de Costa Rica, 1947, p. 232.

114

de la gran unidad de la narración. No hay ni frases ni episodios parentéticos. La presencia del autor y su conversación con Ñor Cornelio Cacheda, el sentido de cuyo nombre no se percibe hasta el final, aumenta la verosimilitud del cuento. La erudición y la picardía de Magón hacen destacar más la simpleza del protagonista, pero el autor nunca deja de considerar a éste su amigo y no lo trata con desprecio. El mismo afán de captar el lenguaje pintoresco de su protagonista demuestra cierta identidad nacional con él. Es que para Magón y los que siguieron sus huellas, el nacionalismo costarricense no se encuentra en la arqueología precolombina ni en las grandes hazañas históricas, sino en la vida diaria del pueblo contemporáneo.

La brevedad de "El clis de sol" (el contraste con los cuentos de Carrasquilla y de López Portillo y Rojas es enorme) establece una tradición que habría de seguir la mayoría de los cuentistas ticos, destacándose Joaquín García Monge (1881-1958) y Carlos Salazar Herrera (1906).

EL NATURALISMO

EL NATURALISMO, que en Europa remplazó al realismo, en Hispanoamérica coincidió con él sin perder su propia identidad. Por haber ya mejores comunicaciones intercontinentales a fines del siglo XIX, los autores hispanoamericanos podían leer las obras de Zola casi al mismo tiempo que se publicaban en Francia. Aunque el auge del naturalismo sólo duró diecisiete años (1870-1887) en Francia, en América no decayó hasta después de 1910. En la Argentina, hizo escuela a partir de 1880 con la publicación de las novelas de Eugenio Cambaceres: *Música sentimental* (1882), *Sin rumbo* (1883) y *En la sangre* (1887). Por ser Buenos Aires la mayor ciudad hispanoamericana de ambiente muy europeo, no es de extrañar que el naturalismo hubiera tenido allí su mayor influjo y que hubiera durado por cuarenta años: *La gran aldea* (1884) de Lucio V. López, *Irresponsable* (1889) de Manuel Podestá, *La bolsa* (1890) de Julián Martel, *Libro extraño* (1904) de Francisco A. Sicardi e *Historia de arrabal* (1922) de Manuel Gálvez. En otros países, el naturalismo dejó sus huellas sólo en algunas de las obras de autores individuales: Magariños Solsona y Carlos Reyles en el Uruguay; Augusto D'Halmar en Chile; Carlos Loveira en Cuba y Manuel Zeno Gandía en Puerto Rico. Hasta en México, que ya tenía una tradición novelística desde principios del siglo XIX, Federico Gamboa fue el único afiliado sobresaliente.

116

Caído actualmente en desgracia, el naturalismo hispanoamericano todavía no ha sido estudiado debidamente. Por falta de comprensión, muchos críticos no lo han separado suficientemente del realismo. Tanto por su concepto del mundo como por su método, el naturalismo, lejos de asemejarse al realismo, constituye su negación. Inspirado en la filosofía positivista de Comte, las teorías de Darwin y la medicina experimental de Claudio Bernard, el naturalista estudiaba al hombre como un conjunto de átomos cuyas acciones eran determinadas exclusivamente por necesidades animalísticas. El protagonista no sobresalía como caricatura, sino que se abrumaba bajo el peso de la herencia y del ambiente. El autor rechazaba los temas pintorescos colocados en escenarios amenos. Al contrario, se ponía a hurgar en las llagas de la sociedad con un bisturí despiadado. El protagonista, transformado en *bête humaine*, vivía en las peores condiciones. Los temas predilectos eran el alcoholismo, la prostitución, el adulterio y la miseria de las masas. Si es verdad que los naturalistas escogían temas sórdidos para comprobar su teoría, no es menos verdad que todos ellos, al exponer la degradación humana, abogaban por una mayor comprensión de los problemas ajenos y por la eliminación de las condiciones responsables de esa misma degradación.

Fieles creyentes en el determinismo, los autores naturalistas creaban sus obras con un método seudo-científico. Las descripciones eran detalladas para copiar cada minucia de la realidad. Puesto que las acciones de los protagonistas eran regidas por su pasado, el autor presentaba un panorama completo tanto de la familia del personaje como del medio ambiente en que se movía antes de hacerle irrumpir activamente en la obra. Preocupado por su estudio clínico, el autor naturalista no se interesaba en el diálogo tanto como los realistas.

Según lo anterior, no sorprende el pequeño número de cuentos naturalistas. Las pretensiones científicas del autor impedían que vertiera todo ese material dentro de los límites de un cuento. Desde luego que Guy de Maupassant es la excepción, pero la mayoría de los autores prefería comprobar sus teorías en novelas largas y, en muchos casos, en series de novelas.

Sin embargo, por otra de tantas anomalías en la literatura hispanoamericana, dos de los autores que incluimos en esta sección se distinguieron de sus antecesores en conocerse principal y casi exclusivamente como cuentistas: Javier de Viana y Baldomero Lillo.

JAVIER DE VIANA
[1868-1926]

Uruguayo. Uno de los primeros cuentistas profesio-
nales. Se crió en una estancia. Fue a Montevideo
para estudiar medicina y solicitó una beca para ir a
París a especializarse en psiquiatría. Al no recibirla,
se dedicó al periodismo sin dejar de visitar la estan-
cia de su familia. "He sido hacendado, criador de
vacas y ovejas, tropero y hasta contrabandista; revo-
lucionario, muchas veces; candidato al congreso en
varias ocasiones, sin haber nunca pasado de can-
didato... He sido, ante todo y sobre todo, perio-
dista..." [1]

La Revolución de 1904 acabó con la poca fortuna
que tenía y fue a Buenos Aires con la ilusión de
mantenerse escribiendo cuentos. Apremiado por las
necesidades editoriales, la calidad de su obra bajó.
Murió pobre y enfermo en las cercanías de Monte-
video. Autor de dos novelas, Gaucha *(1899) y* Gurí
(1901), y más de una docena de tomos de cuentos:
Campo *(1896),* Macachines *(1910),* Leña seca *(1911),*
Yuyos *(1912), etc. También escribió piezas tea-*
trales.

LOS AMORES DE BENTOS SAGRERA

Cuando Bentos Sagrera oyó ladrar los perros, dejó
el mate en el suelo, apoyando la bombilla en el asa

[1] Javier de Viana, "Autobiografía" en *Pago de deuda,*
Campo amarillo y otros escritos, Montevideo: Claudio García y Cía., 1934, p. 20.

de la caldera, se puso de pie y salió del comedor apurando el paso para ver quién se acercaba y tomar prontamente providencia.

Era la tarde, estaba oscureciendo y un gran viento soplaba del Este arrastrando grandes nubes negras y pesadas, que amenazaban tormenta. Quien a esas horas y con ese tiempo llegara a la estancia, indudablemente llevaría ánimo de pernoctar, cosa que Bentos Sagrera no permitía sino a determinadas personas de su íntima relación. Por eso se apuraba, a fin de llegar a los galpones antes de que el forastero hubiera aflojado la cincha a su caballo, disponiéndose a desensillar. Su estancia no era posada, ¡canejo! —lo había dicho muchas veces; y el que llegase, que se fuera y buscase fonda, o durmiera en el campo, ¡que al fin y al cabo dormían en el campo animales suyos de más valor que la mayoría de los desocupados harapientos que solían caer por allí demandando albergue!

En muchas ocasiones habíase visto en apuros, porque sus peones, más bondadosos —¡claro, como no era de sus cueros que habían de salir los maneadores!—, permitían a algunos desensillar; y luego era ya mucho más difícil hacerles seguir la marcha.

La estancia de Sagrera era uno de esos viejos establecimientos de origen brasileño, que abundan en la frontera y que semejan cárceles o fortalezas. Un largo edificio de paredes de piedra y techo de azotea; unos galpones, también de piedra, enfrente, y a los lados un alto muro con sólo una puerta pequeña dando al campo. La cocina, la despensa, el horno, los cuartos de los peones, todo estaba encerrado dentro de la muralla.

El patrón, que era un hombre bajo y grueso, casi cuadrado, cruzó el patio haciendo crujir el balasto bajo sus gruesos pies, calzados con pesadas botas de becerro colorado. Abrió con precaución la puertecilla y asomó su cabeza melenuda para observar al recién llegado, que se debatía entre una majada de perros, los cuales, ladrando enfurecidos, le saltaban al estribo y a las narices y la cola del caballo, haciendo que éste, encabritado, bufara y retrocediera.

—¡Fuera, cachorros! —repitió varias veces el amo, hasta conseguir que los perros se fueran alejando, uno a uno, y ganaran el galpón gruñendo algunos, mientras otros olfateaban aún con desconfianza al caballero que, no del todo tranquilo, titubeaba en desmontar.

—Tiene bien guardada la casa, amigo don Bentos —dijo el recién llegado.

—Unos cachorros criados por divertimiento —contestó el dueño de casa con marcado acento portugués.

Los dos hombres se estrecharon la mano como viejos camaradas; y mientras Sagrera daba órdenes a los peones para que desensillaran y llevaran el caballo al potrero chico, éstos se admiraban de la extraña y poco frecuente amabilidad de su amo.

Una vez en la espaciosa pieza que servía de comedor, el ganadero llamó a un peón y le ordenó que llevara una nueva caldera de agua; y el interrumpido mate amargo continuó.

El forastero, don Brígido Sosa, era un antiguo camarada de Sagrera y, como éste, rico hacendado. Uníalos, más que la amistad, la mutua conveniencia, los negocios y la recíproca consideración que se merecen hombres de alta significación en una comarca.

El primero poseía cinco suertes de estancia en Mangrullo, y el segundo era dueño de siete en Guasunambí, y pasaban ambos por personalidades importantes y eran respetados, ya que no queridos, en todo el departamento y en muchas leguas más allá de sus fronteras. Sosa era alto y delgado, de fisonomía vulgar, sin expresión, sin movimiento: uno de esos tipos rurales que han nacido para cuidar vacas, amontonar cóndores y comer carne con "fariña".

Sagrera era más bien bajo, grueso, casi cuadrado, con jamones de cerdo, cuello de toro, brazos cortos, gordos y duros como troncos de coronilla; las manos anchas y velludas, los pies como dos planchas, dos grandes trozos de madera. La cabeza pequeña poblada de abundante cabello negro, con algunas, muy pocas, canas; la frente baja y deprimida, los ojos grandes, muy separados uno de otro, dándole un aspecto de bestia; la nariz larga en forma de pico de águila; la boca grande, con el labio superior pulposo y sensual apareciendo por el montón de barba enmarañada.

Era orgulloso y altanero, avaro y egoísta, y vivía como la mayor parte de sus congéneres, encerrado en su estancia, sin placeres y sin afecciones. Más de cinco años hacía de la muerte de su mujer, y desde entonces él solo llenaba el caserón, en cuyas toscas paredes retumbaban a todas horas sus gritos y sus juramentos. Cuando alguien le insinuaba que debía casarse, sonreía y contestaba que para mujeres le sobraban con las que había en su campo, y que todavía no se olvidaba de los malos ratos que le hizo pasar el "diablo de su compañera".

Algún peón que lo oía, meneaba la cabeza y se iba murmurando que aquel "diablo de compañera" había sido una santa y que había muerto cansada de recibir puñetazos de su marido, a quien había aportado casi toda la fortuna de que era dueño.

Pero como estas cosas no eran del dominio público y quizás no pasaran de murmuraciones de cocina, el ganadero seguía siendo un respetable señor, muy digno de aprecio, muy rico, y aunque muy bruto y más egoísta, capaz de servir, al ciento por ciento, a algún desgraciado vecino.

Sosa iba a verlo por un negocio, y proponiéndose grandes ganancias, el hacendado de Guasunambí lo agasajaba de todas maneras.

Ofrecióle en la cena puchero con "pirón", guiso de menudos con "fariña" y un cordero, gordo como un pavo cebado, asado al asador y acompañado de galleta y fariña seca; porque allí la fariña se comía con todo y era el complemento obligado de todos los platos. Y como extraordinario, en honor del huésped, se sirvió una "canjica con leite", que, según la expresión brasileña, "si é fejon con toucinho é muito bom: ella borra tudo".

Afuera, el viento que venía desde lejos, saltando libre sobre las cuchillas peladas, arremetió con furia contra las macizas poblaciones, y emprendiéndola con los árboles de la huerta inmediata, los cimbró, los zamarreó hasta arrancarles las pocas hojas que les quedaban, y pasó de largo, empujado por nuevas bocanadas que venían del Este, corriendo a todo correr.

Arriba, las nubes se rompían con estruendo y la lluvia latigueaba las paredes del caserón y repiqueteaba furiosamente sobre los techos de cinc de los galpones.

En el comedor, Sagrera, Sosa y Pancho Castro —este último, capataz del primero— estaban de sobremesa, charlando, tomando mate amargo y apurando las copas de caña que el capataz escanciaba sin descanso.

Pancho Castro era un indio viejo, de rostro anguloso y lampiño, y de pequeños ojos turbios semiescondidos entre los arrugados párpados. Era charlatán y amigo de cuentos, de los cuales tenía un repertorio escaso, pero que repetía siempre con distintos detalles.

—¡Qué modo de yober! —dijo—. Esto me hace acordar una ocasión, en la estancia del finao don Felisberto Martínez, en la costa "el Tacuarí"...

—¡Ya tenemos cuento! —exclamó Sagrera; y el viejo, sin ofenderse por el tono despreciativo del estanciero, continuó muy serio:

—¡Había yobido! ¡Birgen santísima! El campo estaba blanquiando; tuitos los bañaos yenos, tuitos los arroyos campo ajuera, y el Tacuarí hecho un mar...

Se interrumpió para cebar un mate y beber un trago de caña; luego prosiguió:

—Era una noche como ésta; pero entonces mucho más fría y mucho más escura, escurasa: no se bía ni lo que se combersaba. Habíamo andao tuita la nochesita recolutando la majada que se nos augaba por puntas enteras, y así mesmo había quedao el tendal. Estábamo empapaos cuando ganamo la cosina, onde había un juego que era una bendisión 'e Dios. Dispués que comimo "los" pusimo a amarguiar y a contá cuentos. El biejo Tiburcio... ¡usté se ha de acordá del biejo Tiburcio, aquel indio de Tumpambá, grandote como un rancho y fiero como un susto a tiempo...! ¡Pucha hombre aquél que domaba laindo! Sólo una ocasión lo bide asentar el lomo contra el suelo, y eso jue con un bagual picaso del finao Manduca, que se le antojó galopiar una mañanita que había yobido a lo loco, y jue al ñudo que...

—Bueno, viejo —interrumpió Sosa con marcada impaciencia—, deje corcobiando al bagual picaso y siga su cuento.

—Dejuro nos va a salir con alguno más sabido que el bendito —agregó don Bentos.

—Güeno, si se están riyendo dende ya, no cuento nada —dijo el viejo, atufado.

—¡Pucha con el basilisco! —exclamó el patrón;

124

y luego, sorbiendo media copa de caña, se repatingó en la silla y agregó:

—Puesto que el hombre se ha empacao, yo voy a contar otra historia.

—Vamos a ver esa historia —contestó Sosa; y don Pancho murmuró al mismo tiempo que volvía a llenar las copas:

—¡Bamo a bé!

El ganadero tosió, apoyó sobre la mesa la mano ancha y velluda como pata de mono, y comenzó así:

—Es un suseso que me ha susedido. Hase de esto lo menos unos catorce o quince años. Me había casao con la finada, y me vine del Chuy a poblar acá, porque estos campos eran de la finada cuasi todos. Durante el primer año yo iba siempre al Chuy pa vigilar mi establecimiento y también pa...

Don Bentos se interrumpió, bebió un poco de caña, y después de sorber el mate que le alcanzaba el capataz, continuó:

—Pa visitar una mujersita que tenía en un rancho de la costa.

—Ya he oído hablar de eso —dijo Sosa—. Era una rubia, una brasilera.

—Justamente. Era la hija de un quintero de Yaguarón. Yo la andube pastoriando mucho tiempo; pero el viejo don Juca, su padre, la cuidaba como caballo parejero y no me daba alse pa nada. Pero la muchacha se había encariñao de adeberas, y tenía motivos, porque yo era un moso que las mandaba arriba y con rollos, y en la cancha que yo pisaba no dilataba en quedar solo.

El viejo quería casarla con un estopor empleao de la polesía, y como colegí que a pesar de todas las ventajas la carrera se me iba haciendo peluda, y no quería emplear la fuerza —no por nada, sino por no comprometerme—, me puse a cabilar. ¡Qué diablo! Yo tenía fama de artero y ésa era la ocasión de probarlo. Un día me había ido de visita a casa de mi amigo Monteiro Cardoso, se me ocurrió la jugada. Monteiro estaba bravo porque le habían carniao una vaca.

"—¡Éste no es otro que el viejo Juca! —me dijo.

"El viejo Juca estaba de quintero en la estancia del coronel Fortunato, que lindaba con la de Monteiro, y a éste se le había metido en el mate que el viejo lo robaba. Yo me dije: '¡ésta es la mía!' y contesté en seguida:

"—Mire, amigo, yo creo que ese viejo es muy ladino, y sería bueno hacer un escarmiento.

"Monteiro no deseaba otra cosa, y se quedó loco de contento cuando le prometí yo mismo espiar al quintero y agarrarlo con las manos en el barro.

"Así fue: una noche, acompañao del pardo Anselmo, le matamos una oveja a Monteiro Cardoso y la enterramos entre el maizal del viejo Juca. Al otro día avisé a la polesía: fueron a la güerta y descubrieron el pastel. El viejo gritaba, negaba y amenazaba; pero no hubo tutía: lo maniaron no más y se lo llevaron a la sombra dispués de haberle sobao un poco el lomo con los corbos."

Sonrió Bentos Sagrera, cruzó la pierna derecha, sosteniendo el pie con ambas manos; tosió fuerte y siguió:

—Pocos días dispués fui a casa de Juca y encontré a la pobre Nemensia hecha un mar de lágrimas, brava contra el *bandido* de Monteiro Cardoso, que había hecho *aquello* por embromar a su pobre padre.

"Le dije que había ido para consolarla y garantirle que iba a sacarlo en libertad... siempre que ella se portara bien conmigo. Como a la rubia le gustaba la pierna..."

126

—Mesmamente como en la historia que yo iba a contá, cuando el finao Tiburcio, el domadó... —dijo el capataz.

—No tardó mucho en abrir la boca pa decir que sí —continuó don Bentos, interrumpiendo al indio—. La llevé al rancho que tenía preparao en la costa, y conversamos, y...

El ganadero cortó su narración para beber de nuevo, y en seguida, guiñando los ojos, arqueando las cejas, continuó contando, con la prolijidad comunicativa del borracho, todos los detalles de aquella noche de placer comprada con infamias de perdulario. Después rió con su risa gruesa y sonora y continua como mugido de toro montaraz.

Una inmensa bocanada de viento entró en el patio, azotó los muros de granito, corrió por toda la muralla alzando a su paso cuanta hoja seca, trozo de papel o chala vieja encontró sobre el pedregullo, y luego de remolinear en giros frenéticos y dando aullidos furiosos, buscando una salida, golpeó varias veces, con rabia, con profundo encono —cual si quisiera protestar contra el lúbrico cinismo del ganadero— la sólida puerta del comedor, detrás de la cual los tres ebrios escuchaban con indiferencia el fragor de la borrasca.

Tras unos minutos de descanso, el patrón continuó diciendo:

—Por tres meses la cosa marchó bien, aunque la rubia se enojaba y me acusaba de dilatar la libertad del viejo; pero dispués, cuando lo largaron a éste y se encontró con el nido vacío, se propuso cazar su pájara de cualquier modo y vengarse de mi jugada. Yo lo supe; llevé a Nemensia a otra jaula y esperé. Una noche me agarró de sopetón, cayendo a la estancia cuando menos lo esperaba. El viejo era diablo y asujetador, y como yo, naturalmente, no quería comprometerme, lo hice entrete-

ner con un pión y me hice trair un parejero que
tenía a galpón, un tubiano...

—Yo lo conocí —interrumpió el capataz—; era
una maula.

—¿Qué? —preguntó el ganadero, ofendido.

—Una maula; yo lo bide cuando dentró en una
penca en el Cerro; corrió con cuatro estopores...
y comió cola las tresientas baras.

—Por el estado, que era malo.

—Porque era una maula —continuó con insistencia el capataz—; no puede negá el pelo... ¡tubiano!...

—Siga, amigo, el comento, que está lindo —dijo
Sosa, para cortar la disputa. Y don Bentos, mirando
con desprecio al indio viejo, prosiguió diciendo:

—Pues ensillé el tubiano, monté, le bajé la bandera y fui a dar al Cerro-Largo, dejando al viejo
Juca en la estancia, bravo como toro que se viene
sobre el lazo. Dispués me fui pa Montevideo, donde
me entretuve unos meses, y di'ay que yo no supe
cómo fue que lo achuraron al pobre diablo. Por
allá charlaban que habían sido mis muchachos,
mandaos por mí; pero esto no es verdá...

Hizo don Bentos una mueca cínica, como para
dar a entender que realmente era el asesino del
quintero, y siguió, tranquilo, su relato.

—Dispués que pasaron las cosas, todo quedó otra
vez tranquilo. Nemensia se olvidó del viejo; yo le
hice creer que había mandao decir unos funerales
por el ánima del finao, y ella se convensió de que
yo no era cumple de nada. Pero, amigo, ¡usté sabe
que petiso sin mañas y mujer sin tachas no ha visto
nadies tuavía!... La rubia me resultó selosa como
tigra resién parida y me traía una vida de perros,
jeringando hoy por esto y mañana por aquello.

—Punto por punto como la ñata Gabriela en la
rilasión que yo iba a haser —ensartó el indio, de-

jando caer la cabeza sobre el brazo que apoyaba en la mesa.

Don Bentos aprovechó la interrupción para apurar el vaso de alcohol, y después de limpiarse la boca, continuó, mirando a su amigo:

—¡Pucha si era selosa! Y como dejuro yo le había aflojao manija al prinsipio, estaba consentida a más no poder, y de puro quererme empesó a fastidiarme lo mismo que fastidia una bota nueva. Yo tenía, naturalmente, otros gallineros dónde cacarear —en el campo no más, aquella hija de don Gumersindo Rivero, y la hija del puestero Soria, el canario Soria, y Rumualda, la mujer del pardo Medina...

—¡Una manadita flor! —exclamó zalameramente el visitante; a lo que Sagrera contestó con un —¡Eh! —de profunda satisfacción.

Y reanudó el hilo de su cuento.

—Cuasi no podía ir al rancho: se volvía puro llorar y puro echarme en cara lo que había hecho y lo que no había hecho, y patatrís y patatrás, ¡como si no estuviera mejor conmigo que lo que hubiera estado con el polesía que se iba a acollarar con ella, y como si no estuviera bien paga con haberle dao población y con mandarle la carne de las casas todos los días, y con las lecheras que le había emprestao y los caballos que le había regalao!... ¡No, señor; nada! Que "cualquier día me voy a alsar con el primero que llegue..." Que "el día menos pensao me encontrás augada en la laguna..." Y esta música todas las veces que llegaba y hasta que ponía el pie en el estribo al día siguiente, pa irme. Lo pior era que aquella condenada mujer me había ganao el lao de las casas, y cuando, muy aburrido, le calentaba el lomo, en lugar de enojarse, lloraba y se arrastraba y me abrasaba las rodillas y me acariciaba, lo mismo que mi perro overo *Itacuaitiá* cuando le doy unos rebencasos. Más le pegaba y más humilde se hasía ella; hasta que al fin me entraba lástima y la alsaba y la acarisiaba, con lo que ella se ponía loca de contenta. ¡Lo mismo, esatamente lo mismo que *Itacuaitiá*!... Así las cosas, la mujer tuvo un hijo, y dispués otro, y más dispués otro, como pa aquerensiarme pa toda la vida. Y como ya se me iban poniendo duros los caracuses, me dije: "lo mejor del caso es buscar mujer y casarse, que de ese modo se arregla todo y se acaban las historias". Cuando Nemensia supo mi intensión, ¡fue cosa bárbara! No había modo de consolarla, y sólo pude conseguir que se sosegase un poco prometiéndole pasar con ella la mayor parte del tiempo. Poco dispués me casé con la finada y nos vinimos a poblar en este campo. Al prinsipio todo iba bien y yo estaba muy contento con la nueva vida. Ocupao en la costrusión de esta casa —que al prinsipio era unos ranchos no más—; entusiasmao con la mujersita nueva, y en fin, olvidado de todo con el siempre estar en las casas, hiso que no me acordara pa nada de la rubia Nemensia, que había tenido cuidao de no mandarme desir nada. Pero al poco tiempo la muy oveja no pudo resistir y me mandó desir con un pión de la estansia que fuera a cumplir mi palabra. Me hisé el sonso: no contesté; y a los cuatro días, ya medio me había olvidao de la rubia, cuando resibí una esquela amenasándome con venir y meter un escándalo si no iba a verla. Comprendí que era capás de haserlo, y que si venía y la patrona se enteraba, iba a ser un *viva la patria*. No tuve más remedio que agachar el lomo y largarme pa el Chuy, donde estuve unos cuantos días. Desde entonces seguí viviendo un poco aquí y un poco allá, hasta que —yo no se si porque se lo contó algún lengua larga, que nunca falta, o porque mis viajes repetidos le

dieron que desconfiar— la patrona se enteró de
mis enredos con Nemensia y me armó una que fue
como disparada de novillos chúcaros a media noche
y sin luna. Si Nemensia era selosa, la otra, ¡Diós
nos asista!... Sermón aquí, responso allá, me tenía
más lleno que bañao en invierno y más desasosegao
que animal con bichera. Era al ñudo que yo le
hisiera comprender que, si no era Nemensia, sería
otra cualesquiera, y que no tenía más remedio que
seguir sinchando y avenirse con la suerte, porque
yo era hombre así y así había de ser. ¡No, señor!...
La brasilera había sido de mal andar, y cuando
me le iba al humo corcobiaba y me sacudía con
lo que encontraba. Una vez cuasi me sume un cuchillo en la pansa porque le di una cachetada. ¡Gracias a la cuerpiada a tiempo, que si no me churras-
quea la indina! Felismente esto duró poco tiempo,
porque la finada no era como Nemensia, que se
contentaba con llorar y amenasarme con tirarse
a la laguna: la patrona era mujer de desir y haser
las cosas sin pedir opinión a nadies. Si derecho,
derecho; si torsido, torsido; ella enderesaba no más
y había que darle cancha como a novillo risién
capao. Pasó un tiempo sin desirme nada; andubo
cabilosa, seria, pero entonces mucho más buena
que antes pa conmigo, y como no me chupo el
dedo y maliseo las cosas siempre bien, me dije:
"la patrona anda por echarme un pial; pero como
a matrero y arisco no me ganan ni los baguales que
crían cola en los espinillales del Rincón de Ramírez,
se va a quedar con la armada en la mano y los
rollos en el pescueso". Encomensé a bicharla, siempre hasiéndome el sorro muerto y como si no des-
confiara nada de los preparos que andaba hasiendo.
No tardé mucho en colegirle el juego, y... ¡fíjese,
amigo Sosa, lo que es el diablo!... ¡me quedé más
contento que si hubiera ganao una carrera gran-

de!... Figúrese que la tramoya consistía en haser desapareser a la rubia Nemensia!...

—¿Desapareser, o *esconder?* —preguntó Sosa, guiñando un ojo y contrayendo la boca con una sonrisa aviesa.

Y Bentos Sagrera, empleando una mueca muy semejante, respondió en seguida:

—Desapareser o esconder; ya verá.

Después prosiguió:

—Yo, que, como le dije, ya estaba hasta los pelos de la hija de don Juca, vi el modo de que me dejaran el campo libre al mismo tiempo que mi mujer hasía las pases; y la idea me gustó como ternero orejano. Es verdá que sentía un poco, porque era feo haser así esa asión con la pobre rubia; pero, amigo, ¡qué íbamos a haser! A caballo regalao no se le mira el pelo, y como al fin y al cabo yo no era quien pisaba el barro, ni era cumple siquiera, me lavé las manos y esperé tranquilamente el resultao. La patrona andaba de conversaciones y más conversaciones con el negro *Caracú*, un pobre negro muy bruto que había sido esclavo de mi suegro y que le obedesía a la finada lo mismo que un perro. "Bueno —me dije yo—, lo mejor será que me vaya pa Montevideo, así les dejo campo libre, y además, que si acaso resulta algo jediondo no me agarren en la voltiada." Y así lo hise en seguida. La patrona y *Caracú* no esperaban otra cosa —continuó el ganadero, después de una pausa que había aprovechado para llenar los vasos y apurar el contenido del suyo—. La misma noche en que bajé a la capital, el negro enderesó pa la estansia del Chuy con la cartilla bien aprendida y dispuesto a cumplirla al pie de la letra porque estos negros son como cusco, y brutasos que no hay que hablar. *Caracú* no tenía más de veinte años, pero acostumbrao a los lasasos del finao mi suegro, nunca se dio

132

cuenta de lo que era ser libre, y así fue que siguió siendo esclavo y obedesiendo a mi mujer en todo lo que le mandase haser, sin pensar si era malo o si era bueno, ni si le había de perjudicar o le había de favoreser; vamos: que era como manca-rrón viejo, que se amolda a todo y no patea nunca. Él tenía la idea, sin duda, de que no era responsable de nada, o de que puesto que la patrona le mandaba haser una cosa, esa cosa debía ser buena y permitida por la autoridá. ¡Era tan bruto el pobre negro *Caracú*...! ¡La verdá que se presisaba ser más que bárbaro pa practicar lo que practicó el negro! ¡Palabra de honor!, yo no lo creí capás de una barbaridá de esa laya... porque, caramba, ¡aquello fue dema-siao, amigo Sosa, fue demasiao!...

El ganadero, que hacía un rato titubeaba, como si un escrúpulo lo invadiera impidiéndole revelar de un golpe el secreto de una infamia muy grande, se detuvo, bruscamente interrumpido por un trueno que reventó formidable, largo, horrendo, como la descarga de una batería poderosa.

El caserón tembló como si hubiera volado una santabárbara en el amplísimo patio; el indio Pan-cho Castro despertó sobresaltado; el forastero, que de seguro no tenía la conciencia muy limpia, tornóse intensamente pálido; Bentos Sagrera quedóse pen-sativo, marcado un cierto temor en la faz hirsuta; y, durante varios minutos, los tres hombres permane-cieron quietos y callados, con los ojos muy abiertos y el oído muy atento, siguiendo el retumbo decre-ciente del trueno. El capataz fue el primero en romper el silencio:

—¡Amigo! —dijo—, ¡vaya un rejusilo machaso! ¡Éste, a la fija que ha caído! ¡Quién sabe si mañana no encuentro dijuntiao mi blanco porselana. Por-que, amigo, estos animales blancos son perseguido po lo rayo como la gallina po el sorro!...

Y como notara que los dos estancieros continuaban ensimismados, el indio viejo agregó socarronamente: —¡Nu'ay como la caña pa dar coraje a un hombre!

Y con trabajo, porque tenía la cabeza insegura y los brazos sin fuerzas, llenó el vaso y pasó la botella al patrón, quien no desdeñó servirse y servir al huésped. Para la mayoría de los hombres del campo, la caña es un licor maravilloso: además de servir de remedio para todo mal, tiene la cualidad de devolver la alegría siempre y cada vez que se tome.

Así fue que los tertulianos aquellos quedaron contentos: luchando el indio por conservar abiertos los párpados; ansioso Sosa por conocer el desenlace de la comenzada historia, e indeciso Bentos Sagrera entre abordar y no abordar la parte más escabrosa de su relato.

Al fin, cediendo a las instancias de los amigos y a la influencia comunicativa del alcohol, que hace vomitar los secretos más íntimos hasta a los hombres más reservados —las acciones malas como castigo misterioso, y las buenas acciones como si éstas se asfixiaran en la terrible combustión celular—, se resolvió a proseguir, no sin antes haber preguntado a manera de disculpa:

—¿No es verdá que yo no tenía la culpa, que yo no soy responsable del susedido?

Sosa había dicho:

—¡Qué culpa va a tener, amigo!

Y el capataz había agregado, entre varios cabeceos:

—¡Dejuro que no!... ¡dejuro que no!... ¡que no!... ¡que no!... ¡no!... ¡no!...

Con tales aseveraciones, Sagrera se consideró libre de todo remordimiento de conciencia y siguió contando:

—El negro *Caracú*, como dije, y a quien yo no creía capás de la judiada que hiso, se fue al Chuy dispuesto a llevar a cabo la artería que le había ordenado mi mujer... ¡Qué barbaridá!... ¡Si da frío contarlo!... ¡Yo no sé en lo que estaba pensando la pobresita de la finada!... En fin, que el negro llegó a la estansia y allí se quedó unos días esperando el momento oportuno pa dar el golpe. Hay que desir que era un invierno de lo más frío y de lo más lluvioso que se ha visto. Temporal ahora, y temporal mañana, y deje llover, y cada noche más oscura que cueva de ñacurutú. No se podía cuasi salir al campo y había que dejar augarse las majadas o morirse de frío, porque los hombres andaban entumidos y como baldaos del perra de tiempo aquél. ¡Amigo, ni qué comer había! Carne flaca, pulpa espumosa, carne de perro, de los animales que cueriábamos porque se morían de necesidá. La suerte que yo estaba en Montevideo y allí siempre hay buena comida misturada con yuyos. Bueno: *Caracú* siguió aguaitando, y cuando le cuadró una noche bien negra, ensilló, disiendo que rumbiaba pacá, y salió. En la estansia todos creyeron que el retinto tenía cueva serca y lo dejaron ir sin malisear nada. ¡Qué iban a malisear del pobre *Caracú*, que era bueno como el pan y manso como vaca tambera! Lo embromaron un poco disiéndole que *churrasqueara* a gusto y que no tuviera miedo de las *perdises*, porque como la noche estaba de su mismo color, ellos se entenderían. Sin embargo, uno hiso notar que el moso era prevenido y campero, porque había puesto un maniador en el pescueso del caballo y otro debajo de los cojinillos, como pa atar a soga, bien seguro, en caso de tener que dormir a campo. Después lo dejaron marchar sin haber lograo que el retinto cantara nada. *Caracú* era como bicho pa rumbiar, y así fue que tomó la

135

diresión del rancho de la rubia Nemensia, y al trote y al tranco, fue a dar allá, derechito no más. Un par de cuadras antes de llegar, en un bajito, se apió y manió el caballo. Allí —el negro mismo contó después todos, pero todos los detalles—, picó tabaco, sacó fuego en el yesquero, ensendió el sigarro y se puso a pitar tan tranquilo como si en seguida fuese a entrar a bailar a una sala, o pedir la maginaria pa pialar de volcao en la puerta de una manguera. ¡Tenía el alma atravesada aquel pícaro!... Luego después, al rato de estar pitando en cuclillas, apagó el pucho, lo puso detrás de la oreja, desprendió el maniador del pescueso del caballo, sacó el que llevaba debajo de los cojinillos y se fue caminando a pie, despasito, hasta los ranchos. En las casas no había más perros que un cachorro barsino que el mismo negro se lo había regalao; así fue que cuando éste se asercó, el perro no hiso más que ladrar un poquito y en seguida se sosegó reconosiendo a su amo antiguo. *Caracú* buscó a tientas la puerta del rancho, la sola puerta que tenía y que miraba pal patio. Cuando la encontró se puso a escuchar; no salía ningún ruido de adentro: las gentes pobres se acuestan temprano, y Nemensia seguro que roncaba a aquellas horas. Dispués con un maniador ató bien fuerte, pero bien fuerte, la puerta contra el horcón, de modo que nadie pudiera abrir de adentro. Yo no sé cómo la ató, pero él mismo cuenta que estaba como pa aguantar la pechada de un novillo. En seguida rodió el rancho, se fue a una ventanita que había del otro lao y hiso la misma operación. Mientras tanto, adentro, la pobre rubia y sus tres cachorros dormían a pierna suelta, seguramente, y en la confianza de que a rancho de pobre no se allegan matreros. ¡Y Nemensia, que era dormilona como largarto y de un sueño más pesao qu'el fierro...! Dispués de toda esta operación y bien seguro de que no podían salir de adentro, el desalmao del moreno... —¡Parese mentira que haiga hombres capases de hacer una barbaridá de esa laya...!— Pues el desalmao del moreno, como se lo cuento, amigo Sosa, le prendió fuego al rancho por los cuatro costaos. En seguida que vio que todo estaba prendido y que con la ayuda de un viento fuerte que soplaba, aquello iba a ser como quemasón de campo en verano, sacó el pucho de atrás de la oreja, lo ensendió con un pedaso de paja y se marchó despasito pal bajo, donde había dejao su caballo. Al poquito rato empesó a sentir los gritos tremendos de los desgrasiaos que se estaban achicharrando allá adentro; pero así y todo el negro tuvo alma pa quedarse clavao allí mismo sin tratar de juir! ¡Qué fiera, amigo, qué fiera...! ¡En fin, hay hombres pa todo! Vamos a tomar un trago... ¡Eh! ¡Don Pancho!... ¡Pucha hombre flojo pa chupar!.. Pues, como desía, el negro se quedó plantao hasta que vio todo quemao y todo hecho chicharrones. Al otro día mi compá Manuel Felipe salió de mañanita a recorrer el campo, campiando un caballo que se le había estraviao, se allegó por la costa y se quedó pasmao cuando vio el rancho convertido en escombros. Curiosió, se apió, removió los tisones y halló un muchacho hecho carbón, y dispués a Nemensia lo mismo, y no pudo más y se largó a la oficina pa dar cuenta del susedido. El comisario fue a la estansia pa ver si le endilgaban algo, y en cuanto abrió la boca, el negro *Caracú* dijo:

—¡Jui yo!

No lo querían creer de ninguna manera.

—¡Cómo que fuistes vos! —le contestó el comisario—; ¿te estás riendo de la autoridá, retinto?

—No, señó; ¡jui yo!

—¿Por qué?

—Porque me mandó la patrona.

—¿Que quemaras el rancho?

—Sí.

—¿Con la gente adentro?

—¡Dejuro!... ¡y pues!

—¿Y no comprendés que es una barbaridá?

—La patrona mandó.

Y no hubo quien lo sacara de ahí.

—¡La patrona mandó —desía a toda reflexión del comisario o de los piones. Así fue que lo maniaron y lo llevaron. Cuando supe la cosa me pasó frío, ¡amigo Sosa!... Pero dispués me quedé contento, porque al fin y al cabo me vi libre de Nemensia y de los resongos de la finada, sin haber intervenido pa nada. ¡Porque yo no intervine pa nada, la verdá, pa nada!

Así concluyó Bentos Sagrera el relato de sus amores; y luego, golpeándose los muslos con las palmas de las manos:

—¡Eh! ¿Qué tal?... —preguntó.

Don Brígido Sosa permaneció un rato en silencio, mirando al capataz, que roncaba con la cabeza sobre la mesa. Después, de pronto:

—Y el negro —dijo—, ¿qué suerte tuvo?

—Al negro lo afusilaron en Montevideo —contestó tranquilamente el ganadero.

—¿Y la patrona?...

—La patrona anduvo en el enredo, pero se arreglaron las cosas.

—¡Fue suerte!

—Fue. Pero también me costó una ponchada de pesos.

Don Brígido sonrió y dijo zalameramente:

—Lo cual es sacarle un pelo a un conejo.

—¡No tanto, no tanto! —contestó Bentos Sagrera, fingiendo modestia.

Y tornó a golpearse los muslos y a reír con tal estrépito, que dominó los ronquidos de Castro, el silbido del viento y el continuo golpear de la lluvia sobre el techo de cinc del gran galpón de los peones.

COMENTARIO

Aunque este cuento parezca una de esas historias interminables que narran los abuelos a los niños, en realidad se distingue por una gran unidad artística basada en el desenmascaramiento del gaucho. Bentos Sagrera ya no es el bárbaro heroico de Sarmiento; ni el perseguido épico de José Hernández; ni el ingenuo pintoresco de Estanislao del Campo; ni el alma argentina de Rafael Obligado y tantos otros poetas anteriores y posteriores. Bentos Sagrera es el gaucho animal: el hombre que, a fuerza de vivir en la soledad y frente a la hostilidad de la naturaleza, se ha convertido en el ejemplo clásico del hombre bestia de Zola. Taimado y cruel, Bentos Sagrera carece de todo sentido moral. Frente a sus fechorías, se siente sinceramente indiferente.

La bestialidad del protagonista no se deriva solamente de sus hazañas. El autor, más que nadie, es responsable por su deshumanización con una cantidad de símiles y metáforas. Bentos Sagrera tenía "jamones de cerdo, cuello de toro"; los pies eran "como dos planchas, dos grandes trozos de madera"; tenía los ojos separados "dándole un aspecto de bestia" y "la nariz larga en forma de pico de águila". No sólo el protagonista, sino todos los personajes están deshumanizados: "su padre la cuidaba como caballo parejero"; "la rubia me resultó celosa como una tigra recién parida y me traía una vida de perros..."; "la muy oveja no pudo resistir"; "era bueno como el pan y manso como vaca tambera". La abundancia de las comparaciones animalísticas, a pesar de que sirven para comprobar la teoría naturalista del autor, no parecen excesivas porque concuerdan con el ambiente rural.

Por poco conciso que sea el estilo narrativo de Bentos, la repetición de varios motivos por Viana estrecha la unidad del cuento: la lluvia; el mate y la caña; y el relato nunca terminado del viejo indio. No obstante, el acierto del cuento es que el autor cede a Bentos el papel de narrador después de tres páginas de introducción que aburren por sus oraciones largas y pesadas.

Igual que sus contemporáneos uruguayos, Horacio Quiroga y Florencio Sánchez, Javier de Viana pertenece más bien a la literatura rioplatense que a la uruguaya. Su visión naturalista de la decadencia del gaucho como héroe nacional prepara el escenario para la lucha del gaucho viejo contra la civilización moderna en las obras de Florencio Sánchez (*La gringa*), Roberto Payró (*Sobre las ruinas*) y Benito Lynch (*Los caranchos de la Florida*) y para la evocación poética del gaucho ya muerto en *Don Segundo Sombra*.

BALDOMERO LILLO
[1867-1923]

Chileno. Nació, se crió y trabajó en un pueblo minero del Sur. En 1898, tuvo un disgusto con uno de los capataces y se vio obligado a trasladarse a Santiago donde su hermano Samuel le consiguió trabajo en la sección de publicaciones de la Universidad de Chile. Sus cuentos, que muestran una gran predilección por el tema de los mineros, se publicaron en dos tomos, Sub terra (*1904*) *y* Sub sole (*1907*). *Como algunos de sus personajes, Lillo murió tísico. Una colección póstuma,* El hallazgo y otros cuentos del mar (*1956*) *atestigua mayor variedad temática.*

LA COMPUERTA NÚMERO 12

PABLO se aferró instintivamente a las piernas de su padre. Zumbábanle los oídos y el piso que huía debajo de sus pies le producía una extraña sensación de angustia. Creíase precipitado en aquel agujero cuya negra abertura había entrevisto al penetrar en la jaula, y sus grandes ojos miraban con espanto las lóbregas paredes del pozo en el que se hundían con vertiginosa rapidez. En aquel silencioso descenso, sin trepidación ni más ruido que el del agua goteando sobre la techumbre de hierro, las luces de las lámparas parecían prontas a extinguirse y sus débiles destellos se delineaban vagamente en la penumbra de las hendiduras y partes salientes de la roca: una serie interminable de negras sombras que volaban como saetas hacia lo alto. Pasado un minuto, la velocidad disminuye bruscamente, los pies asentáronse con más solidez en el piso fugitivo y el pesado armazón de hierro, con un áspero rechinar de goznes y de cadenas, quedó inmóvil a la entrada de la galería.

El viejo tomó en la mano al pequeño y juntos se internaron en el negro túnel. Eran de los primeros en llegar y el movimiento de la mina no empezaba aún. De la galería, bastante alta para permitir al minero erguir su elevada talla, sólo se distinguía parte de la techumbre cruzada por gruesos maderos. Las paredes laterales permanecían invisibles en la oscuridad profunda que llenaba la vasta y lóbrega excavación.

A cuarenta metros del piquete se detuvieron ante una especie de gruta excavada en la roca. Del techo agrietado, de color de hollín, colgaba un candil de hoja de lata, cuyo macilento resplandor daba a la estancia la apariencia de una cripta enlutada y llena de sombras. En el fondo, sentado delante de una mesa, un hombre pequeño, ya entrado en años, hacía anotaciones en un enorme registro. Su negro traje hacía resaltar la palidez del rostro surcado por profundas arrugas. Al ruido de pasos levantó la cabeza y fijó una mirada interrogadora en el viejo minero, quien avanzó con timidez, diciendo con voz llena de sumisión y de respeto:

—Señor, aquí traigo el chico.

Los ojos penetrantes del capataz abarcaron de una ojeada el cuerpecillo endeble del muchacho. Sus delgados miembros y la infantil inconsciencia del moreno rostro en el que brillaban dos ojos muy abiertos como de medrosa bestezuela, lo impresionaron desfavorablemente, y su corazón endurecido por el espectáculo diario de tantas miserias, experimentó una piadosa sacudida a la vista de

142

aquel pequeñuelo arrancado a sus juegos infantiles y condenado como tantas infelices criaturas a languidecer miserablemente en las húmedas galerías, junto a las puertas de ventilación. Las duras líneas de su rostro se suavizaron y con fingida aspereza le dijo al viejo, que, muy inquieto por aquel examen, fijaban en él una ansiosa mirada:

—¡Hombre!, este muchacho es todavía muy débil para el trabajo. ¿Es hijo tuyo?

—Sí, señor.

—Pues debías tener lástima de sus pocos años y antes de enterrarlo aquí, enviarlo a la escuela por algún tiempo.

—Señor —balbuceó la ruda voz del minero en la que vibraba un acento de dolorosa súplica— somos seis en casa y uno solo el que trabaja. Pablo cumplió ya los ocho años y debe ganar el pan que come, y, como hijo de minero, su oficio será el de sus mayores, que no tuvieron nunca otra escuela que la mina.

Su voz opaca y temblorosa se extinguió repentinamente en un acceso de tos, pero sus ojos húmedos imploraban con tal insistencia, que el capataz, vencido por aquel mudo ruego, llevó a sus labios un silbato y arrancó de él un sonido agudo que repercutió a lo lejos en la desierta galería. Oyóse un rumor de pasos precipitados y una oscura silueta se dibujó en el hueco de la puerta.

—Juan —exclamó el hombrecillo, dirigiéndose al recién llegado— lleva a este chico a la compuerta número 12, reemplazará al hijo de José, el carretillero, aplastado ayer por la corrida.

Y volviéndose bruscamente hacia el viejo, que empezaba a murmurar una frase de agradecimiento, díjole con tono duro y severo:

—He visto que en la última semana no has alcanzado a los cinco cajones que es el mínimum

143

diario que se exige de cada barretero. No olvides que si esto sucede otra vez, será preciso darte de baja para que ocupe tu sitio otro más activo.

Y haciendo con la diestra un ademán enérgico, lo despidió.

Los tres se marcharon silenciosos y el rumor de sus pisadas fue alejándose poco a poco en la oscura galería. Caminaban entre dos hileras de rieles, cuyas traviesas hundidas en el suelo fangoso trataban de evitar alargando o acortando el paso, guiándose por los gruesos clavos que sujetaban las barras de acero. El guía, un hombre joven aún, iba delante y más atrás con el pequeño Pablo de la mano seguía el viejo con la barba sumida en el pecho, hondamente preocupado. Las palabras del capataz y la amenaza en ellas contenida, habían llenado de angustia su corazón. Desde algún tiempo su decadencia era visible para todos, cada día se acercaba más el fatal lindero que una vez traspasado convierte al obrero viejo en un trasto inútil dentro de la mina. En balde desde el amanecer hasta la noche, durante catorce horas mortales, revolviéndose como un reptil en la estrecha *labor*, atacaba la hulla furiosamente, encarnizándose contra el filón inagotable que tantas generaciones de forzados como él arañaban sin cesar en las entrañas de la tierra.

Pero aquella lucha tenaz y sin tregua convertía muy pronto en viejos decrépitos a los más jóvenes y vigorosos. Allí, en la lóbrega madriguera húmeda y estrecha, encorvábanse las espaldas y aflojábanse los músculos y, como el potro resabiado que se estremece tembloroso a la vara, los viejos mineros cada mañana sentían tiritar sus carnes al contacto de la veta. Pero el hambre es aguijón más eficaz que el látigo y la espuela, y reanudaban taciturnos la tarea agobiadora y la veta entera acribi-

144

llada por mil partes por aquella carcoma humana, vibraba sutilmente, desmoronándose pedazo a pedazo, mordida por el diente cuadrangular del pico, como la arenisca de la ribera a los embates del mar.

La súbita detención del guía arrancó al viejo de sus tristes cavilaciones. Una puerta les cerraba el camino en aquella dirección, y en el suelo, arrimado a la pared, había un bulto pequeño cuyos contornos se destacaron confusamente heridos por las luces vacilantes de las lámparas: era un niño de diez años, acurrucado en un hueco de la muralla.

Con los codos en las rodillas y el pálido rostro entre las manos enflaquecidas, mudo e inmóvil, pareció no percibir a los obreros que traspusieron el umbral y lo dejaron de nuevo sumido en la oscuridad. Sus ojos abiertos, sin expresión, estaban fijos obstinadamente hacia arriba, absortos, tal vez en la contemplación de un panorama imaginario, que, como el miraje desierto, atraía sus pupilas sedientas de luz, húmedas por la nostalgia del lejano resplandor del día.

Encargado del manejo de esa puerta, pasaba las horas interminables de su encierro, sumergido en un ensimismamiento doloroso, abrumado por aquella lápida enorme que ahogó para siempre en él la inquieta y grácil movilidad de la infancia, cuyos sufrimientos dejan en el alma que los comprende una amargura infinita y un sentimiento de execración acerbo por el egoísmo y la cobardía humanos.

Los dos hombres y el niño, después de caminar algún tiempo por un estrecho corredor, desembocaron en una alta galería de arrastre, de cuya techumbre caía una lluvia continua de gruesas gotas de agua. Un ruido sordo y lejano, como si un martillo gigantesco golpease sobre sus cabezas la armadura del planeta, escuchábase a intervalos. Aquel rumor, cuyo origen Pablo no acertaba a explicarse, era el choque de las olas en las rompientes de la costa. Anduvieron aún un corto trecho y se encontraron, por fin, delante de la compuerta número doce.

—Aquí es —dijo el guía, deteniéndose junto a la hoja de tablas que giraba sujeta a un marco de madera incrustado en la roca.

Las tinieblas eran tan espesas que las rojizas luces de las lámparas, sujetas a las viseras de las gorras de cuero, apenas dejaban entrever aquel obstáculo.

Pablo, que no se explicaba ese alto repentino, contemplaba silencioso a sus acompañantes, quienes, después de cambiar entre sí algunas palabras breves y rápidas, se pusieron a enseñarle con jovialidad y empeño el manejo de la compuerta. El rapaz, siguiendo sus indicaciones, la abrió y cerró repetidas veces, desvaneciendo la incertidumbre del padre, que temía que las fuerzas de su hijo no bastasen para aquel trabajo.

El viejo manifestó su contento, pasando la callosa mano por la inculta cabellera de su primogénito, quien hasta allí no había demostrado cansancio ni inquietud. Su juvenil imaginación impresionada por aquel espectáculo nuevo y desconocido se hallaba aturdida, desorientada. Parecíale a veces que estaba en un cuarto a oscuras y creía ver a cada instante abrirse una ventana y entrar por ella los brillantes rayos del sol, y aunque su inexperto corazoncillo no experimentaba ya la angustia que le asaltó en el pozo de bajada, aquellos mimos y caricias a que no estaba acostumbrado despertaron su desconfianza. Una luz brilló a lo lejos de la galería y luego se oyó el chirrido de las ruedas sobre la vía, mientras un trote pesado y rápido hacía retumbar el suelo.

—¡Es la corrida! —exclamaron a un tiempo los dos hombres.

—Pronto, Pablo —dijo el viejo—; a ver cómo cumples tu obligación.

El pequeño, con los puños apretados, apoyó su diminuto cuerpo contra la hoja que cedió lentamente hasta tocar la pared. Apenas efectuada esta operación, un caballo oscuro, sudoroso y jadeante, cruzó rápido delante de ellos, arrastrando un pesado tren cargado de mineral.

Los obreros se miraron satisfechos. El novato era ya un portero experimentado y el viejo, inclinando su alta estatura, empezó a hablarle zalameramente: él no era ya un chicuelo, como los que quedaban allá arriba, que lloran por nada y están siempre cogidos de las faldas de las mujeres, sino un hombre, un valiente, nada menos que un obrero, es decir, un camarada a quien había que tratar como tal. Y en breves frases le dio a entender que les era forzoso dejarlo solo; pero que no tuviese miedo, pues había en la mina muchísimos otros de su edad, desempeñando el mismo trabajo: que él estaba cerca y vendría a verlo de cuando en cuando, y una vez terminada la faena, regresarían juntos a casa.

Pablo oía aquello con espanto creciente, y por toda respuesta se cogió con ambas manos de la blusa del minero. Hasta entonces no se había dado cuenta exacta de lo que se exigía de él. El giro inesperado que tomaba lo que creyó un simple paseo, le produjo un miedo cerval y dominado por un deseo vehementísimo de abandonar aquel sitio, de ver a su madre y a sus hermanos y de encontrarse otra vez a la claridad del día, sólo contestaba a las afectuosas razones de su padre con un "¡Vamos!" quejumbroso y lleno de miedo. Ni promesas ni amenazas lo convencían y el "¡Vamos, padre!", brotaba de sus labios cada vez más dolorido y apremiante.

Una violenta contrariedad se pintó en el rostro del viejo minero, pero al ver aquellos ojos llenos de lágrimas, desolados y suplicantes, levantados hacia él, su naciente cólera se trocó en una piedad infinita: ¡era todavía tan débil y pequeño! Y el amor paternal adormecido en lo íntimo de su ser recobró de súbito su fuerza avasalladora.

El recuerdo de su vida, de esos cuarenta años de trabajos y sufrimientos se presentó de repente a su imaginación, y con honda congoja comprobó que de aquella labor inmensa sólo le restaba un cuerpo exhausto que tal vez muy pronto arrojarían de la mina como un estorbo, y al pensar que idéntico destino aguardaba a la triste criatura, le acometió de improviso un deseo imperioso de disputar su presa a ese monstruo insaciable, que arrancaba del regazo de las madres los hijos apenas crecidos para convertirlos en esos parias, cuyas espaldas reciben con el mismo estoicismo el golpe brutal del amo y las caricias de la roca en las inclinadas galerías.

Pero aquel sentimiento de rebelión que empezaba a germinar en él, se extinguió repentinamente ante el recuerdo de su pobre hogar y de los seres hambrientos y desnudos de los que era el único sostén, y su vieja experiencia le demostró lo insensato de su quimera. La mina no soltaba nunca al que había cogido y, como eslabones nuevos, que se sustituyen a los viejos y gastados de una cadena sin fin, allí abajo, los hijos sucedían a los padres y en el hondo pozo el subir y bajar de aquella marea viviente no se interrumpía jamás. Los pequeñuelos, respirando el aire emponzoñado de la mina crecían raquíticos, débiles, paliduchos, pero había que resignarse, pues para eso habían nacido.

Y con resuelto ademán, el viejo desenrolló de su cintura una cuerda delgada y fuerte, y a pesar de la resistencia y súplicas del niño, lo ató con ella por mitad del cuerpo y aseguró, en seguida, la otra extremidad en un grueso perno incrustado en la roca. Trozos de cordel adherido a aquel hierro indicaban que no era la primera vez que prestaba un servicio semejante.

La criatura, medio muerta de terror, lanzaba gritos penetrantes de pavorosa angustia y hubo que emplear la violencia para arrancarle de entre las piernas del padre, a las que se había asido con todas sus fuerzas. Sus ruegos y clamores llenaban la galería, sin que la tierna víctima, más desdichada que el bíblico Isaac, oyese una voz amiga que detuviera el brazo paternal armado contra su propia carne, por el crimen y la iniquidad de los hombres.

Sus voces llamando al viejo que se alejaba, tenían acentos tan desgarradores, tan hondos y vibrantes, que el infeliz padre sintió de nuevo flaquear su resolución. Mas, aquel desfallecimiento sólo duró un instante, y tapándose los oídos para no escuchar aquellos gritos que le atenaceaban las entrañas, apresuró la marcha apartándose de aquel sitio. Antes de abandonar la galería, se detuvo un instante y escuchó una vocecilla tenue como un soplo, que clamaba allá muy lejos, debilitada por la distancia: "¡Madre! ¡Madre!"

Entonces echó a correr como un loco, acosado por el doliente vagido y no se detuvo sino cuando se halló delante de la veta, a la vista de la cual su dolor se convirtió de pronto en furiosa ira, y, empuñando el mango del pico, la atacó rabiosamente. En el duro bloque caían los golpes como espesa granizada sobre sonoros cristales, y el diente de acero se hundía en aquella masa negra y brillante, arrancando trozos enormes que se amontonaban entre las piernas del obrero, mientras un polvo espeso cubría como un velo la vacilante luz de la lámpara.

Las cortantes aristas del carbón volaban con fuerza, hiriéndole el rostro, el cuello y el pecho desnudo. Hilos de sangre mezclábanse al copioso sudor que inundaba su cuerpo, que penetraba como una cuña en la brecha abierta, ensanchándola con el afán del presidiario que horada el muro que lo oprime; pero sin la esperanza que alienta y fortalece al prisionero: hallar al fin de la jornada una vida nueva, llena de sol, de aire y de libertad.

COMENTARIO

Tal vez inspirados por *Germinal* de Zola, los cuentos de *Sub terra* están tan apegados a la realidad chilena que desmienten cualquier influencia libresca. A diferencia de las obras anteriores (excepción hecha de "El matadero"), el grupo social predominaba sobre el individuo. Se recalca el hecho de que como los protagonistas, hay muchos que viven encadenados a la mina sin esperanza de libertad. Como buen naturalista, Lillo alude a las generaciones de mineros que se han sacrificado y al hijo de minero que tiene que seguir siendo minero.

La fuerza de esta obra no reside en un desenlace inesperado. Al contrario, el desenlace no es más que el punto culminante de una serie de detalles sobre la vida trágica del minero. El mayor acierto artístico es el equilibrio muy fino con que se presentan los dos protagonistas. Ligados los dos por la angustia, Pablo y su padre comparten alternamente la compasión del lector. Su acercamiento físico —Pablo se aferra a los pies de su padre al principio y hacia el final del cuento— hace aún más desgarradora la separación. Aunque el autor nos prepara para ese momento cruel con las palabras del capataz sobre la muerte del hijo de José y con la vista del otro niño portero, el terror repentino de Pablo nos conmueve porque llegamos a identificarnos con el niño, quien hasta ese momento terrible no se había dado cuenta del propósito de su descenso a la mina.

Con la misma sutileza que emplea en la presentación de Pablo y de su padre, Lillo convierte su cuadro muy realista en una visión poética del infierno. Aunque la comparación de una mina con el infierno no es nada extraordinaria. Lillo la lleva a cabo con mucha mesura. Jamás menciona ni el infierno ni el diablo; prefiere dejar al lector el placer de crear la imagen con unas cuantas insinuaciones. Insiste mucho en la oscuridad de la mina: "lóbregas paredes", "lóbrega excavación", "las luces de las lámparas prontas a extinguirse", "negras sombras", "negro túnel", "oscuridad profunda" y "rojizas luces". El capataz se convierte en una figura grotesca por su traje negro y su tamaño diminuto: "hombrecillo". La alusión al sacrificio de Isaac sugiere el pensamiento de que Pablo se está sacrificando al diablo.

La prosa de Lillo, lenta a la manera chilena, no revela grandes vuelos artísticos. Los pocos símiles y metáforas que hay casi siempre se refieren en términos corrientes a animales: "revolviéndose como un reptil", "un miedo cerval", "aquella carcoma humana". No obstante, este relato tiene un valor duradero que depende no sólo de su cualidad de cuento naturalista o de protesta social, sino también de la sinceridad de las emociones de los protagonistas y de la feliz ejecución del tema.

AUGUSTO D'HALMAR
[1882-1950]

*Seudónimo de Augusto Geomine Thomson. Chile-
no. Nació en Valparaíso. Entusiasmado por los principios humanitarios de Tolstoi, organizó con varios
amigos una colonia "monástica" que duró poco
tiempo. Fue cónsul en la India (1907-1908) y presenció la primera Guerra Mundial como correspon-
sal. Viajó por todo el mundo antes de regresar a
Chile en 1934 para encargarse de la dirección del
Museo Municipal de Bellas Artes de Valparaíso.
Aunque hizo su estreno literario bajo la influencia
del naturalismo,* Juana Lucero *(1902), pronto se
convirtió en el maestro de la literatura fantástica
en Chile. Autor de las novelas* Gatita *(1917),* La
sombra del humo en el espejo *(1924) y* Pasión y
muerte del cura Deusto *(1924); y de las colecciones
de cuentos* La lámpara en el molino *(1912),* Capitanes sin barco *(1934) y* Amor, cara y cruz *(1935).
Sus obras completas, en veinticinco volúmenes, fueron publicadas por Ercilla en 1934.*

EN PROVINCIA

*La vie est vaine;   La vie est brève;
un peu d'amour,   un peu d'espoir,
un peu de haine,   un peu de rêve,
et puis "bonjour".   et puis "bonsoir".*

TENGO cincuenta y seis años y hace cuarenta que
llevo la pluma tras la oreja; pues bien, nunca su-
puse que pudiera servirme para algo que no fuese

consignar partidas en el "Libro Diario" o transcribir cartas con encabezamiento inmovible:

"En contestación a su grata, fecha... del presente, tengo el gusto de comunicarle..."

Y es que salido de mi pueblo a los diez y seis años, después de la muerte de mi madre, sin dejar afecciones tras de mí, viviendo desde entonces en este medio provinciano, donde todos nos entendemos verbalmente, no he tenido para qué escribir.

A veces lo hubiera deseado; me hubiera complacido que alguien, en el vasto mundo, recibiese mis confidencias; pero ¿quién?

En cuanto a desahogarme con cualquiera, sería ridículo.

La gente se forma una idea de uno y le duele modificarla.

Yo soy, ante todo, un hombre gordo y calvo, y un empleado de comercio: Borja Guzmán, tenedor de libros del "Emporio Delfín".

¡Buena la haría saliendo ahora con revelaciones sentimentales!

A cada cual se asigna, o escoge cada cual, su papel en la farsa, pero preciso es sostenerlo hasta la postre.

Debí casarme y dejé de hacerlo. ¿Por qué? No por falta de inclinaciones, pues aquello mismo de que no hubiera disfrutado de mi hogar a mis anchas, hacía que soñase con formarlo. ¿Por qué entonces? ¡La vida! ¡Ah, la vida!

El viejo Delfín me mantuvo un honorario que el heredero mejoró, pero que fue reducido apenas cambió la casa de dueño.

Tres he tenido, y ni varió mi situación ni mejoró de suerte.

En tales condiciones se hace difícil el ahorro, sobre todo si no se sacrifica el estómago. El cerebro, los brazos, el corazón, todo trabaja para él:

se descuida Smiles y cuando quisiera establecerse ya no hay modo de hacerlo.

¿Es lo que me ha dejado soltero? Sí, hasta los treinta y un años, que de ahí en adelante no se cuenta.

Un suceso vino a clausurar a esa edad mi pasado, mi presente y mi porvenir, y ya no fui, ya no soy sino un muerto que hojea su vida.

Aparte de esto he tenido poco tiempo de aburrirme. Por la mañana, a las nueve, se abre el almacén; interrumpe su movimiento para el almuerzo y la comida, y al toque de retreta se cierra.

Desde ésa hasta esta hora, permanezco en mi piso giratorio con los pies en el travesaño más alto y sobre el bufete los codos forrados en percalina; después de guardar los libros y apagar la lámpara que me corresponde, cruzo la plazoleta y, a una vuelta de llave, se franquea para mí una puerta: estoy en "mi casa".

Camino a tientas, cerca de la cómoda hago luz; allí, a la derecha, se halla siempre la bujía.

Lo primero que veo es una fotografía, sobre el papel celeste de la habitación; después, la mancha blanca del lecho, mi pobre lecho, que nunca sabe disponer Verónica, y que cada noche acondiciono de nuevo. Una cortina de cretona oculta la ventana que cae a la plaza.

Si no hace demasiado sueño, saco mi flauta de su estuche y ajusto sus piezas con vendajes y ligaduras. Vieja, casi tanto como yo, el tubo malo, flojas las llaves, no regulariza ya sus suspiros, y a lo mejor deja una nota que cruza el espacio, y yo formulo un deseo invariable.

En tantos años se han desprendido muchas y mi deseo no se cumple.

Toco toco. Son dos o tres motivos melancólicos. Tal vez supe más y pude aprender otros; pero éstos eran los que Ella prefería, hace un cuarto de siglo, y con ellos me he quedado.

Toco, toco. Al pie de la ventana, un grillo, que se siente estimulado, se afina interminablemente. Los perros ladran a los ruidos y a las sombras. El reloj de una iglesia de una hora. En las casas menos austeras cubren los fuegos, y hasta el viento que transita por las calles desiertas pretende apagar el alumbrado público.

Entonces, si penetra una mariposa a mi habitación, abandono la música y acudo para impedir que se precipite sobre la llama. ¿No es el deber de la experiencia?

Además, comenzaba a fatigarme. Es preciso soplar con fuerza para que la inválida flauta responda, y con mi volumen excesivo yo quedo jadeante.

Cierro, pues, la ventana; me desvisto, y en gorro y zapatillas, con la palmatoria en la mano, doy, antes de meterme en cama, una última ojeada al retrato.

El rostro de Pedro es acariciador; pero en los ojos de ella hay tal altivez, que me obliga a separar los míos. Cuatro lustros han pasado y se me figura verla así: así me miraba.

Ésta es mi existencia, desde hace veinte años. Me han bastado, para llenarla, un retrato y algunos aires antiguos; pero está visto que, conforme envejecemos, nos tornamos exigentes. Ya no me basta y recurro a la pluma.

Si alguien lo supiera. Si sorprendiese alguien mis memorias, la novela triste de un hombre alegre, "don Borja", "el del Emporio del Delfín". ¡Si fuesen leídas!... ¡Pero no! Manuscritos como éste, que vienen en reemplazo del confidente que no se ha tenido, desaparecen con su autor.

Él los destruye antes de embarcarse, y algo debe prevenirnos cuándo. De otro modo no se comprende que, en un momento dado, no más particular que cualquiera, menos tal vez que muchos momentos anteriores, el hombre se deshaga de aquel "algo" comprometedor, pero querido, que todos ocultamos, y, al hacerlo, ni sufra ni tema arrepentirse. Es como el pasaje, que, una vez tomado, nadie posterga su viaje.

O será que partimos precisamente porque ya nada nos detiene. Las últimas amarras han caído... ¡el barco zarpa!

Fue, como dije, hace veinte años; más, veinticinco, pues ella empezó cinco años antes. Yo no podía llamarme ya un joven y ya estaba calvo y bastante grueso; lo he sido siempre: las penas no hacen sino espesar mi tejido adiposo.

Había fallecido mi primer patrón, y el Emporio pasó a manos de su sobrino, que habitaba en la capital; pero nada sabía yo de él, ni siquiera le había visto nunca, pero no tardé en conocerle a fondo: duro y atrabiliario con sus dependientes, con su mujer se conducía como un perfecto enamorado, y cuéntese con que su unión databa de diez años. ¡Cómo parecían amarse, santo Dios!

También conocí sus penas, aunque a simple vista pudiera creérseles felices. A él le minaba el deseo de tener un hijo, y, aunque lo mantuviera secreto, algo había llegado a sospechar ella. A veces solía preguntarle: "¿Qué echas de menos?", y él le cubría la boca de besos. Pero ésta no era una respuesta. ¿No es cierto?

Me habían admitido en su intimidad desde que conocieron mis aficiones filarmónicas. "Debimos adivinarlo: tiene pulmones a propósito." Tal fue el elogio que le hizo de mí su mujer en nuestra primera velada.

¡Nuestra primera velada! ¿Cómo acerté delante de aquellos señores de la capital, yo que tocaba de oído y que no había tenido otro maestro que un músico de la banda? Ejecuté, me acuerdo, "El ensueño", que esta noche acabo de repasar, "Lamentaciones de una joven" y "La golondrina y el prisionero"; y sólo reparé en la belleza de la principala, que descendió hasta mí para felicitarme.

De allí dató la costumbre de reunirnos, apenas se cerraba el almacén, en la salita del piso bajo, la misma donde ahora se ve luz, pero que está ocupada por otra gente.

Pasábamos algunas horas embebidos en nuestro corto repertorio, que ella no me había permitido variar en lo más mínimo, y que llegó a conocer tan bien que cualquiera nota falsa la impacientaba.

Otras veces me seguía tarareando, y, por bajo que lo hiciera, se adivinaba en su garganta una voz cuya extensión ignoraría ella misma. ¿Por qué, a pesar de mis instancias, no consintió en cantar?

¡Ah! Yo no ejercía sobre ella la menor influencia; por el contrario, a tal punto me imponía, que, aunque muchas veces quise que charlásemos, nunca me atreví. ¿No me admitía en su sociedad para oírme? ¡Era preciso tocar!

En los primeros tiempos, el marido asistió a los conciertos y, al arrullo de la música, se adormecía; pero acabó por dispensarse de ceremonias y siempre que estaba fatigado nos dejaba y se iba a su lecho.

Algunas veces concurría uno que otro vecino, pero la cosa no debía parecerles divertida y con más frecuencia quedábamos solos.

Así fue como una noche que me preparaba a pasar de un motivo a otro, Clara (se llamaba Clara) me detuvo con una pregunta a quemarropa:

—Borja, ¿ha notado usted su tristeza?

—¿De quién?, ¿del patrón? —pregunté, bajando también la voz—. Parece preocupado, pero...

—¿No es cierto? —dijo, clavándome sus ojos afie-
brados.

Y como si hablara consigo:

—Le roe el corazón y no puede quitárselo. ¡Ah
Dios mío.

Me quedé perplejo y debí haber permanecido
mucho tiempo perplejo, hasta que su acento im-
perativo me sacudió:

—¿Qué hace usted así? ¡Toque, pues!

Desde entonces pareció más preocupada y como
disgustada de mí. Se instalaba muy lejos, en la
sombra, tal como si yo le causara un profundo
desagrado; me hacía callar para seguir mejor sus
pensamientos y, al volver a la realidad, como ha-
llase la muda sumisión de mis ojos a la espera de
un mandato suyo, se irritaba sin causa.

—¿Qué hace usted así? ¡Toque, pues!

Otras veces me acusaba de apocado, estimulán-
dome a que le confiara mi pasado y mis aventuras
galantes; según ella, yo no podía haber sido eternamente razonable, y alababa con ironía mi "reserva", o se retorcía en un acceso de incontenible
hilaridad: "San Borja, tímido y discreto."

Bajo el fulgor ardiente de sus ojos, yo me sentía enrojecer más y más, por lo mismo que no
perdía la conciencia de mi ridículo; en todos los
momentos de mi vida, mi calvicie y mi obesidad
me han privado de la necesaria presencia de espíritu, ¡y quién sabe si no son la causa de mi fracaso!

Transcurrió un año, durante el cual sólo viví por
las noches.

Cuando lo recuerdo, me parece que la una se
anudaba a la otra, sin que fuera posible el tiempo
que las separaba, a pesar de que, en aquel entonces, debe de habérseme hecho eterno.

...Un año breve como una larga noche.

Llego a la parte culminante de mi vida. ¿Cómo relatarla para que pueda creerla yo mismo? ¡Es tan inexplicable, tan absurdo, tan inesperado!

Cierta ocasión en que estábamos solos, suspendido en mi música por un ademán suyo, me dedicaba a adorarla, creyéndola abstraída, cuando de pronto la vi dar un salto y apagar la luz.

Instintivamente me puse de pie, pero en la oscuridad sentí dos brazos que se enlazaban a mi cuello y el aliento entrecortado de una boca que buscaba la mía.

Salí tambaleándome. Ya en mi cuarto, abrí la ventana y en ella pasé la noche. Todo el aire me era insuficiente. El corazón quería salirse del pecho, lo sentía en la garganta, ahogándome; ¡qué noche!

Esperé la siguiente con miedo. Creíame juguete de un sueño. El amo me reprendió un descuido, y, aunque lo hizo delante del personal, no sentí ira ni vergüenza.

En la noche él asistió a nuestra velada. Ella parecía profundamente abatida.

Y pasó otro día sin que pudiéramos hallarnos solos; el tercero ocurrió, me precipité a sus plantas para cubrir sus manos de besos y lágrimas de gratitud, pero, altiva y desdeñosa, me rechazó, y con su tono más frío, me rogó que tocase.

¡No, yo debí haber soñado mi dicha! ¿Creeréis que nunca, nunca más volví a rozar con mis labios ni el extremo de sus dedos? La vez que, loco de pasión, quise hacer valer mis derechos de amante, me ordenó salir en voz tan alta, que temí que hubiese despertado al amo, que dormía en el piso superior.

¡Qué martirio! Caminaron los meses, y la melancolía de Clara parecía disiparse, pero no su enojo. ¿En qué podía haberla ofendido yo?

Hasta que, por fin, una noche en que atravesaba la plaza con mi estuche bajo el brazo, el marido en persona me cerró el paso. Parecía extraordinariamente agitado, y mientras hablaba mantuvo su mano sobre mi hombro con una familiaridad inquietante.

—¡Nada de músicas! —me dijo—. La señora no tiene propicios los nervios, y hay que empezar a respetarle este y otros caprichos.

Yo no comprendía.

—Sí, hombre. Venga usted al casino conmigo y brindaremos a la salud del futuro patroncito.

Nació. Desde mi bufete, entre los gritos de la parturienta, escuché su primer vagido, tan débil. ¡Cómo me palpitaba el corazón! ¡Mi hijo! Porque era mío. ¡No necesitaba ella decírmelo! ¡Mío! ¡Mío!

Yo, el solterón solitario, el hombre que no había conocido nunca una familia, a quien nadie dispensaba sus favores sino por dinero, tenía ahora un hijo, ¡el de la mujer amada!

¿Por qué no morí cuando él nacía? Sobre el tapete verde de mi escritorio rompí a sollozar tan fuerte, que la pantalla de la lámpara vibraba y alguien que vino a consultarme algo se retiró en puntillas.

Sólo un mes después fui llevado a presencia del heredero.

Le tenía en sus rodillas su madre, convaleciente, y le mecía amorosamente.

Me incliné, conmovido por la angustia, y, temblando, con la punta de los dedos alcé la gasa que lo cubría y pude verle; hubiese querido gritar: ¡hijo! pero, al levantar los ojos, encontré la mirada de Clara, tranquila, casi irónica.

"¡Cuidado!", me advertía.

Y en voz alta:

—No le vaya usted a despertar.

Su marido, que me acompañaba, la besó tras de la oreja delicadamente.

—Mucho has debido sufrir, ¡mi pobre enferma!

—¡No lo sabes bien! —repuso ella—; mas, ¡qué importa si te hice feliz!

Y ya sin descanso, estuve sometido a la horrible expiación de que aquel hombre llamase "su" hijo al mío, a "mi" hijo.

¡Imbécil! Tentado estuve entre mil veces de gritarle la verdad, de hacerle reconocer mi superioridad sobre él, tan orgulloso y confiado; pero, ¿y las consecuencias, sobre todo para el inocente?

Callé, y en silencio me dediqué a amar con todas las fuerzas de mi alma a aquella criatura, mi carne y mi sangre, que aprendería a llamar padre a un extraño.

Entretanto, la conducta de Clara se hacía cada vez más oscura. Las escenas musicales, para qué decirlo, no volvieron a verificarse, y, con cualquier pretexto, ni siquiera me recibió en su casa las veces que fui.

Parecía obedecer a una resolución inquebrantable y hube de contentarme con ver a mi hijo cuando la niñera lo paseaba en la plaza.

Entonces los dos, el marido y yo, le seguíamos desde la ventana de la oficina, y nuestras miradas, húmedas y gozosas, se encontraban y se entendían.

Pero andando esos tres años memorables, y a medida que el niño iba creciendo, me fue más fácil verlo, pues el amo, cada vez más chocho, lo llevaba al almacén y lo retenía a su lado hasta que venían en su busca.

Y en su busca vino Clara una mañana que yo lo tenía en brazos; nunca he visto arrebato semejante. ¡Como leona que recobra su cachorro! Lo que me dijo más bien me lo escupía al rostro.

—¿Por qué lo besa usted de ese modo? ¿Qué pretende usted, canalla?

A mi entender, estos temores sobrepujaban a los otros, y para no exasperarme demasiado, dejaba que se me acercase; pero otras veces lo acaparaba, como si yo pudiese hacerle algún daño.

¡Mujer enigmática! Jamás he comprendido qué fui para ella: ¡capricho, juguete o instrumento!

Así las cosas, de la noche a la mañana llegó un extranjero, y medio día pasamos revisando libros y facturas.

A la hora del almuerzo el patrón me comunicó que acababa de firmar una escritura por la cual transfería el almacén; que estaba harto de negocios y de vida provinciana, y probablemente volvería con su familia a la capital.

¿Para qué narrar las dolorosísimas presiones de esos últimos años de mi vida? Harán por enero veinte años y todavía me trastorna recordarlos.

¡Dios mío! ¡Se iba cuanto yo había amado! ¡Un extraño se lo llevaba lejos para gozar de ello en paz! ¡Me despojaba de todo lo mío!

Ante esa idea tuve en los labios la confesión del adulterio. ¡Oh! ¡Destruir siquiera aquella feliz ignorancia en que viviría y moriría el ladrón! ¡Dios me perdone!

Se fueron. La última noche, por un capricho final, aquella que mató mi vida, pero que también le dio por un momento una intensidad a que yo no tenía derecho, aquella mujer me hizo tocarle las tres piezas favoritas, y al concluir, me premió permitiéndome que besara a mi hijo.

Si la sugestión existe, en su alma debe de haber conservado la huella de aquel beso.

¡Se fueron! Ya en la estacioncita, donde acudí a despedirlos, él me entregó un pequeño paquete, diciendo que la noche anterior se le había olvidado.

—Un recuerdo —me repitió— para que piense en nosotros.

—¿Dónde les escribo? —grité cuando ya el tren se ponía en movimiento, y él, desde la plataforma del tren:

—No sé. ¡Mandaremos la dirección!

Parecía una consigna de reserva. En la ventanilla vi a mi hijo, con la nariz aplastada contra el cristal. Detrás, su madre, de pie, grave, la vista perdida en el vacío.

Me volví al almacén, que continuaba bajo la razón social, sin ningún cambio aparente, y oculté el paquete, pero no lo abrí hasta la noche, en mi cuarto solitario.

Era una fotografía.

La misma que hoy me acompaña; un retrato de Clara con su hijo en el regazo, apretado contra su seno, como para ocultarlo o defenderlo.

¡Y tan bien lo ha secuestrado a mi ternura, que en veinte años, ni una sola vez he sabido de él; y probablemente no volveré a verlo en este mundo de Dios!

Si vive, debe ser un hombre ya. ¿Es feliz? Tal vez a mi lado su porvenir habría sido estrecho. Se llama Pedro... Pedro y el apellido del otro.

Cada noche tomo el retrato, lo beso, y en el reverso leo la dedicatoria que escribieron por el niño.

"Pedro, a su amigo Borja."

—¡Su amigo Borja!... ¡Pedro se irá de la vida sin saber que haya existido tal amigo!

COMENTARIO

D'Halmar presenta el adulterio no como un crimen apasionado ni como un acto inmoral sino como una necesidad lógica. Clara quiere a su marido y peca de una manera muy calculadora sólo para satisfacer el deseo de éste de sentirse padre. Logrado su propósito, Clara rechaza para siempre a su amante de una noche.

Aunque el epígrafe en francés indica el intento del autor naturalista de elaborar el tema del adulterio con la mayor moralidad, el éxito del cuento se deriva del retrato del protagonista-narrador. Solterón de la clase media, parece tener una vida sin historia. Sin embargo, ¡qué enorme es la tragedia de este hombre que ha dedicado los últimos veinticinco años a un recuerdo efímero! Aunque sospecha la verdad, su vanidad de hombre lo obliga a pensar que Clara sí lo quiso, cuando menos por un momento.

La historia de este solterón se hace más trágica referida por sus propios labios. A diferencia de la mayor parte de los naturalistas y de los narradores chilenos en general, D'Halmar rechaza las descripciones minuciosas y luce un estilo antirretórico que corresponde ya al pleno siglo xx. Conforme con el tono de conversación, los párrafos son muy breves; las frases cortas se ligan por "y" u "o"; escasean los adjetivos y faltan los símiles y las metáforas.

No obstante este estilo sencillo y el espíritu pragmático de la trama, "En provincia" se embellece con cierto tono de fantasía que surge del motivo de la flauta; de la evocación de los recuerdos lejanos; y de lo inusitado del caso: "creíame juguete de un sueño", "¡no, yo debí haber soñado mi dicha!"

La impresión de que el narrador está divagando sin plan se borra con el reconocimiento de la unidad estructural del cuento. La fotografía de Clara y Pedro, además de encuadrar la obra, le da una pequeña nota de suspenso debido a que no se revela la identidad de Pedro hasta el final. Aunque este suspenso resulte un poco forzado, no debilita la sinceridad con que el protagonista cuenta su tragedia antidramática.

Este análisis de la psicología compleja de un individuo, revestido de cierta fantasía, contribuyó a iniciar toda una tradición chilena en la cual figuran algunos de los mejores escritores contemporáneos: María Luisa Bombal, Manuel Rojas y Fernando Alegría.

EL MODERNISMO

En el desarrollo del cuento, el modernismo hizo una contribución primordial. En cuanto a la novela, su función principal fue enriquecer la prosa para las generaciones siguientes. Se escribieron pocas novelas modernistas y de ésas sólo alguna que otra merece recordarse. En cambio, el cuento fue cultivado por los modernistas durante cuarenta años, 1880-1920, y se produjeron algunas verdaderas joyas literarias.

Aunque el modernismo fue artísticamente una reacción contra el romanticismo, el realismo y el naturalismo, en Hispanoamérica se da el fenómeno de la coincidencia de los cuatro movimientos. Los románticos rezagados siguieron escribiendo hasta fines del siglo XIX, mientras que los realistas y los naturalistas no llegaron a su apogeo hasta después del triunfo del modernismo.

El rasgo fundamental de este movimiento era la primacía que se daba a la sensibilidad artística; de ahí se derivaba tanto su temática como su estilo. En su afán de crear el arte por el arte, los modernistas rechazaron las historias sentimentales y los episodios melodramáticos de los románticos; los cuadros demasiado localizados de los realistas; y los estudios demasiado "científicos" y feos de los naturalistas. El héroe modernista era el artista (o sencillamente el hombre) sensible incapacitado por la sociedad burguesa que lo rodeaba. Los modernistas sentían asco ante la barbarie de sus compatriotas y se refugiaban en un mundo exótico. Muchos abandonaron la patria mientras otros buscaron el escape en la torre de marfil elevada en la propia azotea. Su ideal era Francia, la Francia versallesca del siglo XVIII. A través de ella, los modernistas aprendieron a entusiasmarse por el ideal griego y por la finura oriental. El exotismo no tenía límites: la Italia renacentista, el Bizancio medieval y la Alemania de los dioses wagnerianos.

La base del estilo modernista era la sinestesia o la correspondencia de los sentidos. La prosa dejó de ser sólo un instrumento para narrar un suceso. Tenía que ser bella: su paleta de suaves matices tenía que agradar al ojo; su aliteración, su asonancia, sus efectos onomatopéyicos y su ritmo constituían una sinfonía que deleitaba al oído; sus mármoles y telas exóticas daban ganas de extender la mano; mientras los perfumes aromáticos, los vinos y manjares deliciosos excitaban los sentidos del olfato y del gusto. Para lograr estos efectos, los modernistas se vieron obligados a echar mano al neologismo, inventando palabras de raíz castellana y apropiándose de palabras extranjeras, y a probar símiles y metáforas nuevos.

La influencia extranjera no se limitaba a los nuevos vocablos. Los modernistas, siendo cosmopolitas, se identificaban con sus correligionarios por todo el mundo. Se reunían tanto en los cafés de Buenos Aires como en los de París. Sus revistas literarias, que desempeñaron un papel fundamental, publicaron obras de autores

166

franceses, italianos, españoles, portugueses, alemanes, ingleses y norteamericanos. Además de su deuda con los parnasianos y simbolistas franceses, los modernistas también sentían una gran admiración por artistas tan diversos como Walt Whitman, Edgar Allan Poe, Oscar Wilde, Richard Wagner y D'Annunzio.

La guerra de 1898 entre España y los Estados Unidos sacudió violentamente el modernismo, pero aún le quedaba bastante ímpetu para reformarse. Todo lo exótico comenzó a ceder paso a un autoanálisis personal y continental (no se pensaba todavía en términos nacionales) o a un descubrimiento del paisaje americano. Muertos los iniciadores,[1] a excepción de Rubén Darío (1867-1916), la segunda generación modernista dio nuevo vigor al movimiento con una mayor variedad temática y estilística en la poesía de Ricardo Jaimes Freyre (1868-1933), Amado Nervo (1870-1919), Leopoldo Lugones (1874-1938), Julio Herrera y Reissig (1875-1910), José Santos Chocano (1875-1934) y Rafael Arévalo Martínez (1884); y con la elaboración de su filosofía en los ensayos artísticos de José Enrique Rodó (1871-1917).

Aunque la mayoría de los modernistas se expresaron principalmente en verso, la evolución de todo el movimiento se perfila en la siguiente serie de cuentos artísticos.

[1] José Martí (1853-1895), Manuel Gutiérrez Nájera (1859-1895), Julián del Casal (1863-1893) y José Asunción Silva (1865-1896).

MANUEL GUTIÉRREZ NÁJERA
[1859-1895]

Mexicano. Escribió bajo varios seudónimos, el más famoso de los cuales fue el Duque Job. A pesar de sus modales y de sus escritos afrancesados, nunca salió de México. Sus padres eran cultos y desde la niñez comenzó a leer a los autores españoles y franceses. Pasó la vida escribiendo para los periódicos: poesías, crónicas, notas de viaje, crítica literaria y cuentos, éstos reunidos en los tomos Cuentos frágiles (1883) y Cuentos color de humo (1890-1894). Fue diputado por el Estado de México. Con Carlos Díaz Dufoo, fundó en 1894 la Revista Azul que dio a conocer a sus compatriotas el modernismo, tanto mexicano como hispanoamericano y sus fuentes europeas.

DESPUÉS DE LAS CARRERAS

Cuando Berta puso en el mármol de la mesa sus horquillas de plata y sus pendientes de rubíes, el reloj de bronce, superado por la imagen de Galatea dormida entre las rosas, dio con su agudo timbre doce campanadas. Berta dejó que sus trenzas de rubio veneciano le besaran, temblando, la cintura, y apagó con su aliento la bujía, para no verse desvestida en el espejo. Después, pisando con sus pies desnudos los "no-me-olvides" de la alfombra, se dirigió al angosto lecho de madera color de rosa, y tras una brevísima oración, se recostó sobre las blancas colchas que olían a holanda nueva y a violeta. En la caliente alcoba se escuchaban, nada más, los pasos sigilosos de los duendes que querían ver a Berta adormecida y el *tic-tac* de la péndola incansable, enamorada eternamente de las horas. Berta cerró los ojos, pero no dormía. Por su imaginación cruzaban a escape los caballos del Hipódromo. ¡Qué hermosa es la vida! Una casa cubierta de tapices y rodeada por un cinturón de camelias blancas en los corredores; abajo, los coches cuyo barniz luciente hiere el sol, y cuyo interior, acolchonado y tibio, trasciende a piel de Rusia y cabritilla; los caballos que piafan en las amplias caballerizas, y las hermosas hojas de los plátanos, erguidas en tibores japoneses; arriba, un cielo azul, de raso nuevo; mucha luz, y las notas de los pájaros subiendo, como almas de cristal, por el ámbar fluido de la atmósfera; adentro, el padre de cabello blanco que no encuentra jamás bastantes perlas ni bastantes blondas para el armario de su hija; la madre que vela a su cabecera, cuando enferma, y que quisiera rodearla de algodones como si fuese de porcelana quebradiza; los niños que travesean desnudos en su cuna, y el espejo claro que sonríe sobre el mármol del tocador. Afuera, en la calle, el movimiento de la vida, el ir y venir de los carruajes, el bullicio; y por la noche, cuando termina el baile o el teatro, la figura del pobre enamorado que la aguarda y que se aleja satisfecho cuando la ha visto apearse de su coche o cerrar los maderos del balcón. Mucha luz, muchas flores y un traje de seda nuevo: ¡ésa es la vida!

Berta piensa en las carreras. "Caracole" debía ganar. En Chantilly, no hace mucho, ganó un premio. Pablo Escandón no hubiera dado once mil pesos por una yegua y un caballo malos. Además, quien hizo en París la compra de esa yegua, fue Manuel Villamil, el mexicano más perito en estas cosas de "sport".

Berta va a hacer el próximo domingo una apuesta formal con su papá: apuesta a "Aigle"; si pierde, tendrá que bordar unas pantuflas; y si gana, le comprarán el espejo que tiene Madame Drouot en su aparador. El marco está forrado de terciopelo azul y recortando la luna oblicuamente, bajo una guirnalda de flores. ¡Qué bonito es! Su cara reflejada en ese espejo, parecerá la de una hurí, que, entreabriendo las rosas del paraíso, mira el mundo.

Berta entorna los ojos, pero vuelve a cerrarlos en seguida, porque está la alcoba a oscuras.

Los duendes, que ansían verla dormida para besarla en la boca, sin que lo sienta, comienzan a rodearla de adormideras y a quemar en pequeñas cazoletas granos de opio. Las imágenes se van esfumando y desvaneciendo en la imaginación de Berta. Sus pensamientos pavesean. Ya no ve el Hipódromo bañado por la resplandeciente luz del sol, ni ve a los jueces encarnados en su pretorio, ni oye el chasquido de los látigos. Dos figuras quedan solamente en el cristal de su memoria empañada por el aliento de los sueños: "Caracole" y su novio.

Ya todo yace en el reposo inerme;
El lirio azul dormita en la ventana;
¿Oyes? Desde su torre la campana
La medianoche anuncia; duerme, duerme.

El genio retozón que abrió para mí la alcoba de Berta, como se abre una caja de golosinas el día de Año Nuevo, puso un dedo en mis labios, y tomándome de la mano, me condujo a través de los salones. Yo temía tropezar con algún mueble, despertando a la servidumbre y a los dueños. Pasé, pues, con cautela, conteniendo el aliento y casi deslizándome sobre la alfombra. A poco andar di contra el piano, que se quejó en si bemol; pero mi acompañante sopló, como si hubiera de apagar la luz de una bujía, y las notas cayeron mudas sobre la alfombra: el aliento del genio había roto esas pompas de jabón. En esta guisa atravesamos varias salas; el comedor de cuyos muros, revestidos de nogal, salían gruesos candelabros con las velas de esperma apagadas; los corredores, llenos de tiestos y de afiligranadas pajareras; un pasadizo estrecho y largo, como un cañuto, que llevaba a las habitaciones de la servidumbre; el retorcido caracol por donde se subía a las azoteas, y un laberinto de pequeños cuartos, llenos de muebles y de trastos inservibles.

Por fin, llegamos a una puertecita por cuya cerradura se filtraba un rayo de luz tenue. La puerta estaba atrancada por dentro, pero nada resiste al dedo de los genios, y mi acompañante, entrándose por el ojo de la llave, quitó el morillo que atrancaba la mampara. Entramos: allí estaba Manón, la costurera. Un libro abierto extendía sus blancas páginas en el suelo, cubierto apenas con esteras rotas, y la vela moría lamiendo con su lengua de salamandra los bordes del candelero. Manón leía seguramente cuando el sueño la sorprendió. Decíanlo esa imprudente luz que habría podido causar un incendio, ese volumen maltratado que yacía junto al catre de fierro, y ese brazo desnudo que con el frío impudor del mármol, pendía, saliendo fuera del colchón y por entre las ropas descompuestas. Manón es bella, como un lirio enfermo. Tiene veinte años, y quisiera leer la vida, como quería de niña hojear el tomo de grabados que su padre guardaba en el estante, con llave, de la biblioteca. Pero Manón es huérfana y es pobre: ya no verá, como antes, a su alrededor, obedientes camareras y sumisos domésticos; la han dejado sola, pobre y enferma en medio de la vida. De aquella vida anterior que en ocasiones se le antoja un sueño, nada más le queda un cutis que trasciende aún a almendra, y un cabello que todavía no vuelven áspero el hambre, la miseria y el trabajo. Sus pensamientos son como esos rapazuelos encantados que figuran en los cuentos; andan de día con la planta descalza y en camisa; pero dejad que la noche llegue, y miraréis cómo esos pobrecitos limosneros visten jubones de crujiente seda y se adornan con plumas de faisanes.

Aquella tarde, Manón había asistido a las carreras. .En la casa de Berta todos la quieren y la miman, como se quiere y se mima a un falderillo, vistiéndole de lana en el invierno y dándole en la boca mamones empapados en leche. Hay cariños que apedrean. Todos sabían la condición que había tenido antes esa humilde costurera, y la trataban con mayor regalo. Berta le daba vestidos viejos, y solía llevarla consigo, cuando iba de paseo o a tiendas. La huérfana recibía esas muestras de cariño, como recibe el pobre que mendiga, la moneda que una mano piadosa le arroja desde un balcón. A veces esas monedas descalabran.

Aquella tarde, Manón había asistido a las carreras. La dejaron adentro del carruaje, porque no sienta bien a una familia aristocrática andarse de paseo con las criadas; la dejaron allí, por si el vestido de la niña se desgarraba o si las cintas de su "capota" se rompían. Manón, pegada a los cristales del carruaje, espiaba por allí la pista y las tribunas, tal como ve una pobrecita enferma, a través de los vidrios del balcón, la vida y movimiento de los transeúntes. Los caballos cruzaban como exhalaciones por la árida pista, tendiendo al aire sus crines erizadas. ¡Los caballos! Ella también había conocido ese placer, mitad espiritual y mitad físico, que se experimenta al atravesar a galope una avenida enarenada. La sangre corre más aprisa, y el aire azota como si estuviera enojado. El cuerpo siente la juventud, y el alma cree que ha recobrado sus alas.

Y las tribunas, entrevistas desde lejos, le parecían enormes ramilletes hechos de hojas de raso y claveles de carne. La seda acaricia como la mano de un amante, y ella tenía un deseo infinito de volver a sentir ese contacto. Cuando anda la mujer, su falda va cantando un himno en loor suyo. ¿Cuándo podría escuchar esas estrofas? Y veía sus manos, y la extremidad de los dedos maltratada por la aguja, y se fijaba tercamente en ese cuadro de esplendores y de fiestas, como en la noche de San Silvestre ven los niños pobres esos pasteles, esas golosinas, esas pirámides de caramelo que no gustarán ellos y que adornan los escaparates de las dulcerías. ¿Por qué estaba ella desterrada de ese paraíso? Su espejo le decía: "Eres hermosa y eres joven." ¿Por qué padecía tanto? Luego, una voz secreta se levantaba en su interior diciendo: "No envidies esas cosas. La seda se desgarra, el terciopelo se chafa, la epidermis se arruga con los años. Bajo la azul superficie de ese lago hay mucho lodo. Todas las cosas tienen su lado luminoso y su lado sombrío. ¿Recuerdas a tu amiga Rosa Thé? Pues vive en ese cielo de teatro, tan lleno de talco, y de oropeles, y de lienzos pintados. Y el marido que escogió, la engaña y huye de su lado para correr en pos de mujeres que valen menos que ella. Hay mortajas de seda y ataúdes de palo santo, pero en todos hormiguean y muerden los gusanos."

Manón, sin embargo, anhelaba esos triunfos y esas galas. Por eso dormía soñando con regocijos y fiestas. Un galán, parecido a los errantes c[...] que figuran en las leyendas alemana[...] bajo sus ventanas, y trepando por [...] azul llegaba hasta ella, la ceñía f[...] brazos y bajaba después, cimbra[...]

hasta la sombra del olivar tendido abajo. Allí esperaba un caballo tan ágil, tan nervioso como "Caracole". Y el caballero, llevándola en brazos, como se
lleva a un niño dormido, montaba en el brioso potro
que corría a todo escape por el bosque. Los mastines del caserío ladraban y hasta abríanse las ventanas, y en ellas aparecían rostros medrosos; los
árboles corrían, corrían en dirección contraria, como
un ejército en derrota, y el caballero la apretaba
contra el pecho rizando con su aliento abrasador los
delgados cabellos de su nuca.

En ese instante el alba salía fresca y perfumada,
de su tina de mármol, llena de rocío. ¡No entres
—¡oh fría luz!—, no entres a la alcoba en donde
Manón sueña con el amor y la riqueza! ¡Deja que
duerma, con su brazo blanco pendiente fuera del
colchón, como una virgen que se ha embriagado
con el agua de las rosas. Deja que las estrellas bajen
del cielo azul, y que se prendan en sus orejas diminutas de porcelana transparente!

COMENTARIO

"Después de las carreras" es un magnífico ejemplo de
la primera etapa modernista que se salva como buen
cuento por sus huellas románticas. Lo que da vida a
este cuadro es la compasión que el autor siente y ex-
presa por Manón. En oposición a la impersonalidad
de la estética parnasiana que profesaban los modernistas triunfantes de 1896 (fecha de publicación de *Prosas
profanas* de Rubén Darío), Gutiérrez Nájera interviene
directamente en el cuento. Los duendes le permiten
entrar en las dos alcobas y él mismo termina el cuento
con una exhortación a la luz del amanecer. El contraste entre la señorita rica y la costurera pobre también
pertenece más bien al romanticismo que al modernismo.

Como obra artística, "Después de las carreras" luce una unidad que revela ya la madurez del género. Las dos escenas que integran el cuento están estrechamente ligadas. La línea más obvia que las conecta es el viaje del autor guiado por el duende, pero luego hay una serie de detalles en la escena de Manón que hacen juego con la escena anterior: la vela moribunda, el recuerdo de las carreras, los cristales del carruaje, el galán, el cielo azul y la porcelana. Mientras los naturalistas deshumanizaban a sus personajes convirtiéndolos en animales, los modernistas los deshumanizan transformándolos en objetos de arte. La madre de Berta cuida a su hija "como si fuese de porcelana quebradiza"; Manón tiene "orejas diminutas de porcelana transparente"; Berta tiene trenzas "de rubio veneciano" y "Manón es bella, como un lirio enfermo".

Además de la unidad entre las dos escenas, cada una de ellas tiene su propia estructura. La de Berta tiene tres momentos: la descripción de la alcoba, los pensamientos de Berta y su sueño. La misma descripción tiene una estructura que la distingue mucho de las descripciones detalladas de los naturalistas. Las exclamaciones "¡Qué hermosa es la vida!" y "¡ésa es la vida!" refuerzan el efecto que el autor quiere crear a la vez que interrumpe el inventario del museo modernista. Otros refuerzos estructurales son "el mármol de la mesa" y "el mármol del tocador"; "el reloj de bronce" y "el tic-tac de la péndola incansable"; la repetición de "mucha luz"; y la frase "muchas flores" que evoca las rosas de la imagen de Galatea, los no-me-olvides de la alfombra, el color de rosa de la madera del lecho, el olor a violeta de las colchas y las camelias y de los corredores. El segundo momento de la escena de Berta se basa principalmente en los pensamientos sobre las carreras, tema anunciado sólo una vez en el primer momento: "por su imaginación cruzaban a escape los ___ llos del Hipódromo". Ese momento realist___ con un lenguaje menos adornado en el ___ los verbos, algunos en el pretérito. ___ momento con el espejo de madame D___ el primer momento y anuncia el terce___ del marco nos sitúa dentro de la alcoba mientras su cristal ayuda a producir el cuadro impresionista del sueño: "el cristal de su memoria empañada por el aliento de los sueños". Se marca el fin de toda la escena de Berta con dos alusiones al primer momento: "sus pensamientos pavesean" y la bujía apagada, la campana de la torre y el reloj de bronce.

La escena intermedia, o sea aquella que liga las dos alcobas, también refuerza la estructura total del cuento con la frase "como si hubiera de apagar la luz de una bujía".

Haciendo juego con la escena de Berta, la de Manón también se divide en tres momentos. La descripción de su alcoba sobresale por su falta de muebles y de elementos decorativos. Lo único que se ve es el catre de fierro, pero todo el lujo sinestésico de la alcoba de Berta tiene su contrapeso en una serie de imágenes que emplea el autor para describir a Manón. Su brazo tiene "el frío impudor del mármol"; "es bella, como un lirio enfermo"; tiene "un cutis que trasciende aún a almendra"; y sus pensamientos de noche "visten jubones de crujiente seda y se adornan con plumas de faisanes". La unidad de ese primer momento depende del progreso hacia lo fantástico y las dos alusiones a los libros. El segundo momento, igual que el de Berta, es una interpretación de la visita a las carreras. Para recalcar la situación desairada de Manón, se repite íntegra la oración inicial de esta sección. En cada párrafo, se alude a la tragedia de Manón a medida que la realidad poco a poco se va transformando en fantasía. Los niños pobres en la noche de San Silvestre hacen eco de los rapazuelos encantados del momento anterior y refuerzan la compasión que siente el autor por Manón. El sueño de Manón, que corresponde al sueño de Berta, se cierra con elementos que dan finalidad tanto a la escena de Manón como al cuento entero. La alusión al "brazo blanco pendiente fuera del colchón" refuerza la primera presentación de Manón mientras la mención de la luz, as rosas, la porcelana y el cielo azul hacen pensar en descripción de la primera escena de Berta. La impor-
·ia de los relojes se percibe cuando se completa el

marco cronológico del cuento: desde la medianoche hasta el amanecer.

Ya se han señalado varios casos de sinestesia (los colores, el tic-tac, las flores perfumadas, las distintas telas y metales, el mármol y las golosinas) que contribuyen a la belleza de esta obra. Sin embargo, esta sinestesia, que en manos de la mayoría de los parnasianos franceses y modernistas hispanoamericanos resulta demasiado fría, en la prosa de Gutiérrez Nájera reluce gracia. Hay casos de aliteración y de diminutivos, pero lo que más crea esa sensación de gracia son las imágenes donde el objeto inánime se humaniza delicadamente. Las trenzas de Berta tiemblan besándole la cintura; la péndola está enamorada de las horas; las notas de los pájaros suben como almas de cristal; "las notas cayeron mudas sobre la alfombra"; "el aliento del genio había roto esas pompas de jabón".

Por ser mexicano, Gutiérrez Nájera aún en sus momentos más parnasianos, no puede olvidarse de los problemas de la vida. En medio de todo el inventario modernista, hay una compasión sincera por los pobres que impide que el cuento empalague y, por consiguiente, realza su valor artístico.

RUBÉN DARÍO
[1867-1916]

Nicaragüense. El modernista por antonomasia. A los trece años ya escribía versos y a los quince emprendió el primero ae sus viajes que nabían de caracterizar toda su vida. En El Salvador (1882), conoció al poeta Francisco Gavidia, quien le puso en contacto con la literatura francesa. En 1886, fue a Chile donde trabajó en los periódicos y publicó Azul *(1888). Estando Darío en Guatemala, apareció allí en 1890 la segunda edición ampliada. Después de casarse en Costa Rica, fue a España en 1892. Luego, pasando por Cuba, se dirigió a la Argentina con el cargo de cónsul de Colombia. Los años pasados en Buenos Aires (1893-1898) constituyeron el apogeo del modernismo representado en parte por la publicación de* Prosas profanas *y* Los raros *en 1896. A partir de 1898, Darío vivió casi constantemente en Europa, sobre todo en París. Publicó otros dos libros importantes,* Cantos de vida y esperanza *(1905) y* El canto errante *(1907).*

EL RUBÍ

—¡Ah! ¡Conque es cierto! ¡Conque ese sabio parisiense ha logrado sacar del fondo de sus retortas, de sus matraces, la púrpura cristalina de que están incrustados los muros de mi palacio!

—Y al decir esto el pequeño gnomo iba y venía, de un lugar a otro, a cortos saltos, por la honda cueva que le servía de morada; y hacía temblar

178

su larga barba y el cascabel de su gorro azul y puntiagudo.

En efecto, un amigo del centenario Chevreul —cuasi Althotas—, el químico Frémy, acababa de descubrir la manera de hacer rubíes y zafiros.

Agitado, conmovido, el gnomo —que era sabidor y de genio harto vivaz— seguía monologando.

—¡Ah, sabios de la Edad Media! ¡Ah, Alberto el Grande, Averroes, Raimundo Lulio! Vosotros no pudisteis ver brillar el gran sol de la piedra filosofal, y he aquí que sin estudiar las fórmulas aristotélicas, sin saber cábala y nigromancia, llega un hombre del siglo decimonono a formar a la luz del día lo que nosotros fabricamos en nuestros subterráneos. ¡Pues el conjuro! Fusión por veinte días de una mezcla de sílice y de aluminato de plomo; coloración con bicromato de potasa o con óxido de cobalto. Palabras en verdad que parecen lengua diabólica.

Risa.

Luego se detuvo.

El cuerpo del delito estaba allí, en el centro de la gruta, sobre una gran roca de oro; un pequeño rubí, redondo, un tanto reluciente, como un grano de granada al sol.

El gnomo tocó un cuerno, el que llevaba a su cintura, y el eco resonó por las vastas concavidades. Al rato, un bullicio, un tropel, una algazara. Todos los gnomos habían llegado.

Era la cueva ancha, y había en ella una claridad extraña y blanca. Era la claridad de los carbunclos que en el techo de piedra centelleaban, incrustados, hundidos, apiñados, en focos múltiples; una dulce luz lo iluminaba todo.

A aquellos resplandores podía verse la maravillosa mansión en todo su esplendor. En los muros, sobre pedazos de plata y oro, entre venas de lapislázuli, formaban caprichosos dibujos, como los arabescos de una mezquita, gran muchedumbre de piedras preciosas. Los diamantes, blancos y limpios como gotas de agua, emergían los iris de sus cristalizaciones; cerca de calcedonias colgantes en estalactitas, las esmeraldas esparcían sus resplandores verdes; y los zafiros, en ramilletes que pendían del cuarto, semejaban grandes flores azules y temblorosas.

Los topacios dorados, las amatistas, circundaban en franjas el recinto; y en el pavimento, cuajado de ópalos, sobre la pulida crisofasia y el ágata, brotaba de trecho en trecho un hilo de agua, que caía con una dulzura musical, a gotas armónicas, como las de una flauta metálica soplada muy levemente.

¡Puck se había entrometido en el asunto, el pícaro Puck! Él había llevado el cuerpo del delito, el rubí falsificado, el que estaba ahí, sobre la roca de oro, como una profanación entre el centelleo de todo aquel encanto.

Cuando los gnomos estuvieron juntos, unos con sus martillos y cortas hachas en las manos, otros de gala, con caperuzas flamantes y encarnadas, llenas de pedrería, todos curiosos, Puck dijo así:

—Me habéis pedido que os trajese una muestra de la nueva falsificación humana, y he satisfecho esos deseos.

Los gnomos, sentados a la turca, se tiraban de los bigotes; daban las gracias a Puck con una pausada inclinación de cabeza, y los más cercanos a él examinaban con gesto de asombro las lindas alas, semejantes a las de un hipsipilo.

Continuó:

—¡Oh, Tierra! ¡Oh, Mujer! Desde el tiempo en que veía a Titania no he sido sino un esclavo de la una, un adorador casi místico de la otra.

180

Y luego, como si hablase en el placer de un sueño: —¡Esos rubíes! En la gran ciudad de París, volando invisible, los vi por todas partes. Brillaban en los collares de las cortesanas, en las condecoraciones exóticas de los rastacueros, en los anillos de los príncipes italianos y en los brazaletes de las primadonas.

Y con pícara sonrisa siempre:

—Yo me colé hasta cierto gabinete rosado muy en boga... Había una hermosa mujer dormida. Del cuello le arranqué un medallón y del medallón el rubí. Ahí lo tenéis.

Todos soltaron la carcajada. ¡Qué cascabeleo!

—¡Eh, amigo Puck!

¡Y dieron su opinión después, acerca de aquella piedra falsa, obra del hombre, o de sabio, que es peor!

—¡Vidrio!

—¡Maleficio!

—¡Ponzoña y cábala!

—¡Química!

—¡Pretender imitar un fragmento del iris!

—¡El tesoro rubicundo de lo hondo del globo!

—¡Hecho de rayos del poniente solidificados!

El gnomo más viejo, andando con sus piernas torcidas, su gran barba nevada, su aspecto de patriarca, su cara llena de arrugas:

—¡Señores! —dijo— ¡No sabéis lo que habláis!

Todos escucharon.

—Yo, yo soy el más viejo de vosotros, puesto que apenas sirvo ya para martillar las facetas de los diamantes; yo, que he visto formarse estos hondos alcázares; que he cincelado los huesos de la tierra, que he amasado el oro, que he dado un día un puñetazo a un muro de piedra, y caí a un lago donde violé a una ninfa; yo, el viejo, os referiré de cómo se hizo el rubí.

—Oíd.

Puck sonreía, curioso. Todos los gnomos rodearon al anciano, cuyas canas palidecían a los resplandores de la pedrería y cuyas manos extendían su movible sombra en los muros, cubiertos de piedras preciosas, como un lienzo lleno de miel donde se arrojasen granos de arroz.

—Un día, nosotros, los escuadrones que tenemos a nuestro cargo las minas de diamantes, tuvimos una huelga que conmovió toda la tierra, y salimos en fuga por los cráteres de los volcanes.

"El mundo estaba alegre, todo era vigor y juventud; y las rosas, y las hojas verdes y frescas, y los pájaros en cuyos buches entra el grano y brota el gorjeo, y el campo todo, saludaban al sol y a la primavera fragante.

"Estaba el monte armónico y florido, lleno de trinos y de abejas; era una grande y santa nupcia la que celebraba la luz, en el árbol la savia ardía profundamente, y en el animal todo era estremecimiento o balido o cántico, y en el gnomo había risa y placer.

"Yo había salido por un cráter apagado. Ante mis ojos había un campo extenso. De un salto me puse sobre un gran árbol, una encina añeja. Luego bajé al tronco, y me hallé cerca de un arroyo, un río pequeño y claro donde las aguas charlaban diciéndose bromas cristalinas. Yo tenía sed. Quise beber ahí... Ahora, oíd mejor.

"Brazos, espaldas, senos desnudos, azucenas, rosas, panecillos de marfil coronados de cerezas; ecos de risas áureas, festivas; y allá, entre espumas, entre las linfas rotas, bajo las verdes ramas..."

—¿Ninfas?

—No, mujeres.

—Yo sabía cuál era mi gruta. Con dar un golpe en el suelo, abría la arena negra y llegaba a mi dominio. ¡Vosotros, pobrecillos, gnomos jóvenes, tenéis mucho que aprender!

"Bajo los retoños de unos helechos nuevos me escurrí, sobre unas piedras deslavadas por la corriente espumosa y parlante; y a ella, a la hermosa, a la mujer, la así de la cintura, con este brazo antes tan musculoso; gritó, golpeé el suelo; descendimos. Arriba quedó el asombro, abajo el gnomo soberbio y vencedor.

"Un día yo martillaba un trozo de diamante inmenso, que brillaba como un astro y que al golpe de mi maza se hacía pedazos.

"El pavimento de mi taller se asemejaba a los restos de un sol hecho trizas. La mujer amada descansaba a un lado, rosa de carne entre maceteros de zafir, emperatriz del oro, en un lecho de cristal de roca, toda desnuda y espléndida como una diosa.

"Pero en el fondo de mis dominios, mi reina, mi querida, mi bella, me engañaba. Cuando el hombre ama de veras, su pasión lo penetra todo, y es capaz de traspasar la tierra.

"Ella amaba a un hombre, y desde su prisión le enviaba sus suspiros. Éstos pasaban los poros de la corteza terrestre y llegaban a él; y él, amándola también, besaba las rosas de cierto jardín; y ella, la enamorada, tenía —yo lo notaba— convulsiones súbitas en que estiraba sus labios rosados y frescos como pétalos de centifolia. ¿Cómo ambos se sentían? Con ser quien soy, no lo sé.

"Había acabado yo mi trabajo: un gran montón de diamantes hechos en un día; la tierra abría sus grietas de granito como labios con sed, esperando el brillante despedazamiento del rico cristal. Al fin de la faena, cansado, di un martillazo que rompió una roca y me dormí.

"Desperté al rato, al oír algo como gemido.

"De su lecho, de su mansión más luminosa y rica que la de todas las reinas del Oriente, había volado fugitiva, desesperada, la amada mía, la mujer robada. ¡Ay! Y queriendo huir por el agujero abierto por mi maza de granito, desnuda y bella, destrozó su cuerpo blanco y suave como de azahar y mármol y rosa, en los filos de los diamantes rotos. Heridos sus costados, chorreaba la sangre; los quejidos eran conmovedores hasta las lágrimas. ¡Oh dolor!

"Yo desperté, la tomé en mis brazos, la di mis besos más ardientes; mas la sangre corría inundando el recinto, y la gran masa diamantina se teñía de grana.

"Me parecía que sentía, al darle un beso, un perfume salido de aquella boca encendida: el alma; el cuerpo quedó inerte.

"Cuando el gran patriarca nuestro, el centenario semidiós de las entrañas terrestres, pasó por allí, encontró aquella muchedumbre de diamantes rojos..."

Pausa.

—¿Habéis comprendido?

Los gnomos, muy graves, se levantaron.

Examinaron más de cerca la piedra falsa, hechura del sabio.

—¡Mirad, no tiene facetas!

—Brilla pálidamente.

—¡Impostura!

—¡Es redonda como la coraza de un escarabajo!

Y en ronda, uno por aquí, otro por allá, fueron a arrancar de los muros pedazos de arabesco, rubíes grandes como una naranja, rojos y chispeantes como un diamante hecho sangre; y decían:

—He aquí lo nuestro, ¡oh madre Tierra!

Aquello era una orgía de brillo y de color.

Y lanzaban al aire gigantescas piedras luminosas y reían.

184

De pronto, con toda la dignidad de un gnomo:
—¡Y bien! El desprecio.

Se comprendieron todos. Tomaron el rubí falso, lo despedazaron y arrojaron los fragmentos —con desdén terrible— a un hoyo que abajo daba a una antiquísima selva carbonizada.

Después, sobre sus rubíes, sobre sus ópalos, entre aquellas paredes resplandecientes, empezaron a bailar asidos de las manos una farandola loca y sonora.

Y celebraron con risas el verse grandes en la sombra.

Ya Puck volaba afuera, en el abejeo del alba recién nacida, camino de una pradera en flor. Y murmuraba —¡siempre con su sonrisa sonrosada!—:
—Tierra... Mujer...

"Porque tú, ¡oh madre Tierra!, eres grande, fecunda, de seno inextinguible y sacro; y de tu vientre moreno brota la savia de los troncos robustos, y el oro y el agua diamantina, y la casta flor de lis. ¡Lo puro, lo fuerte, lo infalsificable! ¡Y tú, Mujer, eres espíritu y carne, toda amor!"

COMENTARIO

Si Gutiérrez Nájera reviste de fantasía las escenas humanas, Rubén Darío da un paso más: se adentra en el mismo mundo de la fantasía. Inventa una situación fantástica con ambiente y personajes fantásticos y la trata como si fuera una situación humana. En efecto, el químico Frémy, la mujer robada y su novio parecen más fantásticos que los propios gnomos. Como seres humanos, éstos hablan, gritan, ríen y exageran su propia importancia sentados a la turca, tirándose de los bigotes y bailando engrandecidos en la sombra. En cambio, la mezcla química se describe con "palabras en verdad que parecen lengua diabólica".

Darío, más que ninguno, fue el gran artífice del modernismo. Su gran variedad de recursos estilísticos enriqueció el idioma y preparó el terreno para el florecimiento de la literatura hispanoamericana en el siglo XX. Señalemos en "El rubí" unos cuantos de los rasgos rubendarianos.[1]

La estructura de los cuentos de Darío revela un dominio total del género. En "El rubí", la joya, alrededor de la cual gira todo el cuento, no es más que un pretexto para la expresión de dos ideas del autor: la vanidad de los hombres frente al poder misterioso de la naturaleza y el elogio de la mujer sensual. La división del cuento en seis escenas le da un gran movimiento dramático: la denuncia del rubí falso; la descripción de la gruta; la historia de cómo Puck consiguió el rubí falso; el mito del rubí; la destrucción del rubí falso; y el resumen de Puck. El dinamismo del cuento también proviene de las frases cortas y abruptas con que empiezan, terminan o se interrumpen algunas de las escenas: "Risa. Luego se detuvo"; "Oíd. Puck sonreía, curioso"; "Pausa. —¿Habéis comprendido?"; "—¿Ninfas? —No, mujeres". Entre las seis escenas, hay una gran unidad lograda con el tema constante del rubí; con la presencia de Puck y su sonrisa; con las exclamaciones retóricas; y con el paralelismo entre el robo del rubí falso por Puck y el rapto de la mujer por el gnomo.

El talento de Darío se revela tanto en la estructura del cuento como en su prosa poética. La rima asonante en series de palabras produce un gran efecto musical: "topacios dorados"; "una farándola, loca y sonora". La aliteración aumenta la musicalidad, pero también demuestra el espíritu juguetón del autor, que concuerda con el papel de Puck: "grano de granada"; "grietas de granito"; "siempre con su sonrisa sonrosada". La repetición de palabras y de frases da más fluidez a la prosa: "¡Conque es cierto! ¡Conque ese sabio…"! "¡Oh, Tierra!

[1] Para un análisis más extenso de los cuentos de Darío, consúltese el estudio excelente de Raimundo Lida en los *Cuentos completos de Rubén Darío*, México, F.C.E., 1950.

186

¡Oh, Mujer!"; "una claridad extraña y blanca. Era la claridad de los carbunclos". El empleo de palabras y frases paralelas es un viejo recurso por medio del cual Darío luce su vocabulario muy rico: "de sus retortas, de sus matraces"; "agitado, conmovido"; "un bullicio, un tropel, una algazara"; "incrustados, hundidos, apiñados"; "que he cincelado..., que he amasado..., que he dado". La adjetivación es abundante y desempeña por lo menos dos funciones: descriptiva, musical y a veces alusiva: "bromas cristalinas"; "su mansión más luminosa y rica"; "encina añeja". Para embellecer sus descripciones, Darío prefiere los símiles a las metáforas. De éstas, la única digna de notar es "la mujer..., rosa de carne". En cambio, abundan los símiles: "caprichosos dibujos como los arabescos de una mezquita"; "diamantes, blancos y limpios como gotas de agua"; "muros, cubiertos de piedras preciosas, como un lienzo lleno de miel donde se arrojasen granos de arroz".

La sola presencia de todos estos elementos poéticos en un cuento no bastaría para explicar el arte de un gran escritor. Lo que distingue a Rubén Darío de los que lo imitaron con menos éxito es que supo entretejer estos elementos y adaptarlos con sutileza al tema de cada cuento. Su obra representa el apogeo de la fase parnasiana del modernismo.

RAFAEL ARÉVALO MARTÍNEZ
[1884]

Guatemalteco. Poeta, cuentista y novelista. Cono-ció a Darío en Guatemala y su primer libro de ver-sos, Maya, data de 1911. Sigue publicando libros cincuenta años después, El embajador de Torlania (Dic. 1960). *Conocido principalmente por sus poe-sías y por sus cuentos psicozoológicos, "El hombre que parecía un caballo", "El trovador colombiano", "El señor Monitot", etc., Arévalo Martínez también es autor de una novela antiimperialista,* La oficina de paz de Orolandia (1925); *de dos novelas utópicas,* El mundo de los maharachías (1938) *y* Viaje a Ipan-da (1939); *de una biografía penetrante del dictador Manuel Estrada Cabrera,* Ecce Pericles (1945) *y de una obra filosófica* Concepción del Cosmos (1954). *Fue director de la Biblioteca Nacional desde 1926 hasta la Revolución de 1944 cuando se le nombró embajador en Washington. Vive actualmente en Guatemala.*

LA SIGNATURA DE LA ESFINGE

I

Apenas concluí mis abluciones matinales, escribí a Elena la carta que llevó un propio. Me estremecía de comprensión y de deseo de comunicarme con la extraña y bella mujer, al escribirla. La carta decía:

Mi temerosa amiga: Ya sé cuál es su signatura, definitivamente. Ya conozco la clave de su trágica vida, que lo explica todo. Su hieroglífico es el de *leona*. Corro a visitarla en cuanto pueda. J. M. CENDAL.

Breves instantes después estaba con Elena. Encontré a mi amiga en su lecho, con su hermoso cuerpo de leona cubierto por una bata; y su leonina cabeza, de refulgente cabellera enmarañada, abatida contra las sábanas. Sus magníficos ojos fosforescían en la penumbra de la alcoba. Aparecía llorosa y enferma. Le expliqué mi carta.

—Dulce amiga —dije—, me preparaba a buscar en el agua fría alivio para mi cansancio cuando tuve la clara visión de su signatura, que explica su vida. Me turbé tanto que no podría decirle lo que hice inmediatamente después.

—Ante todo: ¿qué es una signatura?

—Se llama signatura a la primera división en cuatro grandes grupos de la raza humana. El tipo de la primera signatura es el buey: las gentes instintivas y en las que predomina el aspecto pasivo de la naturaleza; el tipo de la segunda signatura es el león: las gentes violentas, de presa, en las que predomina la pasión; el tipo de la tercera es el águila: las gentes intelectuales, artistas, en las que predomina la mente; el cuarto y último es el hombre: las gentes superiores, en las que predomina la voluntad. Usted es un puro y hermoso tipo de leona. No le doy más detalles porque sería largo de expresarse.

—Acepto.

Y vi los hermosos ojos de mi amiga brillar de comprensión y de majestad.

—Y ahora, ¿quiere que estudiemos cómo llegué a esta maravillosa visión? Se puede dividir en cinco

partes el camino del conocimiento. Primera parte:
la que empieza con la intuición inicial de cuando
me di clara cuenta, en el Teatro Palace, y viendo
ambos correr una cinta, de su fuerte naturaleza
magnética, que al aproximarme a usted me llenaba
de vitalidad y de energía. Segunda: cuando, jugando
ajedrez, usted me tomó una pieza con movimiento
tan rápido, tan felino, que parecía el acto de una
fiera al caer sobre su presa. Tercera: cuando la
concebí como una esfinge. Cuarta: cuando me enseñó su cuadro de "El león". Quinta y definitiva:
—la luz deslumbradora— cuando llorosa y desencajada por el dolor, echada sobre la alfombra de su
cuarto, tuve la clara visión de su trágica naturaleza
de leona. Hay más invisibles jalones en este encantado sendero de sombras, en busca de lo desconocí-
cido, algunos que ya señalé, y otros que irán apareciendo poco a poco; pero no tienen la misma
importancia que los enumerados.

Y para manifestárselos ahora a usted, prescindiré
del orden cronológico, y pasaré, por de pronto, al
de su importancia, en el que sólo quedan dos:
cuando usted se me apareció como una esfinge;
y cuando, toda llorosa y desencajada por el dolor,
apareció clara su verdadera naturaleza de leona.

Si usted hubiera seguido subordinada a su esposo; si no hubiera obtenido, con el divorcio, la libertad de acción, probablemente yo nunca habría
podido llegar al conocimiento de su naturaleza leonina; pero, emancipada, *usted pudo reconstruir su
cueva florestal*. Pudo arrendar una hermosa casa,
y alhajarla. Usted misma me afirmó que prefería
comer poco y restar algo a necesidades apremiantes
con tal de tener una cómoda vivienda, que diera
el apropiado marco a su espíritu. Naturalmente,
de la casa elegida formaba parte una amplia sala.
Adosada a una de las paredes, y en su medio, usted

construyó una extensa especie de canapé, tan bajo que apenas se alzaba diez centímetros del suelo, y lo cubrió de lujosas telas y de almohadas y cojines singularmente bellos y suaves. Almohadones que eran una verdadera obra de arte, de extraños y turbadores matices. Sobre esta alfombra, usted tomó luego el hábito de echarse, para leer y para descansar. Este amplio lecho, que supone obtener, fue obra instintiva de su subconsciente. Usted buscaba poder adoptar su posición habitual de descanso, la única en que puede descansar: *el lecho de la gruta en que reposa la leona.*

Usted se acordará, sin embargo, de que no fue en este bajo lecho donde yo tuve la primera y vaga noción de su signatura, sino en un suntuoso sofá, mucho más alto. Me encontraba descansado en él, y cuando usted se preparaba a leer una obra célebre, a la que no puedo dar nombre, con su magnífica y cálida voz, que amo tanto, yo le supliqué que tomara asiento a mi lado, para entrar en el radio que abarcaba su aura y poder recibir su tibia onda de vida animal; pero usted se negó y *se echó a mis pies en la alfombra.* Así leyó. Y entonces yo tuve la conturbadora visión de que usted era una esfinge, visión que me llenó de inquietud y me desorientó, porque no existe propiamente *signatura de esfinge.* Es un símbolo demasiado alto para el hombre.

—¿Y entonces?

—Es que lo que yo vi entonces claramente fue su cuerpo, definidamente animal, echado en el suelo; *su cuerpo de gran digitígrado; su hermoso y robusto cuerpo de fiera;* y era tan clara para mí aquella forma bestial, que la acepté sin vacilar; y dije: "poderoso y bello cuerpo animal"; pero sobre él —usted estaba echada— emergía —*hacía usted emerger*— una hermosa cabeza femenina, clásica, que parecía una bella medalla griega o romana —usted es muy bella y tiene un bellísimo rostro femenil—. La gran nariz griega, tan recta y noble; la ancha frente; el mentón puro; todo aquel bello rostro de mujer se alzaba sobre la poderosa forma de bruto tendida a mis pies. La conturbadora percepción no pudo ser evadida; y la dije: "Usted me desconcierta y me inquieta, *porque se parece demasiado a la esfinge*." ¿Comprende usted el proceso? Un rostro de mujer, amplio y definido, sobre un poderoso cuerpo de león, echado. ¿Qué otra cosa es la esfinge? Recuerde: la esfinge tiene rostro y pechos de mujer, y cuerpo y patas de león. Y aquí tengo que contarle, por vía de digresión, algo extraño también: *No se por qué, pero tengo en la mente fijo, con gran frecuencia, el rostro femenino de la esfinge.* ¿Entiende usted? Y esta visión frecuente me hizo posible identificarla a usted con rapidez. Yo veía el cuerpo del león y la cabeza de la mujer y balbuceé: "esfinge". Sólo que si mi percepción del rostro de la mujer fue clara, la del cuerpo del león no se precisó lo bastante como para permitirme afirmar: cuerpo de león. No obstante, la sensación indefinida bastó a mi pobre espíritu de dios encadenado para murmurar: esfinge.

Después pasaron días. Yo seguía en aquella misteriosa, aquella aterradora esclavitud de usted. Yo la buscaba como la aguja imantada busca el norte —no se ría: esto no es, *aquí*, un lugar común—; yo me volvía hacia usted como el heliotropo se vuelve hacia la luz. Yo la hubiera buscado aunque ir hacia usted fuera ir al encuentro de una inenarrable tortura. Usted era para mí algo más precioso que la misma vida; mi amor más grande; sangre de mi sangre; médula de mis huesos. Yo la buscaba, digo, todas las noches hasta que un día me encontré tan cansado de usted, tan fatigado de usted, que decidí no ir a buscarla. Sabía que verla era exponerme a morir de cansancio. El espíritu cansa, el *deus* fatiga. "Siento la fatiga del *deus* que me hostiga" —dijo el poeta. Entonces compuse aquellos cruentos versos que más tarde le leeré de nuevo y que empiezan: "La padecí como una calentura / como se padece una obsesión. / Si prosigo sufriendo su presencia / hubiera muerto yo." ¿Se acuerda? Estaba muy cansado, repito, aquella noche, y decidí descansar de usted y no venir a verla; pero en el lecho me seguía fatigando mi pensamiento; y necesité huir también de mí mismo. ¿Cómo? ¿Dormir? No podía. "Cuando está uno tan cansado, que ya no puede descansar"... ¿Buscar los paraísos artificiales? Arrojé al mar la llave que abre su puerta. ¿Qué hacer? Pensé que un buen libro es también un estupefaciente: un nepente, como diría Rubén; y recordé que usted me había repetidas veces ofrecido y entregado "Ella", de Rider Haggard; y que yo siempre lo dejé olvidado en su sala, porque usted me llenaba de tal modo que no tenía tiempo para leer. Entonces decidí pasar sólo por un momento a su casa con dos objetos: el referido de pedirle "Ella", de Rider Haggard; y el de avisarle que aquella noche faltaría a la cita.

Pero no contaba con el huésped desconocido y misterioso, con el demonio interior que a veces me posee. Apenas entré a su vivienda y la hablé, fui de nuevo víctima de mi embrujo, de su sortílega presencia, y ya no pude salir. Usted me fascina. Como de costumbre, sus sencillas palabras: —"No se vaya"; me encadenaron a usted.

Estaba tan cansado, que me eché en el lecho, a su lado; en el lecho donde usted lloraba, presa de un gran dolor, convulsionando su magnífico cuerpo de leona, mientras un trágico signo maculaba su rostro. ¿Se acuerda? Y entonces, al fin —porque el débil espíritu del hombre da traspiés—, *la vi como una hermosa leona echada*. Si a pesar de mi cansancio de muerte no llego aquella noche a su casa, —conducido por el espíritu que me llevaba de la mano—, tal vez nunca habría sabido su terrible hieroglífico. Pero el caso es que llegué. Y la vi. El dolor desencajaba su rostro. La fuerte mano del dolor había borrado el frágil sello de la mujer, y sólo quedaba la cabeza de la leona en el rostro antes humano. Le repito que era obra del dolor. Vi claramente el belfo leonino. Había sangre de innumerables víctimas en sus fauces entreabiertas. Y comprendí que usted no era —nunca pudo ser— *la esfinge, sino la leona*.

—¿Hay sangre, pues, en mi boca?

—Sí: hay sangre. Usted acaso no sabe las *correspondencias*: lo que en el plano de la tierra son víctimas sangrientas, en el plano del espíritu son víctimas espirituales.

Yo le dije siempre: usted tiene un trágico signo.

II

Y de nuevo afirmo que si no llego aquella noche a su casa el extraño suceso del aparecimiento de la fiera no se verifica, porque en todo hombre hay una capa que encubre su hieroglífico, una tela que viste al animal, y cuesta al espectador atravesarla con los ojos del alma y ver a la bestia encubierta; pero el dolor la atenaceaba aquella noche entre las sombras equívocas; el dolor había puesto un cerco alrededor de sus ojos; el dolor acentuaba la cuadratura de su mentón; el dolor hinchaba todo su rostro. ¡Oh qué hábil modelador es el dolor! La pena actuaba en el astral y hacía surgir su cuerpo de pasión: su *kamarupa*. Modelaba la dúctil materia y me entregaba su forma viva y radiante. Y vi así a la leona, a la hermosa leona que hay en usted. De momento, todavía vacilé. Era demasiado inquietante aquella visión de su signatura, explicaba demasiadas cosas, para que mi espíritu desconfiado aceptara su precioso hallazgo. Temblé como el buscador de tesoros subterráneos que al fin ve aparecer, de entre las capas de la tierra removida, una argolla; y presiente una caja; o ve la caja misma, y muere de expectación y de deseo. ¿Qué contendrá la caja misteriosa? ¿Será oro o un cadáver? ¿Iba yo a encontrar el oro del conocimiento o el cadáver del error? Y me fui desconcertado y trémulo de esperanza. Sólo que antes, ¿se acuerda?, me atreví, *porque me laceraba su pena y deseaba consolarla* —deseo ineficaz porque el suyo era el dolor de una leona— a coger su mano derecha. Yo, tan respetuoso siempre, digo, me atreví a tomar su mano, a retirarla un poco de su cuerpo y dejarla descansar suavemente sobre la sedosa alfombra, con la palma vuelta hacia abajo; después la acaricié dulcemente. Y entonces saltó un nuevo detalle, como salta una liebre ante el cazador. —¡Oh raro ojeo de sombras, a una luz lunar! ¡Oh extraño cazador, en la noche, de lo desconocido! —Y fue aquella pura, aquella lindísima mano de mujer, que descansaba sobre la alfombra, y que era una admirable y terrible garra leonina, a pesar de su belleza. Dos veces usted la retiró, encogiéndola; y se la metió en el pecho como hacen los gatos con sus suaves manos de felpa; o los leones —y en general todo el género felis— cuando van a dormir. Yo necesito que usted vea a una gata descansar. Observará cómo esconde su mano entre el pecho y cómo, contenta con esconderla, la dobla graciosamente sobre la articulación del brazo antes de pegarla a su seno. Miraba con tal fijeza estos movimientos felinos que usted se vio obligada a decirme:

—Yo descanso siempre así; por eso todas las noches se me duermen los brazos, hasta el punto de producirme verdadera tortura.

Encubiertas por la suave seda de las extremidades de sus dedos, yo sin querer buscaba las uñas retráctiles.

Y alrededor de aquella muy amada y blanca mano de mujer, que era una garra de fiera, reposaban, como ella, en el suelo, los mayávicos cuerpos de dos sensaciones mías, alucinantes: mi respeto corporal a la leona y mi incapacidad de consolar su tormentosa aflicción.

Y de este mi respeto corporal y del respeto que le tienen los hombres, no necesito darle muchas explicaciones. Una leona lo impone siempre. Yo tomé —amplifico— su mano con tanta vacilación como pudo hacerlo un domador incipiente con la de una leona en celo.

Así, vacilante, me retiré. Ya en mi casa busqué el lecho. El sueño redondeó mi conocimiento. Al día siguiente ya le dije que me levanté para tomar un baño matinal; y me preparaba a hacer correr el agua fría sobre mi cuerpo, cuando de pronto, deslumbrante, vino a mí el conocimiento, ya sin vacilaciones, de su verdadero hieroglífico. El conocimiento que explicaba su vida: el de su signo de leona.

Y ahora voy a procurar explicarle, siquiera a grandes rasgos, alguno de los torturantes enigmas que la llenan de sombra. Vayamos en orden.

¿Se acuerda, Elena, de su mayor dolor? ¿Del que sintió repetidas veces, cuando los hombres se quejaron de que era poco femenina? ¿Recuerda la dura, injusta acusación de aquella amiga que la llamó con un infamante nombre? Recuerda las muchas veces en que esta duda de su feminidad la atormentó y la hizo sangrar? Hoy me lo explico y puedo

196

explicárselo a usted. Ante todo, tengo que decirle que no conozco más pura ni más bella alma de mujer que la suya: usted es un tesoro de feminidad; usted es rica en feminidad; usted es una hembra, magnífica y radiosa; pero no olvide que es la hembra del león, la leona, y que las especies inferiores sienten miedo de usted. Miedo pánico. Usted es la hembra, repito, pero la hembra del león. *Lo que ellos llamaban masculinidad no era sino fuerza*. Usted no puede ser verdaderamente hembra más que para otro león. Para los demás será la Dominadora, la Señora, la Reina. No puede tener amantes sino siervos o domadores. Necesita un león para que aparezca toda su asombrosa feminidad; pero los leones no abundan. De aquí su continuo tormento.

¡Y ya ve qué luz viva de antorcha que ilumina de arriba abajo la tragedia de su vida! Ahora comprenderá su fracaso matrimonial. Usted casó con un fuerte digitígrado, un cuadrúpedo del género felis también. No podría determinar a qué especie pertenece; pero indudablemente es otro felino. Un felino temible, de afiladas uñas, noble y fuerte dentro de los de su clase, felino, como usted; pero menos poderoso que una leona. ¿Cómo pudo cometer este error, mi hermosa leona? ¿La sedujo el célebre y bello actor de cine, en escena? ¿Fue víctima del hechizo de la pantalla, de esa arte mágica, recién nacida, que resume y pone a contribución a todas las bellas artes, sus hermanas? ¡No se dio cuenta de que iba al desastre! ¡No ve como se odiarán eternamente esas especies antagónicas del felis leo y de los demás félidos, porque expresan dos principios distintos y opuestos! Su marido continuamente sentía la tarascada espiritual, la terrible manotada del león; y acabó por alejarse de usted, sin duda siempre amándola y admirándola al mismo tiempo, pues ya le dije que es un fino y generoso espíritu.

No afronta impunemente a una leoná ni a otro gran felino. Su alma de usted pesa mucho, es leonina. En cuanto a aquel otro gran dolor de su vida, el de su amiga de la infancia, Romelia, la que la fustigó con un doloroso vocablo, la que la traicionó después de muchos años de recibir sus beneficios, también tiene fácil explicación. Romelia es una gatita. ¡Amistar con una leona un pequeño gato! ¡Qué tragedia! Usted puede decir la terrible frase: —*Yo soy león: los otros son gatos.* Romelia a cada momento se sentía indefensa ante usted. Por último, naturalmente, surgió la terrible acusación de masculinidad. Aquella gatita creyó masculinidad lo que era fuerza; falta de feminidad lo que era poder; crueldad lo que era potencia. Siempre había sentido celos de usted, y acabó por envidiarla; por odiarla. Entonces, a pesar de su pequeñez, felinamente, le infirió aquella terrible herida, tan comprensible, que casi llegó a tocar su corazón y que alcanzó muy hondo; la que después con sus uñecillas aceradas agrandaron otras bestezuelas menores e innobles, las mustélidas voraces; con sus uñecillas y con sus caninos; la herida en la que más tarde debía dejar una serpiente el veneno mortífero de sus colmillos; esa herida de la que yo la estoy curando: la acusación de masculinidad. Usted me contó que un día Romelia, celosa del amor de alguien que las requebraba a las dos, se atrevió a amenazarla con un látigo. Usted me refirió también la terrible reacción anímica que sintió al verse ofendida; y al hablar le vi tal majestad, tal realeza herida, que comprendí todo lo que siguió después: que la amiga —en otra rápida reacción de su cariño de siempre contra su violencia de un momento— cayera a sus plantas, pidiéndole perdón, arrepentida, pesarosa y temerosa; y que besara con desesperación las fimbrias de su vestido. Aquel día estuvo su amistad al borde del abismo. Suplicó ella tanto, sinceramente arrepentida de su breve ceguedad, que la leona joven, magnánima, generosa, la perdonó; pero en parte perdonó porque desconocía su verdadera naturaleza de leona; porque la sociedad la encadenaba con sus mil prejuicios.

Y ahora, descontadas estas dos terribles tragedias de su vida, las tragedias de la primera amistad y del primer amor frustrados, pasemos a su continuidad, a la tragedia menor y diaria que la atormenta; pasemos a esa otra queja que me ha expresado tantas veces de que también posteriores amistades no duran mucho tiempo. Yo fascino, me dijo usted; fascino hasta un grado difícil de expresar; ofusco, conturbo, domino, veo a mis amigos a mis plantas, correr como siervos para satisfacer el menor de mis caprichos. Me adoran, se arrastran ante mí por complacerme; pero aquella fascinación dura muy poco; los pierdo luego. Ahora comprende, ¿no es cierto? Es la manotada de la leona *que daña cuando quiere acariciar* a seres distintos de su especie.

III

Y después de esta explicación, ¿quiere que yo, el intuitivo, siga explicando su terrible signatura? ¿Qué quiere que le aclare? ¿Lo de su admirable cuadro de "El león que está pronto a devorar a su domador"? ¿Lo de los pretendientes que quisieron besarla? ¿Lo de su enorme magnetismo?

—Para ir por orden, permita que recuerde que usted me habló primeramente de cinco jalones en el camino del conocimiento; y que después pasó a explicarme únicamente el tercero y el quinto, los más importantes. El primero, el de ese magnetismo que dizque poseo; el segundo, del ajedrez; y el cuarto, el del cuadro de "El León", no han sido aún descritos.

—Es cierto; y esa precisión no es sino un signo de su clara, fuerte y amplia inteligencia de leona. Lo del hechizo en el Teatro Palace me quitará poco tiempo, porque después tendré que tratar de él más largamente. Quiero decirle ahora nada más que yo acudí con usted a sentarnos a dos de las lunetas del Palace, completamente libre de su magnética acción. Yo acompañaba a doña Nadie. Para mí entonces usted no era más que una antigua amiga, no muy íntima, a la que quería algo y apreciaba poco. Pero esa noche, al estar a su lado, empezó a ejercer en mí su terrible acción. Sentí, a su contacto, que se encendían los fuegos de la vida, semiapagados por una doble enfermedad del cuerpo y del espíritu que con frecuencia ataca a los seres intuitivos, víctimas de las fuerzas que osan, imprudentes, desatar y afrontar. De pronto me sorprendí riendo; disfruté de una gran agilidad de espíritu a la que no estaba acostumbrado, que me remozaba, que me quitaba veinte años. Mis pensamientos adquirieron agudeza y claridad. Una gran serenidad tranquilizaba mi temeroso cuerpo pasional. Estoy bastante avanzado en el camino del conocimiento para no saber que aquel acrecentamiento de vida se lo debía a usted: a su personalidad próxima y radiosa. Entonces comprendí que usted era una inagotable fuente de energía; un espíritu noble y fuerte; y empecé a apreciarla: es decir, a amarla.

—¿Y lo del ajedrez?

—Es muy fácil de contar. Jugábamos ajedrez aquella tarde. Es un fino tablero el que usted posee, lleno de figulinas blancas y violetas, que son un primor. De pronto su larga y delgada mano blanca se abatió con tal rapidez sobre mi reina, para tomármela, que yo vi en el movimiento su segura explicación: la bestia de presa: bestia de presa en los aires, en la tierra o en el mar. Águila, carnicero

200

o escualo. Me conturbé: miré con sincero temor a la bella dama que tenía delante. *Sólo los grandes carniceros se mueven así*. Aunque de momento no quise aceptar la cruel verdad, sí ya me sentí presa de extraño miedo. Todo mi inconsciente me decía que *aquello* era verdad: que ante usted estaba ante una poderosa fuerza de destrucción.

Juega usted bien el ajedrez, Elena; y también me depara incomparables delicias ante las piezas de marfil. ¡Son tan finas sus manos, tan blancas y tan bien proporcionadas! Sus magníficas manos de trágica actuación. Da usted así, oh gran batalladora, salida a su violencia necesaria, en este juego tan parecido a la lucha.

—Ahora explíqueme lo del cuadro de "El León".

—Seré breve porque tengo que explicarle un mundo en pocas palabras. Usted es una admirable pintora. Ese cuadro fue para mí una verdadera revelación. En él aparece un león apresado que un día, despreciando el castigo del látigo y del hierro candente, encendido y *porque la mirada fija ha perdido hace tiempo todo valor*, se vuelve contra su domador, le hace frente y lo acobarda hasta hacerlo salir huyendo, dejando en su temerosa huida abierta la puerta, por la que también saldrá su prisionero, a recobrar su libertad nativa.

—...

—¿Qué más puedo decirle de este trabajo? ¿Qué es un terrible símbolo en que el león, no sólo se vuelve contra su domador, sino también contra la sociedad? Son barrotes de prejuicios, látigo, de ignorancia, hierro candente de superstición los que la tenían prisionera.

—Sí. Es cierto. No es necesario nada más.

—Y ya que llegamos a hablar de sus cuadros, permítame una digresión, aunque por un momento nos separemos del camino que estamos recorriendo juntos. Déjeme que le hable de algo que tiene muy poca relación con su signatura; pero que me conmueve mucho. Déjeme que le hable de ese otro admirable cuadro suyo de "La Malla".

—¿La Malla?

—En toda mujer hay una maga. En la más simple mujer del carbonero hay una maga. La mujer guarda el sagrado tesoro de la especie y posee artes mágicos para encadenar al hombre. El hilo de que forma su malla es el hábito. Toda mujer estudia al hombre, inconscientemente, sin darse cuenta, y la naturaleza la ha dotado del poder de conocerlo intuitivamente. Toda mujer conoce las mismas signaturas que el iniciado, con más finura que éste; conoce el tipo del instintivo, del que hay que complacer la pereza y la glotonería; conoce el tipo del anímico, de la fiera humana, a la que sólo se adormece y domina arrojándole la vianda de adulación a su vanidad o de un obstáculo por vencer; es decir, dando de comer a la fiera; conoce al mental, del que hay que aprender las pequeñas manías, para satisfacerlas, y del que hay que suplir la pereza física, moviéndose por él. En cuanto al hombre de voluntad, que es la cuarta signatura, la mujer tiene menos armas contra él; pero las tiene siempre.

En toda mujer hay una engañadora perpetua. Nació para engañar. Es parte de su oficio. Engaña naturalmente, como las bestias respiran. El hombre piensa; la mujer seduce. Seduce al hortera que le ofrece una mercancía barata; seduce al abogado que no le cobra honorarios; sonríe y seduce al compañero de viaje que le cede el asiento; su sonrisa es su pequeña moneda fraccionaria de seducción, y el día en que deje de seducir, ese día está condenada a perecer y a hacer morir al hombre. La mujer se ñe como las hojas de los árboles se tiñen de clorofila, y el papel secante embebe la tinta; como el animal respira. Su naturaleza es seducción.

Así toda mujer teje una malla alrededor del amante, así lo encadena con los múltiples hilos del hábito. Éste queda y conserva al hombre amado cuando ya su pasión ha desaparecido. Usted, con sagacidad verdaderamente femenina, haciendo uso de su innato conocimiento de magia y ayudada de intuición de artista, pintó ese admirable cuadro de la malla tejida al hombre amado; tejida con dolor; malla cuyos hilos tiñó la sangre de su corazón; malla llamada a suavizarle la vida, a envolverlo suavemente, dulcemente, y a retenerlo; malla que extenuaba y mataba a la divina tejedora. ¿Cómo usted pudo expresar cosas tan profundas en una obra plástica? Es uno de los secretos de su divino arte, que la ha hecho famosa.

Elena, al llegar aquí, bajó la cabeza dolorida.

De pronto la levantó y gritó con voz extrañamente ronca, llena de desesperanza.

—Ya rompí los hilos de esa malla. Cuando los destrozaba, sentía que era mi propio corazón el que rompía.

—...

—Y no contenta con eso, ¿sabe?... rompí la única rueca que tiene la mujer para tejer su tela.

—Tenga miedo de decir semejantes palabras, porque esta simbólica rotura de la rueca es una renuncia a su feminidad y al amor. Y si de veras la rompió, hay que hacerse de otra rueca, de cualquier manera, aunque sea al precio de la vida.

IV

Veamos ahora lo de los pretendientes.

—Usted me habló de aquel protector que tiene una alta posición en la banca y el consiguiente poder social. Realizó prodigios por usted. Un día, en su casa, quiso besarla. Usted lo contuvo con una mirada. ¡Pobre diablo! Cómo debe haber corrido, con la cola entre las piernas, cuando vio aparecer a la leona.

—¿Qué signatura es la suya?

—Aunque lo conozco de vista, no veo su signatura en este momento; necesitaría estudiarlo; pero sí puedo decirle que es un mal sujeto; una fiera carnicera, leopardo u otra cosa por el estilo. En cuanto a aquel que un día quiso apoyar la cabeza en el seno de usted, ése es un oso gris. Peligrosa bestia. Yo desconfío de él. En cualquier momento puede aparecer la fiera. ¿Se acuerda? También fue un amigo suyo, que la llenó de dádivas. ¡Otro pobre diablo que desconoció su verdadera naturaleza de leona! ¿Qué otra cosa quiere que le diga?

—Ya no necesito preguntarle nada más. He entendido.

—Entonces, déjeme que le hable de otro extraño episodio en nuestras extrañas relaciones. Es algo más extenso que los anteriores; y ¡ay!, para mí tan precioso...

¿Ha olvidado acaso que en una ocasión, cuando principiaba nuestra amistad, al pasar por una arteria ciudadana, la vi de pronto? Usted también me vio. Detuvo su coche, y me invitó a sentarme en él y a acompañarla en una gira a Amatitlán. ¿Por qué acepté? No puedo decirlo. Soy hombre de costumbres modestas y llenas de orden: vivir en una casa de huéspedes, decente pero semifamiliar, alejada del ruido y propicia a mis estudios y a mi obra de arte; comer poco y a sus horas; beber raras veces, raras veces ir a los salones; pocos amigos, una sola amiga; escaso contacto social... ¿Por qué acepté? Acaso el artista que hay en mí siempre en todo ꞏista hay algo de bohemio libérrimo e imprevisto

—no ofreció mucha resistencia a aquella su rara invitación de ir así, una o dos semanas, de temporada a Amatitlán, sin avisar a la patrona, sin atender a otras obligaciones sociales. En cuanto a mi trabajo de artista, de éste no hablo porque me dejaba libre. Pero el profesor universitario debió protestar. Dije únicamente:

—¿Pero cómo quiere, señora, que me vaya así, con lo puesto, sin ropa, sin cepillo de dientes?

Usted sólo contestó.

—Vámonos. Todo eso se compra en Amatitlán.

—¿Trajes también?

—Si vamos a estar varios días, enviamos por ellos a la capital.

Y nos fuimos. Usted vestía con rara elegancia, un precioso traje sastre. Conducía muy bien; pero era muy atrevida. Llevaba su coche a velocidades peligrosas. Usted y el auto parecían formar un solo animal, rápido y terrible, que espantaba a los pocos transeúntes del camino y dejó moribundo a un perro, hollado sin piedad por el temible monstruo.

Hoy, a una luz nueva, entiendo perfectamente lo sucedido. Soy hombre de voluntad disciplinada: no me gusta que me aparten del camino que sigo, ni del programa diario que me he trazado en la soledad de la alcoba, por la mañana. No quiero parecerme a las mujeres que salen con propósito de comprarse unos guantes, y regresan con mil caras chucherías... Mil, entre las que no se encuentran los guantes necesitados. Pero usted me tomó como una leona toma con la boca a un cordero, que no puede hacerle resistencia. Era más fuerte que yo...

Llegamos a la maravillosa ciudad del lago. Usted me llevó a un chalet que le habían ofrecido graciosamente, para ocuparlo durante una temporada. Allí nos esperaba su secretaria y una sirviente joven. La pequeña Alicia, única hija de su frustrado matrimonio, había quedado en un colegio, interna. Nos llevaban la comida del hotel. Y empezó entonces para mí aquella dulce atracción, en que usted ejerció sobre todas mis potencias y sentidos su misteriosa influencia. De ahí regresé dominado por un gran amor, prisionero de usted para siempre.

¡Oh temporada divina! Más tarde le hablaré del sortilegio de aquella inmensa gema azul, caída de los cielos, y que se llama el Lago de Amatitlán. De aquellas amanecidas, en que recién salidos del lecho nos encontrábamos como viviendo dentro de un zafiro inmenso, una vida de magia, tal era de transparente y de un pálido azul el cielo; y de un azul reflejado el ambiente; y de un azul intenso el lago. La materia aparecía traslúcida y adquiría una tonalidad azul; y suaves montañas de curvas femeninas cerraban el paisaje, como un coro de doncellas que abarcaran con sus manos unidas el horizonte. El chalet estaba en una posición descollante; una escalera descendía, suavemente, hasta el lago que murmuraba a nuestros pies; y a él bajaba usted a bañarse con frecuencia, en realidad, como una ondina. Pero volvamos a las mañanas. Yo salía, al despertar, apenas vestido, de mi cuarto al corredor que de al lago, como quien se asoma a una arcadia extranatural. Y el hechizo del maravilloso cuadro empezaba. Me sentaba en un banco a contemplar el brillo del agua; veía aquellas pequeñas pinceladas de las barcas de los pescadores, y me adormía en espera de su llegada. Cuando usted salía al mismo corredor, yo la llamaba a mi lado, y juntos nos perdíamos en la maravillosa perspectiva. Y era tan dulce, que yo me entregaba a la dulce ilusión de que usted era mía, y de que nadie me la podía quitar. Porque entonces, usted lo comprenderá, yo ya sentía por usted una atracción irresistible. Usted hacía presa de misterioso hechizo.

¡Oh, quién pudiera permitirme explicar lo que fue un largo paseo que dimos una mañana por el encantado camino que bordeaba el lago! De pronto usted se detuvo frente a un arbusto de largas espinas huecas, por las que entraba y salía un agitado pueblo de hormigas. Sabia botánica —sabia en plantas, como en otros muchos conocimientos humanos y divinos—, el arbusto absorbía su atención. Yo *compartí su encanto*. Los vegetales por primera vez se mostraban a mis ojos deslumbrados. Usted sonreía maternalmente y me iniciaba en su oculta ciencia. Y así me enriquecía la vida. ¿Comprende? Es la palabra. *Me enriquecía la vida*. La tónica de la vida acentuaba su embriagante ritmo.

Después seguimos la florida senda. Ya cansados buscamos un tronco de árbol propicio para descansar. Los dos sonreímos infantiles cuando usted lo encontró. Desde que se hizo el mundo parecía aguardar nuestra visita. Había sido creado exprofesamente para nosotros, con exclusión de todo otro objeto que el de darnos asiento durante una hora, desde la eternidad. Fíjese, oh Elena, que ésta es una verdadera magia y la mujer es una maga. La viste malla, la tela de la ilusión; malla, la tela de la vida.

—¡Oh, qué dulce y bello episodio acaba usted de contar! Dulce como para sorprenderme a mí que lo viví... —no: mentira— que pasé por él entonces y que lo vivo ahora... Me ha conmovido aun en esta hora de desesperanza... En esta hora de desolación.

V

Me he alargado mucho. Ya puestos a seguir el rastro del león, no acabaríamos nunca. Se multiplica por doquier. Conviene que obedezca en mi relato, para no cansarla, la técnica del arte, y que no cargue el detalle. Aun me parece haber insistido demasiado; pero es que me interesa tanto su rara signatura...

—No me ahorre nada; estoy tan interesada como usted.

—Por ejemplo, podría hablarle de su paso, largo y rápido, tan parecido al tranco; de su modo de comer y de acariciar; de sus magníficos ojos, fosforescentes en la oscuridad; de su amor por ésta, que la hace ir apagando las lámparas eléctricas, por mí encendidas instintivamente; podría hablarle de cien detalles más. Sobre todo podría hablarle de su obra de arte. Habrá usted conservado en su memoria, precisa y cruel, cómo la conocí, cuando expuso sus cuadros en una modesta sala de lejana ciudad.

No había mucha gente. El salón, aunque decoroso, era modesto. Los cuadros eran pocos. Apenas los suficientes para aparecer discretamente en una exposición. En algunas de las obras exhibidas había verdadera maestría; inconfundible maestría. El espíritu se mostraba demasiado. Sobre todo llamaba la atención en ellas la seguridad, la limpieza de ejecución, la claridad de visión; y una extraña firmeza. ¿Desde qué sitio eminente se había situado el pintor para poder obtener aquellos incomparables mirajes de las puestas de sol, de la luz de la luna, rielando sobre las aguas de los lagos, de las altas hierbas? Eran paisajes tropicales, trasladados con singular vigor y un aspecto al que no están acostumbrados los hombres. A veces el cuadro se resentía de descuido, de violencia en la ejecución, pero siempre quedaba manifiesta la garra leonina que era su marca de fábrica. Y a pesar de esta maestría, en ro contraste con ella, había en las geniales com iones algo de selvático, de primitivo. Parecía que un salvaje, un ser intuitivo, hubiese adquirido de pronto el dominio de un arte plástico y pintara sus visiones de la selva. Me impresioné sobre todo por una pequeña obra maestra que era apenas un boceto inacabado; pero como a una luz extranatural quedó preso en ella un bosque africano. El cielo, los montes y la tierra parecían arder, en una inundación de un fuego subido; era la apoteosis del rojo. Quise comprarla, y así entré en relaciones con usted...

—Amargo conocimiento...

—Deje que ahora, ya para concluir, le hable de Alicia. ¿Se acuerda de que un día, cuando ya había ganado tal intimidad, usted me hizo pasar a su comedor, a la hora de la refacción del mediodía? ¡Oh, y cómo gocé entonces de su figura señoril, tan majestuosa y soberana, bajándose a derramar tanta ternura sobre su pequeñuela! Yo no sé si era precisamente tanta majestad lo que hacía conmovedor el contraste de contemplar tanta dulzura. Era una reina que daba de comer a su hija. Me embrujó.

—Siga.

—¿Acaba de entender ahora su signatura de leona? Cuando yo sentí aquel goce singular al verla asistir, en el comedor de su casa, a la pequeña Alicia, fue, sin saberlo, porque me conmovía su majestad de leona, contrastando con lo inseguro de la niñez; con lo indefenso de la niñez. Era como la gracia llevada en brazos de la fuerza. En eso consistía aquel extraño deleite que encontraba al verla acariciar a Alicia, para el que en vano prodigaba vanos epítetos: *señoril, majestuoso*. Porque Alicia, fruto de una unión híbrida, no es un cachorro de león.

—¿Qué es?

—Sólo es una niña, deliciosamente frágil.

—...

—Mas ya es hora de que me aleje y de que la permita descansar...

Y al concluir mi historia callé.

Elena, que hasta entonces me había escuchado con atención, pero con la creciente cólera y desaliento del que ve al médico caminar hacia un diagnóstico fatal, abdicó de pronto de su majestad de diosa. Se echó sobre el lecho y se puso a sollozar angustiosamente.

—¿Entonces, mi mal no tiene remedio?...

—Un león.

—Pero: ¿es que todavía queda algún león sobre la tierra?

COMENTARIO

Modernista de la segunda generación, Rafael Arévalo Martínez (1884) comparte con los anteriores la gran sensibilidad artística, pero ya no siente la obligación de embellecer el idioma. Sus cuentos psico-zoológicos contribuyeron valiosamente al desarrollo de la prosa narrativa en Hispanoamérica. Por primera vez, se excluye casi totalmente la realidad exterior. Es la esencia básica del personaje —su realidad interior— lo que forma la médula del cuento. La trama y el suspenso desaparecen completamente y el cuento se transforma en un psicoanálisis inspirado en los escritos de Freud.

"La signatura de la esfinge" presenta el caso de la mujer masculina que se parece a una leona. Aunque el estilo casi científico del autor tiende a convertir la obra en un ensayo, se salva como cuento con la gran emoción que se siente cuando la protagonista reconoce que seguirá siendo una leona hasta encontrar un león bastante fuerte para dominarla.

La asociación de la protagonista con la leona no debe confundirse con la bestialización de los naturalistas.

210

Arévalo Martínez no rebaja a sus personajes al compararlos con animales. Al contrario, los hace sobresalir más, buscando la clave de su carácter entre el mundo zoológico. Como leona, Elena es bella y altanera; enérgica y silenciosa. El autor, que interviene directamente en el cuento como actor y ya no como simple narrador, dice al principio que llegó a la visión leonina de Elena por cinco pasos que menciona. Luego, el cuento se elabora a base de esos cinco pasos en el orden alterado de 3, 5, 1, 2, 4

Además de su carácter leonino actual, la vida de Elena también se nos revela poco a poco en un orden no cronológico. Primero sabemos que está divorciada después de un matrimonio trágico. Luego, se nos dice que el marido era un actor famoso que la dejó. Poco a poco, el pasado de Elena se va poblando de los pretendientes, de la amiga "gatita" y el profesor "cordero". Sólo hacia el final se habla de su hija Alicia. El autor narra el episodio de Amatitlán antes de contar su primer encuentro con Elena. La descripción que hace Arévalo Martínez del lago Amatitlán es uno de los pocos trozos poéticos de toda su obra en prosa.

El estilo de este cuento es rápido y lógico. Predominan los verbos para dar movimiento a un cuento exento de acción. Algunas preguntas y exclamaciones retóricas atestiguan la presencia del autor que desde luego se hace sentir más por su propio contacto personal con la leona.

Los personajes de Arévalo Martínez no participan en la vida nacional, pero viven intensamente en su mundo interior. Esa introspección constituye el rasgo más distintivo de la literatura guatemalteca. Con los cuentos psico-zoológicos, se ensancha el concepto del género y se prepara el terreno para algunos de los escritores más renombrados de hoy.

RICARDO JAIMES FREYRE
[1868-1933]

*Boliviano. Vivió muchos años en la Argentina. Su
primer libro de versos,* Castalia bárbara *(1897), se
cita al lado de* Prosas profanas *(1896) de Darío y de*
Montañas del oro *(1897) de Lugones como el apogeo del modernismo. Introdujo en la poesía el verso
libre, otras innovaciones métricas y los temas nór-
dicos. Autor de* Leyes de la versificación castellana
*(1912) y varios libros sobre la historia de Tucumán
donde enseñó literatura, historia y filosofía por unos
veinte años. Volvió a Bolivia en 1921 para asumir
el cargo de Ministro de Instrucción Pública y, un
año después, fue nombrado Ministro de Relaciones
Exteriores. Representante diplomático de Bolivia en
Chile, en los Estados Unidos y en el Brasil. Pasó sus
últimos años en la Argentina.*

JUSTICIA INDIA

Los DOS viajeros bebían el último trago de vino, de
pie al lado de la hoguera. La brisa fría de la mañana hacía temblar ligeramente las alas de sus anchos sombreros de fieltro. El fuego palidecía ya
bajo la luz indecisa y blanquecina de la aurora; se
esclarecían vagamente los extremos del ancho patio, y se trazaban sobre las sombras del fondo las
pesadas columnas de barro que sostenían el techo
de paja y cañas.

Atados a una argolla de hierro fija en una de las
columnas, dos caballos completamente enjaezados

212

esperaban, con la cabeza baja, masticando con dificultad largas briznas de hierba. Al lado del muro, un indio joven, en cuclillas, con una bolsa llena de maíz en una mano, hacía saltar hasta su boca los granos amarillentos.

Cuando los viajeros se disponían a partir, otros dos indios se presentaron en el enorme portón rústico. Levantaron una de las gruesas vigas que, incrustadas en los muros, cerraban el paso y penetraron en el vasto patio.

Su aspecto era humilde y miserable, y más miserable y humilde lo tornaban las chaquetas desgarradas, las burdas camisas abiertas, sobre el pecho, las cintas de cuero, llenas de nudos, de las sandalias.

Se aproximaron lentamente a los viajeros que saltaban ya sobre sus caballos, mientras el guía indio ajustaba a su cintura la bolsa de maíz, y anudaba fuertemente en torno de sus piernas los lazos de sus sandalias.

Los viajeros eran jóvenes aún; alto el uno, muy blanco, de mirada fría y dura; el otro, pequeño, moreno, de aspecto alegre.

—Señor... —murmuró uno de los indios. El viajero blanco se volvió a él.

—Hola, ¿qué hay, Tomás?

—Señor... déjame mi caballo...

—¡Otra vez, imbécil! ¿Quieres que viaje a pie? Te he dado en cambio el mío, ya es bastante.

—Pero tu caballo está muerto.

—Sin duda está muerto; pero es porque le he hecho correr quince horas seguidas. ¡Ha sido un gran caballo! El tuyo no vale nada. ¿Crees tú que soportará muchas horas?

—Yo vendí mis llamas para comprar ese caballo para la fiesta de San Juan... Además, señor, tú has quemado mi choza.

—Cierto, porque viniste a incomodarme con tus

lloriqueos. Yo te arrojé un tizón a la cabeza para que marcharas, y tú desviaste la cara y el tizón fue a caer en un montón de paja. No tengo la culpa. Debiste recibir con respeto mi tizón. ¿Y tú, qué quieres, Pedro? —preguntó, dirigiéndose al otro indio.

—Vengo a suplicarte, señor, que no me quites mis tierras. Son mías. Yo las he sembrado.

—Éste es asunto tuyo, Córdova —dijo el caballero, dirigiéndose a su acompañante.

—No, por cierto, éste no es asunto mío. Yo he hecho lo que me encomendaron. Tú, Pedro Quispe, no eres dueño de esas tierras. ¿Dónde están tus títulos? Es decir, ¿dónde están tus papeles?

—Yo no tengo papeles, señor. Mi padre tampoco tenía papeles, y el padre de mi padre no los conocía. Y nadie ha querido quitarnos las tierras. Tú quieres darlas a otro. Yo no te he hecho ningún mal.

—¿Tienes guardada en alguna parte una bolsa llena de monedas? Dame la bolsa y te dejo las tierras.

Pedro dirigió a Córdova una mirada de angustia.

—Yo no tengo monedas, ni podría juntar tanto dinero.

—Entonces, no hay nada más que hablar. Déjame en paz.

—Págame, pues, lo que me debes.

—¡Pero no vamos a concluir nunca! ¿Me crees bastante idiota para pagarte una oveja y algunas gallinas que me has dado? ¿Imaginaste que íbamos a morir de hambre?

El viajero blanco, que empezaba a impacientarse, exclamó:

—Si seguimos escuchando a estos dos imbéciles, nos quedamos aquí eternamente...

La cima de la montaña, en el flanco de la cual se apoyaba el amplio y rústico albergue, comenzaba a brillar herida por los primeros rayos del sol. La estrecha aridez se iluminaba lentamente y la desolada aridez del paisaje, limitado de cerca por las sierras negruzcas, se destacaba bajo el azul del cielo, cortado a trechos por las nubes plomizas que huían.

Córdova hizo una señal al guía, que se dirigió hacia el portón. Detrás de él salieron los dos caballeros.

Pedro Quispe se precipitó hacia ellos y asió las riendas de uno de los caballos. Un latigazo en el rostro lo hizo retroceder. Entonces, los dos indios salieron del patio, corriendo velozmente hacia una colina próxima, treparon por ella con la rapidez y seguridad de las vicuñas, y al llegar a la cumbre tendieron la vista en torno suyo.

Pedro Quispe aproximó a sus labios el cuerno que llevaba colgado a su espalda y arrancó de él un son grave y prolongado. Detúvose un momento y prosiguió después con notas estridentes y rápidas.

Los viajeros comenzaban a subir por el flanco de la montaña, el guía, con paso seguro y firme, marchaba indiferente, devorando sus granos de maíz. Cuando resonó la voz de la bocina, el indio se detuvo, miró azorado a los dos caballeros y emprendió rapidísima carrera por una vereda abierta en los cerros. Breves instantes después, desaparecía a lo lejos.

Córdova, dirigiéndose a su compañero, exclamó:

—Álvarez, esos bribones nos quitan nuestro guía.

Álvarez detuvo su caballo y miró con inquietud en todas direcciones.

—El guía... ¿Y para qué lo necesitamos? Temo algo peor.

La bocina seguía resonando, y en lo alto del cerro la figura de Pedro Quispe se dibujaba en el fondo azul, sobre la rojiza desnudez de las cimas.

Diríase que por las cuchillas y por las encrucijadas pasaba un conjuro; detrás de los grandes hacinamientos de pasto, entre los pajonales bravíos y las agrias malezas, bajo los anchos toldos de lona de los campamentos, en las puertas de las chozas y, en la cumbre de los montes lejanos, veíanse surgir y desaparecer rápidamente figuras humanas. Deteníanse un instante, dirigían sus miradas hacia la colina en la cual Pedro Quispe arrancaba incesantes sones a su bocina, y se arrastraban después por los cerros, trepando cautelosamente.

Álvarez y Córdova seguían ascendiendo por la mantaña; sus caballos jadeaban entre las asperezas rocallosas, por el estrechísimo sendero, y los dos caballeros, hondamente preocupados, se dejaban llevar en silencio.

De pronto, una piedra enorme, desprendida de la cima de las sierras, pasó cerca de ellos, con un largo rugido; después otra..., otra...

Álvarez lanzó su caballo a escape, obligándolo a flanquear la montaña. Córdova lo imitó inmediatamente; pero los peñascos los persiguieron. Parecía que se desmoronaba la cordillera. Los caballos, lanzados como una tempestad, saltaban sobre las rocas, apoyaban milagrosamente sus cascos en los picos salientes y vacilaban en el espacio, a enorme altura.

En breve las montañas se coronaron de indios. Los caballeros se precipitaron entonces hacia la angosta garganta que serpenteaba a sus pies, por la cual corría dulcemente un hilo de agua, delgado y cristalino.

Se poblaron las hondonadas de extrañas armonías; el son bronco y desapacible de los cuernos brotaba de todas partes, y en el extremo del desfiladero, sobre la claridad radiante que abría dos montañas, se irguió de pronto un grupo de hombres.

216

En este momento, una piedra enorme chocó contra el caballo de Álvarez; se le vio vacilar un instante y caer luego y rodar por la falda de la montaña. Córdova saltó a tierra y empezó a arrastrarse hacia el punto en que se veía el grupo polvoroso del caballo y del caballero.

Los indios comenzaron a bajar de las cimas: de las grietas y de los recodos salían uno a uno, avanzando cuidadosamente, deteniéndose a cada instante con la mirada observadora en el fondo de la quebrada. Cuando llegaron a la orilla del arroyo, divisaron a los dos viajeros. Álvarez, tendido en tierra, estaba inerte. A su lado, su compañero, de pie, con los brazos cruzados, en la desesperación de la impotencia, seguía fijamente el descenso lento y temeroso de los indios.

En una pequeña planicie ondulada, formada por las depresiones de las sierras que la limitan en sus cuatro extremos con cuatro anchas crestas, esperaban reunidos los viejos y las mujeres del resultado de la caza del hombre. Las indias, con sus cortas faldas redondas, de telas groseras, sus mantos sobre el pecho, sus monteras resplandecientes, sus trenzas ásperas que caían sobre las espaldas, sus pies desnudos, se agrupaban en un extremo silenciosas, y se veía entre sus dedos la danza vertiginosa del huso y el devanador.

Cuando llegaron los perseguidores, traían atados sobre los caballos a los viajeros. Avanzaron hasta el centro de la explanada, y allí los arrojaron en tierra, como dos fardos. Las mujeres se aproximaron entonces y los miraron con curiosidad, sin dejar de hilar, hablando en voz baja.

Los indios deliberaron un momento. Después un grupo se precipitó hacia el pie de la montaña. Regresó conduciendo dos grandes cántaros y dos grandes vigas. Y mientras unos excavaban la tierra para fijar las vigas, los otros llenaban con el licor de los cántaros pequeños jarros de barro.

Y bebieron hasta que empezó el sol a caer sobre el horizonte, y no se oía sino el rumor de las conversaciones apagadas de las mujeres y el ruido del líquido que caía dentro de los jarros al levantarse los cántaros.

Pedro y Tomás se apoderaron de los cuerpos de los caballeros, y los ataron a los postes. Álvarez, que tenía roto el espinazo, lanzó un largo gemido. Los dos indios los desnudaron, arrojando lejos de sí, una por una, todas sus prendas. Y las mujeres contemplaban admiradas los cuerpos blancos.

Después empezó el suplicio. Pedro Quispe arrancó la lengua a Córdoba y le quemó los ojos. Tomás llenó de pequeñas heridas, con un cuchillo, el cuerpo de Álvarez. Luego vinieron los demás indios y les arrancaron los cabellos y los apedrearon y les clavaron astillas en las heridas. Una india joven vertió, riendo, un gran jarro de chicha sobre la cabeza de Álvarez.

Moría la tarde. Los dos viajeros habían entregado, mucho tiempo hacía, su alma al Gran Justiciero; y los indios, fatigados, hastiados ya, indiferentes seguían hiriendo y lacerando los cuerpos.

Luego fue preciso jurar el silencio. Pedro Quispe trazó una cruz en el suelo, y vinieron los hombres y las mujeres y besaron la cruz. Después desprendió de su cuello el rosario, que no lo abandonaba nunca, y los indios juraron sobre él, y escupió en la tierra, y los indios pasaron sobre la tierra húmeda.

Cuando los despojos ensangrentados desaparecieron y se borraron las últimas huellas de la escena que acababa de desarrollarse en las asperezas de la altiplanicie, la inmensa noche caía sobre la soledad de las montañas.

218

COMENTARIO

Aquí se revela la aplicación de la estética modernista a uno de los problemas más constantes de Hispanoamérica: la explotación del indio. Ese problema había de inspirar toda una serie de obras que comienza con *Raza de bronce* (1919) de Alcides Arguedas y que llega a definirse más a partir de 1930: *Huasipungo* (1934) de Jorge Icaza; *El indio* (1935) de Gregorio López y Fuentes; *El mundo es ancho y ajeno* (1941) de Ciro Alegría y otras muchas.

Aunque están presentes casi todos los abusos, ya consagrados literariamente en las obras susodichas, lo que más impresiona en este cuento es su composición sinfónica que llega a opacar la protesta social. Ésta se debilita, además, porque: *1)* todos los abusos se presentan rápidamente dentro de una sola página: el robo del caballo, la quema de la choza, el despojo de las tierras, el regalo forzoso de la oveja y de las gallinas y el latigazo en el rostro; *2)* la mayor parte de ellos no ocurre en el momento del cuento; *3)* el razonamiento de los blancos respecto a los caballos, a la quema de la choza y a la comida es grotesco; *4)* el diálogo es tan rápido, saltando de tema en tema, que causa un efecto operático.

"Justicia india" es una sinfonía escrita para cornetas y tambores. Pedro Quispe toca el cuerno para reunir a los suyos. Al oírlo, el guía indio huye. El cuerno de Pedro Quispe sigue sonando y pronto el crescendo se produce con los otros cuernos que llenan todos los valles. Al mismo tiempo, la lluvia de las piedras también se va intensificando. El uso de los cuernos y de los tambores en la parte central del cuento tiene tanta fuerza que cunde por toda la obra. Un músico podría describir sinfónicamente el camino del sol, progenitor mitológico de los indios. El principio del cuento en las primeras horas de la mañana se anunciaría suavemente con la corneta que se oiría cada vez más fuerte a medida que avanzaba el sol, "la cumbre de la montaña

comenzaba a brillar con los primeros rayos del sol",
convirtiéndose por fin en un "fortíssimo" con el ape-
dreamiento de los viajeros que coincide, probablemente, con la llegada del sol al cenit. Luego, las cornetas
comenzarían a desvanecerse con la luz, "y bebieron
hasta que empezó el sol a caer sobre el horizonte", hasta
confundirse con los tambores que también se ensor-
decerían hasta diluirse totalmente en el silencio de la
noche, "la inmensa noche caía sobre la soledad de las
montañas".

El tono épico de esta sinfonía para cornetas y tambores se refuerza con el uso de adjetivos "grandiosos":
"ancho patio", "vasto patio", "pesadas columnas", "enorme portón", "gruesa viga", "grandes cántaros", "grandes postes", "inmensa noche" y con la insistencia en
la palabra "cumbre". El marco de la sinfonía se perfila más con la presencia inicial y final de los motivos
"bebieron" y "atados a las columnas" — "los ataron a
los postes".

Aunque Jaimes Freyre era un poeta modernista que
pasó gran parte de su vida fuera de Bolivia, este cuento tiene el brillo y la rebelión victoriosa de los indios
que caracterizan las obras indigenistas de ese país en
contraste con las del Ecuador y las del Perú.

EL CRIOLLISMO

LA PROSA narrativa de Hispanoamérica llegó a su apogeo entre las dos guerras mundiales. En los treinta años después del fin de la primera Guerra Mundial, se aumentó muchísimo la producción de cuentos y novelas de alta calidad. El tema solía ser netamente americano y el estilo, a pesar de estar al corriente de las últimas modas vanguardistas, también tenía un fuerte sabor americano.

El impulso primordial de estas obras provino de la ansiedad de los autores de conocerse a sí mismos a través de su tierra. La primera Guerra Mundial destruyó la ilusión de los modernistas de que Europa representaba la cultura frente a la barbarie americana. La intervención armada y económica de los Estados Unidos en Latinoamérica contribuyó a despertar la conciencia nacional de los jóvenes literatos. Para conocerse interiormente, tenían a su disposición los escritos de Freud. Para conocer la realidad exterior de su país, con el cual comenzaban a identificarse, tenían las nuevas carreteras que se abrieron en esos años y el avión que les hizo accesibles regiones antes consideradas como remotas. La crisis económica de 1929, con la popularidad subsiguiente de las ideas izquierdistas, intensificó la nota de protesta social. Como si las mismas condiciones no bastaran para engendrar estas obras, algunos de los autores se inspiraron en los gritos lanzados por Dos Passos en

U.S.A. y por Steinbeck en *Las uvas de la ira,* lo que marcó la primera influencia decisiva de novelistas estadounidenses en Latinoamérica.

Aunque el criollismo, igual que los *ismos* anteriores, imperó en todos los países hispanoamericanos, cada uno de éstos llegó a definir su propia personalidad. En este sentido sobresalieron dentro del criollismo: *1)* La novela y el cuento de la Revolución Mexicana con su estilo épico (vigoroso, rápido y poético a la vez), el predominio del hombre anónimo y la poca importancia dada a la naturaleza; *2)* El carácter proletario de la prosa ecuatoriana con su realismo desenfrenado, su lenguaje crudo y el uso desmesurado del dialecto —todo eso sin dejar de ser artística; *3)* La brevedad y la perduración del costumbrismo y la combinación de la literatura y la pintura en algunos cuentistas de la América Central: el salvadoreño Salvador Salazar Arrué, "Salarrué" (1899), los costarricenses Max Jiménez (1900-1947) y Carlos Salazar Herrera (1906) y el panameño José María Núñez (1894); y por otra parte el antimperialismo como tema vigente, sobre todo entre los novelistas de esos mismos países: el guatemalteco Miguel Ángel Asturias (1899), y el nicaragüense Hernán Robleto (1895) y el costarricense Carlos Luis Fallas (1911); *4)* La prosa ampulosa y brillante de varios países del Caribe: Colombia, Venezuela, República Dominicana y Cuba; *5)* La importancia del individuo, el detallismo y el ritmo lento de la prosa chilena.

Dentro del criollismo se cultivaron con igual empeño la novela y el cuento. Varios autores como Rómulo Gallegos y Gregorio López y Fuentes se estrenaron débilmente en el cuento antes de lograr más éxito artístico en la novela. En cambio, otros se dedicaron exclusivamente al cuento o sus cuentos superan a sus novelas: Horacio Quiroga, Ventura García Calderón, Salarrué y Juan Bosch.

Aunque el criollismo comenzó a perder su fuerza como movimiento preponderante a partir de 1945, ha continuado influyendo hasta la actualidad.

HORACIO QUIROGA
[1878-1937]

Uruguayo. Una figura cumbre en la cuentística
hispanoamericana. Se le puede considerar como
padre de las dos tendencias principales del si-
glo xx: el criollismo y el cosmopolitismo. Sus cuen-
tos revelan una obsesión de la muerte violenta, que
refleja las experiencias de su propia vida. Su pa-
dre, su padrastro, su mejor amigo, su mujer y él
mismo o se suicidaron o fueron víctimas de dispa-
ros fortuitos. Participó en la vida bohemia de los
modernistas de 1900 en Montevideo presidiendo el
Consistorio del Gay Saber. Después vivió en la pro-
vincia tropical de Misiones, Argentina, de donde
sacó el material para la mayor parte de su obra.
Sus mejores colecciones son Cuentos de amor, de
locura y de muerte *(1917)*, Cuentos de la selva
(1918), El salvaje *(1920)*, Anaconda *(1921)*, El desierto *(1924)*, La gallina degollada y otros cuentos
(1925), Los desterrados *(1926) y* Más allá *(1935)*.

EL HOMBRE MUERTO

EL HOMBRE y su machete acababan de limpiar la
quinta calle del bananal. Faltábanles aún dos calles; pero como en éstas abundaban las chircas y
malvas silvestres, la tarea que tenían por delante
era muy poca cosa. El hombre echó, en consecuen-
cia, una mirada satisfecha a los arbustos rozados, y
cruzó el alambrado para tenderse un rato en la
gramilla.

224

Mas al bajar el alambre de púa y pasar el cuerpo, su pie izquierdo resbaló sobre un trozo de corteza desprendida del poste, a tiempo que el machete se le escapaba de la mano. Mientras caía, el hombre tuvo la impresión sumamente lejana de no ver el machete de plano en el suelo.

Ya estaba tendido en la gramilla, acostado sobre el lado derecho, tal como él quería. La boca, que acababa de abrírsele en toda su extensión, acababa también de cerrarse. Estaba como hubiera deseado estar, las rodillas dobladas y la mano izquierda sobre el pecho. Sólo que tras el antebrazo, e inmediatamente por debajo del cinto, surgían de su camisa el puño y la mitad de la hoja del machete; pero el resto no se veía.

El hombre intentó mover la cabeza, en vano. Echó una mirada de reojo a la empuñadura del machete, húmeda aún del sudor de su mano. Apreció mentalmente la extensión y la trayectoria del machete dentro de su vientre, y adquirió, fría, matemática e inexorable, la seguridad de que acababa de llegar al término de su existencia.

La muerte. En el transcurso de la vida se piensa muchas veces en que un día, tras años, meses, semanas y días preparatorios, llegaremos a nuestro turno al umbral de la muerte. Es la ley fatal, aceptada y prevista; tanto, que solemos dejarnos llevar placenteramente por la imaginación a ese momento, supremo entre todos, en que lanzamos el último suspiro.

Pero entre el instante actual y esa postrera expiración, ¡qué de sueños, trastornos, esperanzas y dramas presumimos en nuestra vida! ¡Qué nos reserva aún esta existencia llena de vigor, antes de su eliminación del escenario humano!

Es éste el consuelo, el placer y la razón de nuestras divagaciones mortuorias: ¡Tan lejos está la muerte, y tan imprevisto lo que debemos vivir aún!

¿Aún?... No han pasado dos segundos: el sol está exactamente a la misma altura; las sombras no han avanzado un milímetro. Bruscamente, acaban de resolverse para el hombre tendido las divagaciones a largo plazo: Se está muriendo.

Muerto. Puede considerarse muerto en su cómoda postura.

Pero el hombre abre los ojos y mira. ¿Qué tiempo ha pasado? ¿Qué cataclismo ha sobrevivido en el mundo? ¿Qué trastorno de la naturaleza trasuda el horrible acontecimiento?

Va a morir. Fría, fatal e ineludiblemente, va a morir.

El hombre resiste —¡es tan imprevisto ese horror! Y piensa: Es una pesadilla; ¡esto es! ¿Qué ha cambiado? Nada. Y mira: ¿No es acaso ese bananal su bananal? ¿No viene todas las mañanas a limpiarlo? ¿Quién lo conoce como él? Ve perfectamente el bananal, muy raleado, y las anchas hojas desnudas al sol. Allí están, muy cerca, deshilachadas por el viento. Pero ahora no se mueven... Es la calma del mediodía; pero deben ser las doce.

Por entre los bananos, allá arriba, el hombre ve desde el duro suelo el techo rojo de su casa. A la izquierda, entrevé el monte y la capuera de canelas. No alcanza a ver más, pero sabe muy bien que a sus espaldas está el camino al puerto nuevo; y que en la dirección de su cabeza, allá abajo, yace en el fondo del valle el Paraná dormido como un lago. Todo, todo exactamente como siempre; el sol de fuego, el aire vibrante y solitario, los bananos inmóviles, el alambrado de postes muy gruesos y altos que pronto tendrá que cambiar...

¡Muerto! ¿Pero es posible? ¿No es éste uno de los tantos días en que ha salido al amanecer de su casa con el machete en la mano? ¿No está allí mismo con el machete en la mano? ¿No está allí mismo, a cuatro metros de él, su caballo, su malacara, oliendo parsimoniosamente el alambre de púa?

¡Pero sí! Alguien silba... No puede ver, porque está de espaldas al camino; mas siente resonar en el puentecito los pasos del caballo... Es el muchacho que pasa todas las mañanas hacia el puerto nuevo, a las once y media. Y siempre silbando... Desde el poste descascarado que toca casi con las botas, hasta el cerco vivo de monte que separa el bananal del camino, hay quince metros largos. Lo sabe perfectamente bien, porque él mismo, al levantar el alambrado, midió la distancia.

¿Qué pasa, entonces? ¿Es ése o no un natural mediodía de los tantos en Misiones, en su monte, en su potrero, en el bananal ralo? ¡Sin duda! Gramilla corta, conos de hormigas, silencio, sol a plomo...

Nada, nada ha cambiado. Sólo él es distinto. Desde hace dos minutos su persona, su personalidad viviente, nada tiene ya que ver ni con el potrero, que formó él mismo a azada, durante cinco meses consecutivos; ni con el bananal, obra de sus solas manos. Ni con su familia. Ha sido arrancado bruscamente, naturalmente, por obra de una cáscara lustrosa y un machete en el vientre. Hace dos minutos: Se muere.

El hombre, muy fatigado y tendido en la gramilla sobre el costado derecho, se resiste siempre a admitir un fenómeno de esa trascendencia, ante el aspecto normal y monótono de cuanto mira. Sabe bien la hora: las once y media... El muchacho de todos los días acaba de pasar el puente.

¡Pero no es posible que haya resbalado!... El mango de su machete (pronto deberá cambiarlo por otro; tiene ya poco vuelo) estaba perfectamente oprimido entre su mano izquierda y el alambre de púa. Tras diez años de bosque, él sabe muy bien cómo se maneja un machete de monte. Está solamente muy fatigado del trabajo de esa mañana, y descansa un rato como de costumbre.

¿La prueba?... ¡Pero esa gramilla que entra ahora por la comisura de su boca la plantó él mismo, en panes de tierra distantes un metro uno de otro! ¡Y ése es su bananal; y ése es su malacara, resoplando cauteloso ante las púas del alambre! Lo ve perfectamente; sabe que no se atreve a doblar la esquina del alambrado, porque él está echado casi al pie del poste. Lo distingue muy bien; y ve los hilos oscuros de sudor que arrancan de la cruz y del anca. El sol cae a plomo, y la calma es muy grande, pues ni un fleco de los bananos se mueve. Todos los días, como *ése*, ha visto las mismas cosas.

...Muy fatigado, pero descansa solo. Deben de haber pasado ya varios minutos... Y a las doce menos cuarto, desde allá arriba, desde el chalet de techo rojo, se desprenderán hacia el bananal su mujer y sus dos hijos, a buscarlo para almorzar. Oye siempre, antes que las demás, la voz de su chico menor que quiere soltarse de la mano de su madre: ¡Piapiá! ¡Piapiá!

¿No es eso?... ¡Claro, oye! Ya es la hora. Oye efectivamente la voz de su hijo...

¡Qué pesadilla!... ¡Pero es uno de los tantos días, trivial como todos, claro está! Luz excesiva, sombras amarillentas, calor silencioso de horno sobre la carne, que hace sudar al malacara inmóvil ante el bananal prohibido.

...Muy cansado, mucho, pero nada más. ¡Cuántas veces, a mediodía como ahora, ha cruzado volviendo a casa ese potrero, que era capuera cuando él llegó, y antes había sido monte virgen! Volvía

228

entonces, muy fatigado también, con su machete pendiente de la mano izquierda, a lentos pasos.

Puede aun alejarse con la mente, si quiere; puede si quiere abandonar un instante su cuerpo y ver desde el tajamar por él construido, el trivial paisaje de siempre: el pedregullo volcánico con gramas rígidas; el bananal y su arena roja: el alambrado empequeñecido en la pendiente, que se acoda hacia el camino. Y más lejos aún ver el potrero, obra sola de sus manos. Y al pie de un poste descascarado, echado sobre el costado derecho y las piernas recogidas, exactamente como todos los días, puede verse a él mismo, como un pequeño bulto asoleado sobre la gramilla —descansando, porque está muy cansado...

Pero el caballo rayado de sudor, e inmóvil de cautela ante el esquinado del alambrado, ve también al hombre en el suelo y no se atreve a costear el bananal, como desearía. Ante las voces que ya están próximas —¡Piapiá!— vuelve un largo, largo rato las orejas inmóviles al bulto: y tranquilizado al fin, se decide a pasar entre el poste y el hombre tendido —que ya ha descansado.

COMENTARIO

Horacio Quiroga fue uno de los iniciadores del criollismo en Hispanoamérica. Sus cuentos, en gran parte, presentan la derrota del hombre ante la barbarie de la naturaleza tropical, tema explotado por casi todos los criollistas. Además, Quiroga, que sintió mucho la influencia de Edgar Allan Poe, se caracteriza por su obsesión de la muerte y por su dominio técnico.

El tema de "El hombre muerto" es el poco valor de la vida humana en el trópico. Sobresale la ironía de la muerte insulsa de un hombre que ha desafiado la naturaleza durante tanto tiempo. El mayor acierto artístico es la creación del suspenso y del sentido dramático a pesar de que el cuento comienza con lo que podría ser el momento culminante. La actitud antidramática del autor ante el accidente da una sensación de horror que dura hasta el final. La imagen del hombre atravesado por su propio machete y tendido en la grama se hace inolvidable por la repetición de ciertos vocablos: el hombre, el machete (realzado al nivel del hombre en la primera oración), el bananal, el alambrado, el poste descascarado, la gramilla, el sol a plomo y variaciones del tema cansado-descanso. Sin embargo, este cuadro estático cobra vida por los pensamientos del hombre. Indicando con la descripción de la herida que el hombre está agonizando, Quiroga construye el cuento a base de los últimos treinta minutos en la vida de su protagonista. El tiempo avanza con una lentitud increíble establecida por la precisión de la hora: el triple uso de "acababa de"; "no han pasado dos segundos"; "las sombras no han avanzado un milímetro"; "las once y media"; "hace dos minutos"; "las doce menos cuarto"; y "mediodía". Durante esos treinta minutos, el hombre admira la indiferencia de la naturaleza, y poco a poco alude sin énfasis a unos detalles de su vida que ayudan a completar al cuadro a la vez que aumentan el movimiento del cuento. Ese movimiento llega a definirse precisamente con los pensamientos del hombre moribundo sobre el muchacho que pasa rumbo al puerto nuevo; el caballo que espera el momento de pasar por el alambrado; y su mujer y sus dos hijos que vienen avanzando en el momento en que él muere.

A pesar de que este relato transcurre en Misiones, tiene un valor universal. El autor crea muy bien el ambiente de la región cerca del río Paraná, pero no emplea giros regionales; y el lenguaje perfectamente sencillo corresponde al tema fundamental de la muerte de un hombre. Sólo hay que tacharle a Quiroga el haberse permitido la impertinencia de filosofar por tres párrafos sobre la muerte: "La muerte. En el transcurso de la vida... ¡lo que debemos vivir aún!" El doble uso aquí de una frase trimembre —"fatal, aceptada y prevista" y "el consuelo, el placer y la razón"— disminuye el efecto de las otras dos frases trimembres que son más indispensables para el cuento: "fría, matemática e inexorable" y "fría, fatal e ineludiblemente".

Quiroga es, sin duda, una de las figuras excelsas en el cuento hispanoamericano tanto por haber abierto las sendas del criollismo como por la alta calidad de su obra. Quiroga se esfuerza por presentar lo universal a través de lo regional (el protagonista de este cuento se llama *el* hombre); domina completamente la tecnica del género y elabora sus narraciones con un lenguaje sencillo que desmiente sus orígenes modernistas.

MARTÍN LUIS GUZMÁN
[1887]

Mexicano. Nació en Chihuahua, pero se crió en la capital. Estudió para abogado. En 1911 ingresó en el Ateneo de la Juventud que contaba entre sus miembros a Antonio Caso, Alfonso Reyes, José Vasconcelos y otros jóvenes ilustres. Después del asesinato de Madero se unió a las fuerzas revolucionarias del Norte. En su obra maestra, El águila y la serpiente *(1928), narra sus andanzas con Villa, de quien se separó en 1915 para ir a España y después a Nueva York. De vuelta a México en 1920, cuatro años más tarde tuvo que refugiarse otra vez en España por causas políticas. Allí salió la primera edición de* El águila y la serpiente *y de su novela política* La sombra del caudillo *(1929). Volvió a México en 1936 para dedicarse al periodismo. En las* Memorias de Pancho Villa *(1938-1951), imita el estilo que habría empleado el caudillo norteño para contar las peripecias de su vida. Fundador y director de la revista* Tiempo *desde hace veinte años.*

LA FIESTA DE LAS BALAS

ATENTO a cuanto se decía de Villa y el villismo, y a cuanto veía a mi alrededor, a menudo me preguntaba en Ciudad Juárez qué hazañas serían las que pintaban más a fondo a la División del Norte: si las que se suponían estrictamente históricas, o las que se calificaban de legendarias; si las que se contaban como algo visto dentro de la más escueta exactitud, o las que traían ya, con el toque de la exaltación poética, la revelación tangible de las esencias. Y siempre eran las proezas de este segundo orden las que se me antojaban más verídicas, las que, a mis ojos, eran más dignas de hacer Historia.

Porque ¿dónde hallar. pongo por caso, mejor pintura de Rodolfo Fierro —y Fierro y el villismo eran espejos contrapuestos, modos de ser que se reflejaban infinitamente uno en otro— que en el relato que ponía a aquél ante mis ojos, después de una de las últimas batallas, entregado a consumar, con fantasía tan cruel como creadora de escenas de muerte, las terribles órdenes de su jefe? Verlo así era como sentir en el alma el roce de una tremenda realidad y conservar después la huella de eso para siempre.

Aquella batalla, fecunda en todo, había terminado dejando en manos de Villa no menos de quinientos prisioneros. Villa mandó separarlos en dos grupos: de una parte, los voluntarios orozquistas a quienes llamaban "colorados"; de la otra, los federales. Y como se sentía ya bastante fuerte para actos de grandeza, resolvió hacer un escarmiento con los prisioneros del primer grupo, mientras se mostraba generoso con los del segundo. A los "colorados" se les pasaría por las armas antes de que oscureciera; a los federales se les daría a elegir entre unirse a las tropas revolucionarias o bien irse a su casa mediante la promesa de no volver a hacer armas contra la causa constitucionalista.

Fierro, como era de esperar, fue el encargado de la ejecución, a la cual dedicó, desde luego, la eficaz diligencia que tan buen camino le auguraba ya en el ánimo de Villa, o de su "jefe", según él decía.

Declinaba la tarde. La gente revolucionaria, tras de levantar el campo, iba reconcentrándose lentamente en torno del humilde pueblecito que había sido objeto de la acción. Frío y tenaz, el viento de la llanura chihuahuense empezaba a despegar del suelo y apretaba los grupos de jinetes y de infantes: unos y otros se acogían al socaire de las casas. Pero Fierro —a quien nunca detuvo nada ni nadie— no iba a rehuir un airecillo fresco que a lo sumo barruntaba la helada de la noche. Cabalgó en su caballo de anca corta, contra cuyo pelo oscuro, sucio por el polvo de la batalla, rozaba el borde del sarape gris. Iba al paso. El viento le daba de lleno en la cara, mas él no trataba de evitarlo clavando la barbilla en el pecho ni levantando los pliegues del embozo. Llevaba enhiesta la cabeza, arrogante el busto, bien puestos los pies en los estribos y elegantemente dobladas las piernas entre los arreos de campaña sujetos a los tientos de la montura. Nadie lo veía, salvo la desolación del llano y uno que otro soldado que pasaba a distancia. Pero él, acaso inconscientemente, arrendaba de modo que el animal hiciera piernas como para lucirse en un paseo. Fierro estaba contento: lo embargaba el placer de la victoria —de la victoria, en que nunca creía hasta no consumarse la derrota completa del enemigo—, y su alegría interior le afloraba en sensaciones físicas que tornaban grato el hostigo del viento y el andar del caballo después de quince horas de no apearse. Sentía como caricia la luz del sol —sol un tanto desvaído, sol prematuramente envuelto en fulgores de incendio.

Llegó al corral donde tenía encerrados, como rebaño de reses, a los trescientos prisioneros "colorados" condenados a morir, y se detuvo un instante a mirar por sobre las tablas de la cerca. Por su aspecto, aquellos trescientos huertistas hubieran podido pasar por otros tantos revolucionarios. Eran de la fina raza de Chihuahua: altos los cuerpos, so-

234

brias las carnes, robustos los cuellos, bien confor-
mados los hombros sobre espaldas vigorosas y
flexibles. Fierro consideró de una ojeada el pequeño ejército preso, lo apreció en su valor guerrero
—y en su valor— y sintió una rara pulsación, un
estremecimiento que le bajaba desde el corazón, o
desde la frente, hasta el índice de la mano derecha.
Sin quererlo, la palma de esa mano fue a posarse
en las cachas de la pistola.

"Batalla, ésta", pensó.

Indiferentes a todo, los soldados de caballería
que vigilaban a los prisioneros no se fijaban en él.
A ellos no les preocupaba más que la molestia de
estar montando una guardia fatigosa —guardia in-
comprensible después de la excitación del comba-
te—, y que les exigía tener lista la carabina, cuya
culata apoyaban en el muslo. De cuando en cuando, si algún prisionero se apartaba del grupo, los
soldados apuntaban con aire resuelto y, de ser
preciso, hacían fuego. Una onda rizaba entonces
el perímetro informe de la masa de los prisioneros, los cuales se replegaban para evitar el tiro. La
bala pasaba de largo o derribaba a alguno de ellos.

Fierro avanzó hasta la puerta del corral; gritó a
un soldado, que vino a descorrer las trancas, y entró. Sin quitarse el sarape de sobre los hombros
echó pie a tierra. El salto le deshizo el embozo.
Tenía las piernas entumecidas de cansancio y de
frío: las estiró. Se acomodó las dos pistolas. Se
puso luego a observar despacio la disposición de los
corrales y sus diversas divisiones. Dio varios pasos,
sin soltar la rienda, hasta una de las cercas. Pasó
la rienda, para dejar sujeto el caballo, por entre la
juntura de dos tablas. Sacó de las cantinas de
la silla algo que se metió en los bolsillos de la chaqueta, y atravesó el corral a poca distancia de los
prisioneros.

Los corrales eran tres, comunicados entre sí por puertas interiores y callejones estrechos. Del ocupado por los prisioneros, Fierro pasó, deslizando el cuerpo entre las trancas de la puerta, al de en medio. En seguida, al otro. Allí se detuvo. Su figura, grande y hermosa, irradiaba un aura extraña, algo superior, prestigioso, y a la vez adecuado al triste abandono del corral. El sarape había venido resbalándose por el cuerpo hasta quedar pendiente apenas de los hombros: los cordoncillos de las puntas arrastraban por el suelo. Su sombrero, gris y ancho de ala, se teñía de rosa al recibir de soslayo la luz poniente del sol. A través de las cercas, los prisioneros lo veían desde lejos, vuelto de espaldas hacia ellos. Sus piernas formaban compás hercúleo y destellaban: el cuero de las mitasas brillaba en la luz de la tarde.

A unos cien metros, por la parte de fuera de los corrales, estaba el jefe de la tropa encargada de los prisioneros. Fierro lo vio y le indicó a señas que se acercara. El oficial cabalgó hasta el punto de la cerca más próxima a Fierro. Éste caminó hacia él. Hablaron. Por momentos, conforme hablaban, Fierro fue señalando diversos puntos del corral donde se encontraba y del corral contiguo. Después escribió, moviendo la mano, una serie de evoluciones que repitió el oficial como con ánimo de entender mejor. Fierro insistió dos o tres veces en una maniobra al parecer muy importante, y el oficial, seguro de las órdenes, partió al galope hacia el corral de los prisioneros.

Entonces tornó Fierro al centro del corral, atento otra vez al estudio de la disposición de las cercas y demás detalles. Aquel corral era el más amplio de los tres, y, según parecía, el primero en orden —el primero con relación al pueblo. Tenía, en dos de sus lados, sendas puertas hacia el campo: puertas de trancas más estropeadas —por mayor uso— que las de los corrales posteriores, pero de maderos más fuertes. En otro lado se abría la puerta que daba al corral inmediato. Y el lado último, en fin, no era una simple cerca de tablas, sino tapia de adobes, de no menos de tres metros de altura. La tapa mediría como sesenta metros de largo, de los cuales veinte servían de fondo a un cobertizo o pesebre, cuyo tejado bajaba de la barda y se asentaba, de una parte, en los postes, prolongados, del extremo de una de las cercas que lindaban con el campo, y de la otra, en una pared, también de adobe, que salía perpendicularmente de la tapia y avanzaba cosa de quince metros hacia los medios del corral. De esta suerte, entre el cobertizo y la cerca del corral inmediato venía a quedar un espacio cerrado en dos de sus lados por paredes macizas. En aquel rincón el viento de la tarde amontonaba la basura y hacía sonar con ritmo anárquico, golpeándolo contra el brocal de un pozo, un cubo de hierro. Del brocal del pozo se elevaban dos palos toscos, terminados en horqueta, sobre los cuales se atravesaba un tercero, del que pendía una garrucha con cadena, que sonaba también movida por el viento. En lo más alto de una de las horquetas un pájaro, grande, inmóvil, blanquecino, se confundía con las puntas torcidas del palo seco.

Fierro se hallaba a cincuenta pasos del pozo. Detuvo un segundo la vista sobre la figura quieta del pájaro, y como si la presencia de éste encajara a pelo en sus reflexiones, sin cambiar de expresión, ni de postura, ni de gesto, sacó la pistola lentamente. El cañón del arma, largo y pulido, se transformó en dedo de rosa a la luz poniente del sol. Poco a poco, el gran dedo fue enderezándose hasta señalar en dirección del pájaro. Sonó el disparo —seco y diminuto en la inmensidad de la tarde—

y cayó el pájaro al suelo. Fierro volvió la pistola a la funda.

En aquel momento un soldado saltó, escalando la cerca, dentro del corral. Era el asistente de Fierro. Había dado el brinco desde tan alto que necesitó varios segundos para erguirse de nuevo. Al fin lo hizo y caminó hacia donde su amo estaba. Fierro le preguntó sin volver la cara:

—¿Qué hubo con ésos? Si no vienen luego va a faltar tiempo.

—Parece que ya vienen ay —contestó el asistente.

—Entonces, tú ponte ahí de una vez. A ver, ¿qué pistola traes?

—La que usted me dio, mi jefe. La "mitigüeson".

—Dácala, pues, y toma estas cajas de parque. ¿Cuántos tiros tienes?

—Unas quince docenas con los que he arrejuntado hoy, mi jefe. Otros hallaron hartos, yo no.

—¿Quince docenas?... Te dije el otro día que si seguías vendiendo el parque para emborracharte iba a meterte una bala en la barriga...

—No, mi jefe.

—No mi jefe ¿qué?

—Que me embriago, mi jefe, pero no vendo el parque.

—Pues cuidadito, porque me conoces. Y ahora ponte vivo para que me salga bien esta ancheta. Yo disparo y tú cargas las pistolas. Y oye bien esto que voy a decirte: si por tu culpa se me escapa uno siquiera de los "colorados", te acuesto con ellos.

—¡Ah, qué mi jefe!

—Como lo oyes.

El asistente extendió su frazada sobre la tierra y vació allí las cajas de cartuchos que Fierro acababa de darle. Luego se puso a extraer, uno a uno, los tiros que traía en las cananas de la cintura. Tan de prisa quería hacerlo que se tardaba más de la cuenta. Estaba nervioso; los dedos se le embrollaban.

—¡Ah, qué mi jefe! —seguía pensando para sí.

Mientras tanto, tras de la cerca que daba al corral inmediato fueron apareciendo soldados de los de la escolta. Montados a caballo, medio busto les sobresalía del borde de las tablas. Muchos otros se distribuyeron a lo largo de las dos cercas restantes.

Fierro y su asistente eran los únicos que estaban dentro del corral: Fierro, con una pistola en la mano y el sarape caído a los pies; el asistente, en cuclillas, ordenando sobre su frazada las filas de cartuchos.

El jefe de la escolta entró a caballo por la puerta que comunicaba con el corral contiguo, y dijo:

—Ya tengo listos los diez primeros. ¿Te los suelto?

Respondió Fierro:

—Sí; pero antes avísales de lo que se trata; en cuanto asomen por la puerta, yo empezaré a dispararles; los que lleguen a la barda y la salten quedan libres. Si alguno no quiere entrar, tú métele bala.

Volvióse el oficial por donde había venido, y Fierro, pistola en mano, se mantuvo atento, fijos los ojos en el espacio estrecho por donde los prisioneros iban a irrumpir. Se había situado bastante próximo a la cerca divisoria para que, al hacer fuego, las balas no alcanzaran a los "colorados" que todavía estuviesen del lado de allá: quería cumplir lealmente lo prometido. Pero su proximidad a las tablas no era tanta que los prisioneros, así que empezase la ejecución, no descubriesen, en el acto mismo de trasponer la puerta, la pistola que les apuntaría a veinte pasos. A espaldas de Fierro, el

239

sol poniente convertía el cielo en luminaria roja. El viento seguía soplando.

En el corral donde estaban los prisioneros creció el rumor de voces —voces que los silbos del viento destrozaban, voces como de vaqueros que arrearan ganado. Era difícil la maniobra de hacer pasar del corral último al corral de en medio, a los trescientos hombres condenados a morir en masa; el suplicio que los amenazaba hacía encresparse su muchedumbre con sacudidas de organismo histérico. Gritaban los soldados de la escolta, y, de minuto en minuto, los disparos de carabina recogían los gritos en la punta de un latigazo.

De los primeros prisioneros que llegaron al corral intermedio, un grupo de soldados segregó diez. Los soldados no bajaban de veinticinco. Echaban los caballos sobre los presos para obligarlos a andar; les apoyaban contra la carne las bocas de las carabinas.

—¡Traidores! ¡Jijos de la rejija! ¡Ora vamos a ver qué tal corren y brincan! ¡Eche usted p'allá, traidor!

Y así los hicieron avanzar hasta la puerta de cuyo otro lado estaban Fierro y su asistente. Allí la resistencia de los "colorados" se acentuó; pero el golpe de los caballos y el cañón de las carabinas los persuadieron a optar por el otro peligro, por el peligro de Fierro, que no estaba a un dedo de distancia, sino a veinte pasos.

Tan pronto como aparecieron dentro de su visual, Fierro los saludó con extraña frase —frase a un tiempo cariñosa y cruel, de ironía y de esperanza:

—¡Ándenles, hijos: que nomás yo tiro y soy mal tirador!

Ellos brincaban como cabras. El primero intentó abalanzarse sobre Fierro, pero no había dado tres saltos cuando cayó acribillado a tiros por los soldados dispuestos a lo largo de la cerca. Los otros corrieron a escape hacia la tapia —loca carrera que a ellos les parecía como de sueño. Al ver el brocal del pozo, uno quiso refugiarse allí: la bala de Fierro lo alcanzó el primero. Los demás siguieron alejándose; pero uno a uno fueron cayendo —en menos de diez segundos Fierro disparó ocho veces—, y el último cayó al tocar con los dedos los adobes que por un extraño capricho separaban en ese momento la región de la vida de la región de la muerte. Algunos cuerpos dieron aún señales de vida; los soldados, desde su sitio, tiraron sobre ellos para rematarlos.

Y vino otro grupo de diez, y luego otro, y otro, y otro. Las tres pistolas de Fierro —dos suyas, la otra de su asistente— se turnaban en la mano homicida con ritmo perfecto. Cada una disparaba seis veces —seis veces sin apuntar, seis veces al descubrir— y caía después en la frazada del asistente. Éste hacía saltar los casquillos quemados y ponía otros nuevos. Luego, sin cambiar de postura, tendía hacia Fierro la pistola, el cual la tomaba al dejar caer otra. Los dedos del asistente tocaban las balas que segundos después tenderían sin vida a los prisioneros; pero él no levantaba los ojos para ver a los que caían. Toda su conciencia parecía concentrarse en la pistola que tenía en las manos, y en los tiros, de reflejos de oro y plata, esparcidos en el suelo. Dos sensaciones ocupaban todo lo hondo de su ser: el peso frío de los cartuchos que iba metiendo en los orificios del cilindro; el contacto de la epidermis lisa y cálida del arma. Arriba, por sobre su cabeza, se sucedían los disparos con que su "jefe" se entregaba al deleite de hacer blanco.

El angustioso huir de los prisioneros en busca de la tapia salvadora —fuga de la muerte en una sinfonía espantosa donde luchaban como temas reales la pasión de matar y el ansia inagotable de vivir— duró cerca de dos horas.

Ni un instante perdió Fierro el pulso o la serenidad. Tiraba sobre blancos movibles y humanos, sobre blancos que daban brincos y traspiés entre charcos de sangre y cadáveres en posturas inverosímiles, pero tiraba sin más emoción que la de errar o acertar. Calculaba hasta la desviación de la trayectoria por efecto del viento, y de un disparo a otro la corregía.

Algunos prisioneros, poseídos de terror, caían de rodillas al trasponer la puerta: la bala los doblaba. Otros bailaban danza grotesca al abrigo del brocal del pozo hasta que la bala los curaba de su frenesí o los hacía caer heridos por la boca del hoyo. Casi todos se precipitaban hacia la pared de adobes y trataban de escalarla trepando por los montones de cuerpos entrelazados, calientes, húmedos, humeantes: la bala los paralizaba también. Algunos lograban clavar las uñas en la barda de tierra; pero sus manos, agitadas por intensa ansiedad de vida, se tornaban de pronto en manos moribundas.

Hubo un momento en que la ejecución en masa se envolvió en un clamor tumultuoso donde descollaban los chasquidos secos de los disparos opacados por la inmensa voz del viento. De un lado de la cerca gritaban los que huían de morir y morían al cabo; de otro, los que se defendían del empuje de los jinetes y hacían por romper el cerco que los estrechaba hasta la puerta terrible. Y al griterío de unos y otros se sumaban las voces de los soldados distribuidos en el contorno de las cercas. Éstos habían ido enardeciéndose con el alboroto de los disparos, con la destreza de Fierro y con los lamentos y el accionar frenético de los que morían. Saludaban con exclamaciones de regocijo la voltereta de los cuerpos al caer; vociferaban, gesticulaban, reían a carcajadas al hacer fuego sobre los montones de carne humana donde advertían el menor indicio de vida.

El postrer pelotón de los ajusticiados no fue de diez víctimas, sino de doce. Los doce salieron al corral de la muerte atropellándose entre sí, procurando cada uno cubrirse con el grupo de los demás, a quien trataban de adelantarse en la horrible carrera. Para avanzar hacian corcovas sobre los cadáveres hacinados; pero la bala no erraba por eso: con precisión siniestra, iba tocando uno tras otro y los dejaba a medio camino de la tapia —abiertos brazos y piernas— abrazados al montón de sus hermanos inmóviles. Uno de ellos, sin embargo, el último que quedaba con vida, logró llegar hasta la barda misma y salvarla... El fuego cesó de repente y el tropel de soldados se agolpó en el ángulo del corral inmediato para ver al fugitivo...

Pardeaba la tarde. La mirada de los soldados tardó en acostumbrarse al parpadeo interferente de las dos luces. De pronto no vieron nada. Luego, allá lejos, en la inmensidad de la llanura medio en sombra, fue cobrando precisión un punto móvil, un cuerpo que corría. Tanto se doblaba el cuerpo al correr que por momentos se le hubiera confundido con algo rastreante a flor de suelo...

Un soldado apuntó:

—Se ve mal... —dijo, y disparó.

La detonación se perdió en el viento del crepúsculo. El punto siguió su carrera...

Fierro no se había movido de su sitio. Rendido el brazo, lo tuvo largo tiempo suelto hacia el suelo. Luego notó que le dolía el índice y levantó la mano hasta los ojos: en la semioscuridad comprobó que el dedo se le había hinchado ligeramente. Lo oprimió con blandura entre los dedos y la palma de la otra mano. Y así estuvo, durante buen espacio de tiempo, entregado todo él a la dulzura de un suave masaje. Por fin se inclinó para recoger del suelo el sarape, del

243

cual se había desembarazado desde los preliminares de la ejecución; se lo echó sobre los hombros, y caminó para acogerse al socaire del pesebre. Sin embargo, a los pocos pasos se detuvo y dijo al asistente:

—Así que acabes, tráete los caballos.

Y siguió andando.

El asistente juntaba los casquillos quemados. En el corral contiguo los soldados de la escolta desmontaban, hablaban, canturreaban. El asistente los escuchaba en silencio y sin levantar la cabeza. Después se irguió con lentitud. Cogió la frazada por las cuatro puntas y se la echó a la espalda: los casquillos vacíos sonaron dentro con sordo cascabeleo.

Había anochecido. Brillaban algunas estrellas. Brillaban las lucecitas de los cigarros al otro lado de las tablas de la cerca. El asistente rompió a andar con paso tardo, y así fue, medio a tientas, hasta el último de los corrales, y de allá regresó a poco trayendo de la brida los caballos —el de su amo y el suyo—, y, sobre uno de los hombros, la mochila de campaña.

Se acercó al pesebre. Sentado sobre una piedra, Fierro fumaba en la oscuridad. En las juntas de las tablas silbaba el viento.

—Desensilla y tiéndeme la cama —ordenó Fierro—; no aguanto el cansancio.

—¿Aquí en este corral, mi jefe? ¿Aquí...?

—Sí, aquí. ¿Por qué no?

Hizo el asistente como le ordenaban. Desensilló y tendió las mantas sobre la paja, arreglando con el maletín y la montura una especie de almohada. Y minutos después de tenderse Fierro en ellas, Fierro se quedó dormido.

El asistente encendió su linterna y dispuso lo necesario para que los caballos pasaran bien la noche. Luego apagó la luz, se envolvió en su frazada y se acostó a los pies de su amo. Pero un momento después se incorporó de nuevo, se hincó de rodillas y se persignó. En seguida volvió a tenderse en la paja...

Pasaron seis, siete horas. Había caído el viento. El silencio de la noche se empapaba en luz de luna. De tarde en tarde sonaba próximo el estornudo de algún caballo. Brillaba el claro lunar en la abollada superficie del cubo del pozo y hacía sombras precisas al tropezar con todos los objetos —con todos, menos con los montones de cadáveres. Éstos se levantaban, enormes en medio de tanta quietud, como cerros fantásticos, cerros de formas confusas, incomprensibles.

El azul plata de la noche se derramaba sobre los cadáveres como la más pura luz. Pero insensiblemente aquella luz de noche fue convirtiéndose en voz, voz también irreal y nocturna. La voz se hizo distinta: era una voz apenas perceptible, apagada, doliente, moribunda, pero clara en su tenue contorno como las sombras que la luna dibujaba sobre las cosas. Desde el fondo de uno de los montones de cadáveres la voz parecía susurrar:

—Ay... Ay...

Luego calló, y el azul de plata de la noche volvió a ser sólo luz. Mas la voz se oyó de nuevo:

—Ay... Ay...

Fríos e inertes desde hacía horas, los cuerpos hacinados en el corral seguían inmóviles. Los rayos lunares se hundían en ellos como en una masa eterna. Pero la voz tornó:

—Ay... Ay... Ay...

Y este último ay llegó hasta el sitio donde el asistente de Fierro dormía e hizo que su conciencia pasara del olvido del sueño a la sensación de oír. El asistente recordó entonces la ejecución de los trescientos prisioneros; y el solo recuerdo lo dejó quieto sobre la paja, entreabiertos los ojos y todo él pendiente del lamento de la voz, pendiente con las potencias íntegras de su alma...

—Ay... Por favor...

Fierro se agitó en su cama...

—Por favor..., agua...

Fierro despertó y prestó oído...

—Por favor..., agua...

Entonces Fierro alargó un pie hasta su asistente.

—¡Eh, tú! ¿No oyes? Uno de los muertos está pidiendo agua.

—¿Mi jefe?

—¡Que te levantes y vayas a darle un tiro a ese jijo de la tiznada que se está quejando! ¡A ver si me deja dormir!

—¿Un tiro a quién, mi jefe?

—A ese que pide agua, ¡imbécil! ¿No entiendes?

—Agua, por favor —repetía la voz.

El asistente tomó la pistola de debajo de la montura, y empuñándola, se levantó y salió del pesebre en busca de los cadáveres. Temblaba de miedo y de frío. Uno como mareo del alma le embargaba.

A la luz de la luna buscó. Cuantos cuerpos tocaba estaban yertos. Se detuvo sin saber qué hacer. Luego disparó sobre el punto de donde parecía venir la voz: la voz se oyó de nuevo. El asistente tornó a disparar: se apagó la voz.

La luna navegaba en el mar sin límites de su luz azul. Bajo el techo del pesebre dormía Fierro.

COMENTARIO

La Revolución Mexicana sacudió la nación entera cambiando su estructura social. Los artistas respondieron

246

a este fenómeno, y en el campo de las letras, se han producido centenares de cuentos y novelas de la Revolución. El único modo de ver claramente esa erupción desordenada es agrupar a los autores según generaciones.

Martín Luis Guzmán (1887) pertenece a la primera generación de escritores de la Revolución que incluye a unas de las figuras más renombradas: Mariano Azuela (1873-1952), José Vasconcelos (1881-1959) y José Rubén Romero (1890-1952).[1] Son hombres criados bajo el régimen de Porfirio Díaz que se entusiasmaron mucho con los ideales de Madero, pero que por su formación intelectual (Azuela era médico; Guzmán y Vasconcelos abogados)[2] pronto se desilusionaron con la brutalidad desencadenada de la Revolución. Las dos tendencias estilísticas que se notan dentro de este grupo se explican por los orígenes de los autores. Azuela y Romero, los provincianos, emplean un estilo que corresponde a la violencia de la Revolución: frases breves, poca descripción y mucho diálogo en el dialecto popular. En cambio, Guzmán y Vasconcelos, con una cultura más universal —los dos pertenecieron al grupo literario-intelectual del Ateneo— elaboran su prosa de una manera más literaria y emplean poco diálogo. Guzmán y Vasconcelos ven la Revolución a través de los generales, mientras que Azuela y Romero tratan de captar el punto de vista del soldado raso, pero sin identificarse con él.

Aunque "La fiesta de las balas" es un capítulo de *El águila y la serpiente*, que es esencialmente un libro de memorias, no hay ninguna duda sobre su carácter de cuento. El mismo autor nos dice que lo que va a narrar no es estrictamente histórico, sino que tiene "el toque de la exaltación poética". Además, la unidad del tema, el desarrollo matemáticamente lógico de la trama

[1] Aunque no nacieron en la misma década, el criarse bajo el régimen porfirista les da rasgos en común.

[2] Rubén Romero es marginal en este grupo. Por ser el más jóven, provinciano y de una familia no muy rica, no tuvo la oportunidad de seguir una carrera. No obstante, comparte con este grupo el entusiasmo por Madero y la desilusión con la brutalidad subsiguiente.

y la creación magistral del suspenso lo colocan dentro del género estudiado.

El retrato de Rodolfo Fierro como el representante más brutal del villismo se consigue mediante un plan elaborado con mucho cuidado. Sin tener en cuenta los dos primeros párrafos, el cuento empieza con la presentación rápida y periodística del fondo histórico. Inmediatamente después, el autor nos coloca dentro del drama con sólo tres palabras —"Declinaba la tarde"—. Con una descripción lenta y precisa, Guzmán hace destacar la figura solitaria de Fierro desafiando el viento de la llanura desolada. La visión de los trescientos prisioneros acorralados como reses también contribuye a la escultura del superhombre. La rara pulsación que siente Fierro crea el suspenso y acelera el ritmo del cuento. Por tres páginas, mientras se hacen los preparativos, se mantiene la expectación y el ritmo equilibrados entre dos tiempos verbales: el imperfecto para describir los corrales llenos de prisioneros y el pretérito para referir los movimientos de Fierro. Para revelar el plan diabólico de Fierro, Guzmán acude por primera vez al diálogo. La ejecución de los prisioneros se prolonga por dos páginas y media alternándose rápidamente varias escenas: la actitud de los condenados; las pistolas de Fierro; el terror del asistente; la serenidad de Fierro; el clamor producido por los disparos, el griterío de los condenados y las exclamaciones alegres de los soldados, todo llevado por el viento; y el escape de uno de los "colorados". La brutalidad inhumana de Fierro llega a impresionar aún más en contraste con el soldado que no logra matar al único que salva la tapia y, sobre todo, con el asistente que se persigna antes de acostarse y que pretende no entender la orden de Fierro de dar el tiro de gracia al hombre herido que pide agua. El retrato de Fierro se remata con su preocupación por el dedo hinchado y con la última frase del cuento: "bajo el techo del pesebre dormía Fierro".

La fuerza de esta obra se deriva en gran parte de la impersonalidad con que Guzmán la narra. Jamás se permite una palabra de compasión por los condenados ni una palabra de censura por Fierro. Es más, en la elaboración artística, Guzmán parece haberse contagiado de la indiferencia de Fierro. Convierte el sufrimiento humano en motivos artísticos: "una onda rizaba entonces el perímetro informe de la masa de los prisioneros, los cuales se replegaban para evitar el tiro"; "ellos brincaban como cabras"; "los otros corrieron a escape hacia la tapia —loca carrera que a ellos les parecía como de sueño"; "...fuga de la muerte en una sinfonía espantosa..."; "otros bailaban danza grotesca..."; los cadáveres... "se levantaban, enormes en medio de tanta quietud, como cerros fantásticos, cerros de formas confusas, incomprensibles". La naturaleza también comparte la indiferencia de Fierro. El sol, el viento, la luna y las estrellas sirven de refuerzos estructurales sin relacionarse directamente con el drama.

Como cuento, "La fiesta de las balas" luce perfección técnica. Como obra de la Revolución Mexicana, capta acertadamente la crueldad bestial y épica de Rodolfo Fierro. Como obra mexicana en general, sorprende la falta de compasión por los de abajo que se puede atribuir a la dificultad que tenían los autores con títulos profesionales de identificarse con los soldados analfabetos. A la generación siguiente le tocaba retratar al pueblo.

JORGE FERRETIS
[1902-1962]

*Mexicano. Nació en el Estado de San Luis Potosí.
Periodista y político afiliado al socialismo. Diputado
federal. Por siete años desempeñó el cargo de Director General de Cinematografía de la Secretaría
de Gobernación. Autor de dos novelas,* Tierra caliente *(1935) y* Cuando engorda el Quijote *(1937); dos
colecciones de novelas cortas,* El sur quema *(1937)
y* San automóvil *(1938); y dos tomos de cuentos,*
Hombres en tempestad *(1941) y* El coronel que
asesinó un palomo *(1952). Murió en un accidente
automovilístico. Póstumamente se le publicó en 1968
otra colección de cuentos,* Libertad obligatoria.

HOMBRES EN TEMPESTAD

Pocos árboles, grandes, quietos. Troncos oscuros
como de roca estriada.

Comienza el mundo a desteñirse con el alboreo.

Muge una vaca que no se ve, como si el mugido
se diluyera en la penumbra.

Al pie de uno de aquellos árboles tan solos, hay
un bulto, como protuberancia del tronco, más oscuro que el color de la corteza. Pero aquel bulto
es suave, tibio. Es tata José, envuelto en su cobija
de lana, y encuclillado junto al tronco. Viejo madru-
gador, de esos que se levantan antes que las gallinas dormilonas.

Antes de sentarse allí, junto al tronco, ya había
ido a echar rastrojos a un buey.

250

En una choza de enfrente, se comienza a ver lumbre entre los carrizos. Adivínase adentro a una mujer, sentada sobre sus talones, en el suelo. Sopla y sopla sobre los rescoldos, hasta hacer que ardan unas ramas secas que rompía con las manos.

Del mismo jacal se ve salir luego una sombra friolenta. Es el hijo de tata José.

Sale embozado en su cobija, hasta los ojos, como su padre.

Llega junto al viejo, y se para, mudo, como pedazo de árbol. ¡Se entienden tan bien los hombres cuanto más poco se hablan!

Sin embargo, mucho después, el recién llegado dice:

—Anoche oyí al tío Jesús.

—Sí —contesta el bulto empotrado junto al tronco.

—Oyí que dende ajuera le pidía un güey.

—Sí —repite la voz reseca del viejo.

Tras una pausa, se oye al muchacho insistir:

—¿Y se lo emprestó?

—Pos sí, pa'que acomplete su yunta.

—¿Y'hora con qué barbechamos nosotros?

El viejo, en tono más seco aún, responde casi en son de reproche:

—Jesús 'ta muncho más atrasao que nosotros. Nu ha preparao tierras. Y yo nu iba a negarle mi güey *josco.*

Vuelven a quedar callados, como dos bloques de sombra. Y en aquellos bloques, el amanecer comienza a cincelar con luz rostros humanos, duros, quietos.

Se escucha entonces una voz de mujer. Y se dijera que tiene la virtud de animar esculturas. Una vieja fornida, asomando por el hueco de la choza, grita su conjuro: los llama a almorzar.

¡Almorzar! Los dos hombres acuden a sentarse junto a la lumbre. ¡Oh, aquellas tortillas que se inflan, una a una, sobre el comal! Blancura que se adelgaza entre las manos renegridas de la mujer, para dorarse luego sobre aquel barro quemante. Y unas tiras de carne seca, que por unos instantes se retuercen entre lo rojo de las brasas. Y unos tragos de café, de ése que antes de servirle, se oye burbujar en la olla. De ése que cobija a los prójimos por dentro. ¡Aaah! Tan calientito, que cuando lo sirven hace salir del jarro una neblina olorosa, calientita y cobijadora también.

Ya más claro el día, salieron los dos de aquel jacal. Ciertamente, no habían almorzado como para hartarse; pero llevaban los estómagos a medio llenar de aquella agua de café endulzada; de maíz cocido, y hebras de carne con chile. Lo suficiente para engañar a las tripas. Y hacerlas aguantar (aunque gruñeran) hasta ya caído el sol. ¡Sus tripas! Ellas bien que se daban cuenta del precio del maíz. Bien que se daban cuenta, por la parquedad o la abundancia con que la mujer les echaba tortillas.

Tata José y su muchacho no tenían premuras, y menos aquel día. ¡Claro que no hubiera sido posible negarle el *josco* al tío Jesús!

Se echaron, cada uno, un azadón al hombro, y tomaron su vereda, monte arriba.

De las lomas levantábanse vaporcitos de niebla que dejaban los cerros limpiecitos, remendados de milpas.

Sol. Mediodía. El cielo estaba caliente. Pero allá, sobre la sierra del norte, se amontonaba negrura. Tata José, con unos ojillos que le relumbraban entre arrugas, quedó un momento contemplando lejos, aquel amontonamiento de nubes.

El hijo, mirando también, advirtió:

—¡Qué recio 'ta lloviendo allá pa'rriba!

Y siguieron azadonando terrones.

Pero sobre sus espaldas, un trueno hizo temblar

los ámbitos, desdoblándose por el espacio estremecido. Si el cielo fuera de cristal azul, aquel enorme
trueno lo habría estrellado. Y habría caído sobre
la gente hecho trizas.

—Vámonos —dijo el tata, echándose al hombro
su azadón—. Esa tempestá nos coge.

Pero el muchacho, atrás, se detuvo con un grito,
señalando por una ladera, abajo, donde se contor-
sionaba el río:

—¡Mire, tata!

Los dos sintiéronse como agarrotados por la misma sospecha. Todavía no llegaba la tempestad, y
sin embargo, la creciente ya los había sorprendido.
Los que trabajaban al otro lado, ya no podrían va-
dearla. ¡Y las tierras del tío Jesús estaban allá!

El viejo y su hijo bajaron al trote por las lomas.
Sobre las márgenes del río, la creciente comenzaba
a arrancar platanares enteros. A los árboles grandes, les escarbaba entre las raíces, hasta ladearlos,
entre un estrépito de quebrazón de ramas.

Lejos, al otro lado, se deducía que algunos hombres gritaban desde una lomita. Agitaban los brazos
y se desgañitaban, pero los bramidos de la corriente ya no permitían oír sus voces.

El agua subía y subía. Ya hasta dos o tres jacales
habían sido arrancados de las vegas.

Mujeres y gallinas, cerdos y niños, chillaban por
todas partes.

Tata José y su hijo, corriendo hacia donde el río
bajaba, llegaron jadeantes hasta el paralelo de las
tierras del tío Jesús. Allí, las vegas estaban conver-
tidas en inmensa y alborotada laguna.

Como a un kilómetro, distinguieron al tío. Los
bueyes de la yunta estaban desuncidos junto a él
y miraban la inundación, medrosos. El viejo estaba
inmóvil, erguido, con su larga garrocha en la mano,
clavada junto a sus pies. El montículo donde esta-

ban se iba empequeñeciendo más y más, cual si se derritiese. Inútil hasta gritar.

Enormes gotas empezaron a caer, oblicuas, desde el cielo emborronado. ¡Allí apenas empezaba a llover! ¡Y al *josco* se lo iba a llevar la corriente! ¡Su *josco*!

El tata y su muchacho emprendieron otra vez carrera. ¡El aguacero arreciaba! A todo correr, ellos casi sentían como si las nubes los apedrearan. Eran unos gotazos tan grandes y tan fuertes, que se antojaban apuntados a reventarles los ojos. De repente, parecía como si en lo alto, entre chorros de agua tibia, mezclaran cubetazos de alcohol o de gasolina que se incendiasen entre la tormenta. Porque en el cielo empapado se abrían con fragor agujeros de lumbre. Carcajadas de un cielo borracho de tiniebla.

Hasta después de una hora, el chubasco amainó.

El tata y su hijo, como dos duendes desesperados, andaban todavía por el lodo de las laderas, espiando sobre las aguas. De seguro la creciente había arrastrado a su *josco*.

Cuando el cielo se apaciguó del todo, era casi de noche. Y los dos duendes angustiados, abrían más grandes los ojos entre la penumbra.

—Nu hay nada, tata.

—Nu hay nada —contestó el viejo desolado, con la camisa y los calzones pegados al cuerpo, empapados en lluvia y en sudor.

Pero de pronto, entre basuras y palos que flotaban, distinguieron una forma que braceaba débilmente sobre las aguas.

—¿Será el tío?

—¡Jesúúús! —gritó el tata desde la orilla.

—¡Tíío! —asegundó el muchacho.

Braceando apenas, para no sumergirse, el tío sacudió entre las aguas la cabeza.

—¡Eeeh! —contestó con un grito apagado.

254

—¿'On ta'l *josco*, tío? —preguntó a grito abierto el muchacho.

—Por ai viene —respondió sacando fuerzas para gritar ahogadamente, señalando con el brazo hacia atrás.

Y agregó muy a penas:

—Aguárdenlo n'el recodo.

Padre e hijo, efectivamente, distinguieron más lejos un bulto mayor. Y con el corazón a tumbos, adivinaron que era su res.

Movidos por igual impulso, antes que pensar en tirarse al agua para ayudar al tío Jesús a ganar tierra, echaron a correr hacia el recodo.

El cielo se había limpiado. Pero la luna tardaba en encender las crestas de los montes.

Y a la muy escasa luz de unas estrellas, el muchacho se tiró a la corriente, que se ensanchaba en un remedo del mar.

Braceó entre la penumbra hasta alcanzar la sombra de la res. Y nadando junto a ella, empujábala, empujábala. Había que orillarla, antes de que a ambos los sorbiese una garganta rocosa donde, a lo lejos, seguía bramando el aluvión.

Tata José, metido hasta las corvas en el agua, enronquecía entre la oscuridad, gritando a su hijo y a su *josco*.

Hacia la medianoche, salió la luna. Hacia la medianoche también, el muchacho, casi desfallecido, logró empujar al buey hasta la orilla. Pero aquel lugar era rocoso, y el animal, entumido por tantas horas en el agua, no podía salir.

Entre la sombra, lejos, oíanse de vez en vez confusos gritos humanos.

Desde la orilla, el viejo se aventó como una gran rama junto al buey, que ya de entumido ni mugía. Tras del chapuzón se vio al viejo manoteando hasta asirse de las ramas de un árbol que aún estaba bien cogido con sus raíces al paredón. Y así, el cuerpo negro se anudó a las ramas, para servir de retén al animal. Aquel gran volumen negro que flotaba, se habría deslizado lentamente hacia la desembocadura, si tata José no hubiera estado allí, hecho nudo, atrancándolo con los pies.

El hijo salió empapado y maltrecho, y comenzó a subir lomas. Quizá en el caserío encontrase gente que quisiera bajar en su ayuda.

Era de madrugada cuando el agua comenzó a descender. El muchacho regresó, seguido al trote por su madre y por otro hombrecito de once años al que sobraban deseos de servir, pero le faltaban fuerzas. Y entre jadeos de los cuatro, el *josco*, por fin, estuvo a salvo, aunque sin poderse tener sobre sus patas.

Allí amaneció, echado entre el lodazal, empanzonado de agua, con los ojos más tristes que el común de los bueyes, y el hocico en el suelo. Ni siquiera ganas de pastura tenía. Inútil que el muchacho subiera a cortarle zacatón fresco.

Estuvo sin moverse toda la mañana, y tata José quedó cuidándole, encuclillado cerca, dolorido y quieto.

Después del mediodía, el animal, con las patas temblonas, intentó levantarse. Y el viejo suspiró con alivio.

Al tío Jesús lo encontraron hasta el atardecer, exánime, mucho más abajo. El agua lo había dejado en tierra, al bajar la corriente. De seguro peleó, braceando, hasta lo último.

Lo encontraron antes de que se hiciera duro, con el vientre crecido. Y lo empezaron a sacudir.

—Es que ha de 'ber tragado mucha agua —dijo alguien.

256

Y con una piedra, redonda y pesada, le comenzaron a magullar aquel abultamiento. Otros le movían los brazos, cual si trabajasen con una bomba. Otros le gritaban al oído, larga, muy largamente. Le torcían la cabeza después. Y así, a estrujones y a gritos, fue volviendo a la vida. Cuando empezó a resollar y entreabrió un ojo, se alzó de todos los circunstantes un alarido sagrado. Como si cada uno hubiese realizado, en parte, aquel milagro de resurrección.

Pasaron unos días.

Entre el caserío no acababan aún los comentarios sobre las pérdidas de cada quien: uno, su chilar; otro, tres puercos y una muchachita. El de más abajo, sus platanares llenos de racimos. Otro, su jacal y su mujer encinta. Aquél, su chivo negro. El de más allá, un jarro sin oreja, donde guardaba dineritos.

Pasaron unos días.

Una tarde, vieron salir de su jacal al tío Jesús. Eran sus primeros pasos desde la noche aciaga.

Y aquellos pasos los encaminó hacia el jacal de José.

El tata salió a recibirlo.

Como si hiciera mucho tiempo que no se veían, en aquellos rostros ajados fulgía un gozo fraterno, fuerte. Sus cuatro manos se asieron en un gran saludo.

Luego, ambos fueron a sentarse frente a la choza, junto al árbol.

El tío Jesús había ido a darle las gracias. Se las debía, por haberle prestado su buey.

Tata José, un poco avergonzado, hubiera preferido no hablar de ello.

—Yo pensaba que 'tarías nojao —le dijo sin verle la cara.

—Oíd.

Puck sonreía, curioso. Todos los gnomos rodearon al anciano, cuyas canas palidecían a los resplandores de la pedrería y cuyas manos extendían su movible sombra en los muros, cubiertos de piedras preciosas, como un lienzo lleno de miel donde se arrojasen granos de arroz.

—Un día, nosotros, los escuadrones que tenemos a nuestro cargo las minas de diamantes, tuvimos una huelga que conmovió toda la tierra, y salimos en fuga por los cráteres de los volcanes.

"El mundo estaba alegre, todo era vigor y juventud; y las rosas, y las hojas verdes y frescas, y los pájaros en cuyos buches entra el grano y brota el gorjeo, y el campo todo, saludaban al sol y a la primavera fragante.

"Estaba el monte armónico y florido, lleno de trinos y de abejas; era una grande y santa nupcia la que celebraba la luz, en el árbol la savia ardía profundamente, y en el animal todo era estremecimiento o balido o cántico, y en el gnomo había risa y placer.

"Yo había salido por un cráter apagado. Ante mis ojos había un campo extenso. De un salto me puse sobre un gran árbol, una encina añeja. Luego bajé al tronco, y me hallé cerca de un arroyo, un río pequeño y claro donde las aguas charlaban diciéndose bromas cristalinas. Yo tenía sed. Quise beber ahí... Ahora, oíd mejor.

"Brazos, espaldas, senos desnudos, azucenas, rosas, panecillos de marfil coronados de cerezas; ecos de risas áureas, festivas; y allá, entre espumas, entre las linfas rotas, bajo las verdes ramas..."

—¿Ninfas?

—No, mujeres.

—Yo sabía cuál era mi gruta. Con dar un golpe en el suelo, abría la arena negra y llegaba a mi dominio. ¡Vosotros, pobrecillos, gnomos jóvenes, tenéis mucho que aprender!

"Bajo los retoños de unos helechos nuevos me escurrí, sobre unas piedras deslavadas por la corriente espumosa y parlante; y a ella, a la hermosa, a la mujer, la así de la cintura, con este brazo antes tan musculoso; gritó, golpeé el suelo; descendimos. Arriba quedó el asombro, abajo el gnomo soberbio y vencedor.

"Un día yo martillaba un trozo de diamante inmenso, que brillaba como un astro y que al golpe de mi maza se hacía pedazos.

"El pavimento de mi taller se asemejaba a los restos de un sol hecho trizas. La mujer amada descansaba a un lado, rosa de carne entre maceteros de zafir, emperatriz del oro, en un lecho de cristal de roca, toda desnuda y espléndida como una diosa.

"Pero en el fondo de mis dominios, mi reina, mi querida, mi bella, me engañaba. Cuando el hombre ama de veras, su pasión lo penetra todo, y es capaz de traspasar la tierra.

"Ella amaba a un hombre, y desde su prisión le enviaba sus suspiros. Éstos pasaban los poros de la corteza terrestre y llegaban a él; y él, amándola también, besaba las rosas de cierto jardín; y ella, la enamorada, tenía —yo lo notaba— convulsiones súbitas en que estiraba sus labios rosados y frescos como pétalos de centifolia. ¿Cómo ambos se sentían? Con ser quien soy, no lo sé.

"Había acabado yo mi trabajo: un gran montón de diamantes hechos en un día; la tierra abría sus grietas de granito como labios con sed, esperando el brillante despedazamiento del rico cristal. Al fin de la faena, cansado, di un martillazo que rompió una roca y me dormí.

"Desperté al rato, al oír algo como gemido.

Aunque "Hombres en tempestad" no tiene nada que ver con la Revolución armada, está íntimamente relacionado con el concepto más amplio de la Revolución, la redención del pueblo mexicano. Ferretis se esfuerza por crear un cuadro primitivo en que el campesino ni siquiera se considera a sí mismo digno de ser humano. Al principio del cuento, se da la impresión de que estamos presenciando la creación del mundo: "comienza el mundo a desteñirse con el alboreo"; el hombre es "bulto, como protuberancia del tronco"; el hijo es "como pedazo de árbol"; y ambos son "como dos bloques de sombra". La imagen del hombre-árbol vuelve a aparecer cuando salvan al buey. El ambiente del Libro del Génesis se refuerza con la inundación y la imagen final de José y Jesús: "parecían dos figurillas de barro seco". La anonimidad de la mujer y del hijo, lo mismo que el préstamo fraternal del buey, también ayudan a colocarnos dentro de una época muy primitiva. En cambio, la descripción del almuerzo en la choza con sus exclamaciones y sus diminutivos tiene como propósito el precisar el escenario mexicano.

El estilo de Ferretis corresponde muy bien a su tema. Para captar el efecto primitivo, hay párrafos de una sola oración y oraciones de una sola palabra. Para captar el ritmo de la tempestad, Ferretis alarga los párrafos y las oraciones por medio de la repetición ("subía y subía"; "más y más"); la enumeración "mujeres y gallinas, cerdo y niños"); y los adjetivos paralelos ("inmensa y alborotada laguna"; "inmóvil y erguido"). Termina con un gran crescendo producido por las imágenes de gotas-piedras, rayos-incendio de alcohol o gasolina y truenos: "carcajadas de un cielo borracho de tinieblas". Inmediatamente después se restaura el ambiente primitivo con la oración sencilla: "hasta después de una hora, el chubasco amainó". Aunque predomina el estilo sencillo, hay otras dos ocasiones en que el autor se sirve de imágenes celestiales que en conjunto refuerzan la estructura del cuento: "si el cielo fuera de cristal azul, aquel enorme trueno lo habría estrellado. Y habría caído sobre la gente hecho trizas"; y al final del cuento "aquellos nubarrones, que el ocaso incineraba como andrajos de cielo". Para intensificar la mexicanidad del cuadro, Ferretis emplea con mucho juicio el diálogo dialectal. Hay un buen equilibrio entre narración y diálogo, y éste se reserva sólo para los momentos más dramáticos.

Los autores de la segunda generación revolucionaria no pueden mantener la impersonalidad absoluta de un Martín Luis Guzmán ante la tragedia humana que sienten. Se les puede perdonar la compasión que revelan por sus personajes, pero a Ferretis hay que censurarle la falla artística de explicar lo obvio: "Antes que pensar en tirarse al agua para ayudar al tío Jesús a ganar tierra." La solución, grotesca a lo Jonathan Swift, ofrecida por el tío Jesús, también debilita la obra, que se redime, en parte, por el párrafo final en su evocación de la calma primitiva de la escena inicial.

RUBÉN DARÍO
[1867-1916]

Nicaragüense. El modernista por antonomasia. A los trece años ya escribía versos y a los quince emprendió el primero ae sus viajes que nabían de caracterizar toda su vida. En El Salvador (1882), conoció al poeta Francisco Gavidia, quien le puso en contacto con la literatura francesa. En 1886, fue a Chile donde trabajó en los periódicos y publicó Azul *(1888). Estando Darío en Guatemala, apareció allí en 1890 la segunda edición ampliada. Después de casarse en Costa Rica, fue a España en 1892. Luego, pasando por Cuba, se dirigió a la Argentina con el cargo de cónsul de Colombia. Los años pasados en Buenos Aires (1893-1898) constituyeron el apogeo del modernismo representado en parte por la publicación de* Prosas profanas *y* Los raros *en 1896. A partir de 1898, Darío vivió casi constantemente en Europa, sobre todo en París. Publicó otros dos libros importantes,* Cantos de vida y esperanza *(1905) y* El canto errante *(1907).*

EL RUBÍ

—¡Ah! ¡Conque es cierto! ¡Conque ese sabio parisiense ha logrado sacar del fondo de sus retortas, de sus matraces, la púrpura cristalina de que están incrustados los muros de mi palacio!

—Y al decir esto el pequeño gnomo iba y venía, de un lugar a otro, a cortos saltos, por la honda cueva que le servía de morada; y hacía temblar

su larga barba y el cascabel de su gorro azul y puntiagudo.

En efecto, un amigo del centenario Chevreul
—cuasi Althotas—, el químico Frémy, acababa de
descubrir la manera de hacer rubíes y zafiros.

Agitado, conmovido, el gnomo —que era sabidor
y de genio harto vivaz— seguía monologando.

—¡Ah, sabios de la Edad Media! ¡Ah, Alberto
el Grande, Averroes, Raimundo Lulio! Vosotros no
pudisteis ver brillar el gran sol de la piedra filosofal, y he aquí que sin estudiar las fórmulas aristotélicas, sin saber cábala y nigromancia, llega un hombre
del siglo decimonono a formar a la luz del día lo
que nosotros fabricamos en nuestros subterráneos.
¡Pues el conjuro! Fusión por veinte días de una
mezcla de sílice y de aluminato de plomo; coloración con bicromato de potasa o con óxido de cobalto. Palabras en verdad que parecen lengua diabólica.

Risa.

Luego se detuvo.

El cuerpo del delito estaba allí, en el centro de la
gruta, sobre una gran roca de oro; un pequeño rubí,
redondo, un tanto reluciente, como un grano de granada al sol.

El gnomo tocó un cuerno, el que llevaba a su
cintura, y el eco resonó por las vastas concavidades.
Al rato, un bullicio, un tropel, una algazara. Todos
los gnomos habían llegado.

Era la cueva ancha, y había en ella una claridad
extraña y blanca. Era la claridad de los carbunclos
que en el techo de piedra centelleaban, incrustados,
hundidos, apiñados, en focos múltiples; una dulce
luz lo iluminaba todo.

A aquellos resplandores podía verse la maravillosa
mansión en todo su esplendor. En los muros, sobre

de eternidad, para no salir ya nunca y tras de las puertas aglomeraban impenetrables cantidades de odio seco, sin saliva, donde no cabían ni un alfiler ni un gemido.

Era difícil para los soldados combatir en contra de Dios, porque Él era invisible, invisible y presente, como una espesa capa de aire sólido o de hielo transparente o de sed líquida. ¡Y cómo son los soldados! Tienen unos rostros morenos, de tierra labrantía, tiernos, y unos gestos de niños inconscientemente crueles. Su autoridad no les viene de nada. La tomaron en préstamo quién sabe dónde y prefieren morir, como si fueran de paso por todos los lugares y les diera un poco de vergüenza todo. Llegaban a los pueblos sólo con cierto asombro, como si se hubieran echado encima todos los caminos y los trajeran ahí, en sus polainas de lona o en sus paliacates rojos, donde, mudas, aún quedaban las tortillas crujientes, como matas secas.

Los oficiales rabiaban ante el silencio; los desenfrenaba el mutismo hostil, la piedra enfrente, y tenían que ordenar, entonces, el saqueo, pues los pueblos estaban cerrados con odio, con láminas de odio, con mares petrificados. Odio y sólo odio, como montañas.

¡Los federales! ¡Los federales!

Y a esta voz era cuando las calles de los pueblos se ordenaban de indiferencia, de obstinada frialdad y los hombres se morían provisionalmente, aguardando dentro de las casas herméticas o disparando sus carabinas desde ignorados rincones.

El oficial descendía con el rostro rojo y golpeaba con el cañón de su pistola la puerta inmóvil, bárbara.

—¡Queremos comer!

—¡Pagaremos todo!

La respuesta era un silencio duradero, donde se paseaban los años, donde las manos no alcanzaban a levantarse. Después un grito como un aullido de lobo perseguido, de fiera rabiosamente triste:

—¡Viva Cristo Rey!

Era un Rey. ¿Quién era? ¿Dónde estaba? ¿Por qué caminos espantosos? La tropa podía caminar leguas y más leguas sin detenerse. Los soldados podían comerse los unos a los otros. Dios había tapiado las casas y había quemado los campos para que no hubiese ni descanso ni abrigo, ni aliento ni semilla.

La voz era una, unánime, sin límites: "Ni agua." El agua es tierna y llena de gracia. El agua es joven y antigua. Parece una mujer lejana y primera, eternamente leal. El mundo se hizo de agua y de tierra y ambas están unidas, como si dos opuestos cielos hubiesen realizado nupcias imponderables. "Ni agua." Y del agua nace todo. Las lágrimas y el cuerpo armonioso del hombre, su corazón, su sudor. "Ni agua." Caminar sin descanso por toda la tierra, en persecución terrible y no encontrarla, no verla, no oírla, no sentir su rumor acariciante. Ver cómo el sol se despeña, cómo calienta el polvo, blando y enemigo, cómo aspira toda el agua por mandato de Dios y de ese Rey sin espinas, de ese Rey furioso, de ese inspector del odio que camina por el mundo cerrando los postigos...

¿Cuándo llegarían?

Eran aguardados con ansiedad y al mismo tiempo con un temor lleno de cólera. ¡Que vinieran! Que entraran por el pueblo con sus zapatones claveteados y con su miserable color olivo, con las cantimploras vacías y hambrientos. ¡Que entraran! Nadie haría una señal, un gesto. Para eso eran las puertas, para cerrarse. Y el pueblo, repleto de habitantes, aparecería deshabitado, como un pueblo de muertos, profundamente solo.

¿Cuándo y de qué punto aparecerían aquellos

partes el camino del conocimiento. Primera parte: la que empieza con la intuición inicial de cuando me di clara cuenta, en el Teatro Palace, y viendo ambos correr una cinta, de su fuerte naturaleza magnética, que al aproximarme a usted me llenaba de vitalidad y de energía. Segunda: cuando, jugando ajedrez, usted me tomó una pieza con movimiento tan rápido, tan felino, que parecía el acto de una fiera al caer sobre su presa. Tercera: cuando la concebí como una esfinge. Cuarta: cuando me enseñó su cuadro de "El león". Quinta y definitiva: —la luz deslumbradora— cuando llorosa y desencajada por el dolor, echada sobre la alfombra de su cuarto, tuve la clara visión de su trágica naturaleza de leona. Hay más invisibles jalones en este encantado sendero de sombras, en busca de lo desconocido, algunos que ya señalé, y otros que irán apareciendo poco a poco; pero no tienen la misma importancia que los enumerados.

Y para manifestárselos ahora a usted, prescindiré del orden cronológico, y pasaré, por de pronto, al de su importancia, en el que sólo quedan dos: cuando usted se me apareció como una esfinge; y cuando, toda llorosa y desencajada por el dolor, apareció clara su verdadera naturaleza de leona.

Si usted hubiera seguido subordinada a su esposo; si no hubiera obtenido, con el divorcio, la libertad de acción, probablemente yo nunca habría podido llegar al conocimiento de su naturaleza leonina; pero, emancipada, *usted pudo reconstruir su cueva florestal.* Pudo arrendar una hermosa casa, y alhajarla. Usted misma me afirmó que prefería comer poco y restar algo a necesidades apremiantes con tal de tener una cómoda vivienda, que diera el apropiado marco a su espíritu. Naturalmente, de la casa elegida formaba parte una amplia sala. Adosada a una de las paredes, y en su medio, usted

190

construyó una extensa especie de canapé, tan bajo que apenas se alzaba diez centímetros del suelo, y lo cubrió de lujosas telas y de almohadas y cojines singularmente bellos y suaves. Almohadones que eran una verdadera obra de arte, de extraños y turbadores matices. Sobre esta alfombra, usted tomó luego el hábito de echarse, para leer y para descansar. Este amplio lecho, que supone obtener, fue obra instintiva de su subconsciente. Usted buscaba poder adoptar su posición habitual de descanso, la única en que puede descansar: *el lecho de la gruta en que reposa la leona.*

Usted se acordará, sin embargo, de que no fue en este bajo lecho donde yo tuve la primera y vaga noción de su signatura, sino en un suntuoso sofá, mucho más alto. Me encontraba descansado en él, y cuando usted se preparaba a leer una obra célebre, a la que no puedo dar nombre, con su magnífica y cálida voz, que amo tanto, yo le supliqué que tomara asiento a mi lado, para entrar en el radio que abarcaba su aura y poder recibir su tibia onda de vida animal; pero usted se negó y *se echó a mis pies en la alfombra.* Así leyó. Y entonces yo tuve la conturbadora visión de que usted era una esfinge, visión que me llenó de inquietud y me desorientó, porque no existe propiamente *signatura de esfinge.* Es un símbolo demasiado alto para el hombre.

—¿Y entonces?

—Es que lo que yo vi entonces claramente fue su cuerpo, definidamente animal, echado en el suelo; *su cuerpo de gran digitígrado; su hermoso y robusto cuerpo de fiera;* y era tan clara para mí aquella forma bestial, que la acepté sin vacilar; y dije: "poderoso y bello cuerpo animal"; pero sobre él —usted estaba echada— emergía —*hacía usted emerger*— una hermosa cabeza femenina, clásica,

"Cristo Rey", y un nombre febril y anhelante, cuyo corazón latía sin cesar, sobresaltado, para darles agua, para darles un líquido puro, extraordinario, que bajaría por las gargantas y llegaría a las venas, alegre, estremecido y cantando.

El teniente balanceaba la cabeza mirando cómo las orejas del caballo ponían una especie de signos de admiración al paisaje seco, hostil. Signos de admiración. Sí, de admiración y de asombro, de profunda alegría, de sonoro y vital entusiasmo. Porque ¿no era aquel punto...aquél... un hombre, el profesor...? ¿No?

—¡Romero! ¡Romero! Junto al huizache... ¿distingues algo?

Entonces el grito de la tropa se dejó oír, ensordecedor, impetuoso:

—¡Jajajajay...! —y retumbó por el monte, porque aquello era el agua.

Una masa que de lejos parecía blanca, estaba ahí compacta, de cerca fea, brutal, porfiada como una maldición. "¡Cristo Rey!" Era otra vez Dios, cuyos brazos apretaban la tierra como dos tenazas de cólera. Dios vivo y enojado, iracundo, ciego como Él mismo, como no puede ser más que Dios, que cuando baja tiene un solo ojo en mitad de la frente, no para ver sino para arrojar rayos e incendiar, castigar, vencer.

En la periferia de la masa, entre los hombres que estaban en las casas fronteras, todavía se ignoraba qué era aquello. Voces sólo, dispares:

—¡Sí, sí, sí!
—¡No, no, no!

¡Ay de los vecinos! Aquí no había nadie ya, sino el castigo. La Ley Terrible que no perdona ni a la vigésima generación, ni a la centésima, ni al género humano. Que no perdona. Que juró vengarse. Que

268

juró no dar punto de reposo. Que juró cerrar todas las puertas, tapiar las ventanas, oscurecer el cielo y sobre su azul de lago superior, de agua aérea, colocar un manto púrpura e impenetrable. Dios está aquí de nuevo, para que tiemblen los pecadores. Dios está defendiendo su Iglesia, su gran iglesia sin agua, su iglesia de piedra, su iglesia de siglos.

En medio de la masa blanca apareció, de pronto, el punto negro de un cuerpo desmadejado, triste, perseguido. Era el profesor. Estaba ciego de angustia, loco de terror, pálido y verde en medio de la masa. De todos lados se le golpeaba, sin el menor orden o sistema, conforme el odio, espontáneo, salía.

—¡Grita viva Cristo Rey...!

Los ojos del maestro se perdían en el aire a tiempo que repetía, exhausto, la consigna:

—¡Viva Cristo Rey!

Los hombres de la periferia ya estaban enterados también. Ahora se les veía el rostro negro, de animales duros.

—¡Les dio agua a los federales, el desgraciado!

—¡Agua! Aquel líquido transparente de donde se formó el mundo. ¡Agua! Nada menos que la vida.

—¡Traidor! ¡Traidor!

Para quien lo ignore, la operación, pese a todo, es bien sencilla. Brutalmente sencilla. Con un machete se puede afilar muy bien, hasta dejarla puntiaguda, completamente puntiaguda. Debe escogerse un palo resistente, que no se quiebre con el peso de un hombre, de "un cristiano", dice el pueblo. Luego se introduce y al hombre hay que tirarlo de las piernas, hacia abajo, con vigor, para que encaje bien.

De lejos el maestro parecía un espantapájaros sobre su estaca, agitándose como si lo moviera el la mezcla química se describe con "palabras en verdad que parecen lengua diabólica".

Darío, más que ninguno, fue el gran artífice del modernismo. Su gran variedad de recursos estilísticos enriqueció el idioma y preparó el terreno para el florecimiento de la literatura hispanoamericana en el siglo xx. Señalemos en "El rubí" unos cuantos de los rasgos rubendarianos.[1]

La estructura de los cuentos de Darío revela un dominio total del género. En "El rubí", la joya, alrededor de la cual gira todo el cuento, no es más que un pretexto para la expresión de dos ideas del autor: la vanidad de los hombres frente al poder misterioso de la naturaleza y el elogio de la mujer sensual. La división del cuento en seis escenas le da un gran movimiento dramático: la denuncia del rubí falso; la descripción de la gruta; la historia de cómo Puck consiguió el rubí falso; el mito del rubí; la destrucción del rubí falso; y el resumen de Puck. El dinamismo del cuento también proviene de las frases cortas y abruptas con que empiezan, terminan o se interrumpen algunas de las escenas: "Risa. Luego se detuvo"; "Oíd. Puck sonreía, curioso"; "Pausa. —¿Habéis comprendido?"; "—¿Ninfas? —No, mujeres". Entre las seis escenas, hay una gran unidad lograda con el tema constante del rubí; con la presencia de Puck y su sonrisa; con las exclamaciones retóricas; y con el paralelismo entre el robo del rubí falso por Puck y el rapto de la mujer por el gnomo.

El talento de Darío se revela tanto en la estructura del cuento como en su prosa poética. La rima asonante en series de palabras produce un gran efecto musical: "topacios dorados"; "una farandola, loca y sonora". La aliteración aumenta la musicalidad, pero también demuestra el espíritu juguetón del autor, que concuerda con el papel de Puck: "grano de granada"; "grietas de granito"; "siempre con su sonrisa sonrosada". La repetición de palabras y de frases da más fluidez a la prosa: "¡Conque es cierto! ¡Conque ese sabio..."! "¡Oh, Tierra!

---

[1] Para un análisis más extenso de los cuentos de Darío, consúltese el estudio excelente de Raimundo Lida en los *Cuentos completos de Rubén Darío*, México, F.C.E., 1950.

¡Oh, Mujer!"; "una claridad extraña y blanca. Era la claridad de los carbunclos". El empleo de palabras y frases paralelas es un viejo recurso por medio del cual Darío luce su vocabulario muy rico: "de sus retortas, de sus matraces"; "agitado, conmovido"; "un bullicio, un tropel, una algazara"; "incrustados, hundidos, apiñados"; "que he cincelado..., que he amasado..., que he dado". La adjetivación es abundante y desempeña por lo menos dos funciones: descriptiva, musical y a veces alusiva: "bromas cristalinas"; "su mansión más luminosa y rica"; "encina añeja". Para embellecer sus descripciones, Darío prefiere los símiles a las metáforas. De éstas, la única digna de notar es "la mujer..., rosa de carne". En cambio, abundan los símiles: "caprichosos dibujos como los arabescos de una mezquita"; "diamantes, blancos y limpios como gotas de agua"; "muros, cubiertos de piedras preciosas, como un lienzo lleno de miel donde se arrojasen granos de arroz".

La sola presencia de todos estos elementos poéticos en un cuento no bastaría para explicar el arte de un gran escritor. Lo que distingue a Rubén Darío de los que lo imitaron con menos éxito es que supo entretejer estos elementos y adaptarlos con sutileza al tema de cada cuento. Su obra representa el apogeo de la fase parnasiana del modernismo.

palabras del autor se refieren a los cristeros y a veces, a los federales. La participación del lector en el penúltimo párrafo es de gran importancia: "para quien lo ignore", "debe escogerse" y "dice el pueblo". Revueltas narra la muerte del profesor como si estuviera dictando una clase desde un pupitre de madera. El tono poco enfático, en contraste con el tono cósmico de todo el cuento, produce el efecto deseado: un horror inolvidable.

Con la tercera generación de escritores mexicanos, se cierra el ciclo de la Revolución. Las hazañas militares, las consecuencias sociológicas y su sentido histórico se encuentran ya en las páginas de centenares de novelas y cuentos de la Revolución. Mientras los literatos mexicanos no encuentren una nueva orientación, seguirán publicando obras de la Revolución, que con muy pocas excepciones (Juan Rulfo es una de las más destacadas), no enriquecen el caudal establecido y ya reconocido por toda América y aun por otras partes del mundo.

JOAQUÍN GALLEGOS LARA
[1911-1947]

Ecuatoriano. Nació en Guayaquil y perteneció al grupo literario de esa ciudad que incluía a José de la Cuadra, Alfredo Pareja Díez-Canseco, Aguilera Malta y Gil Gilbert. Autodidacto. Erudito en antigüedades clásicas. Periodista. Planeó varias novelas, pero sólo logró publicar Las cruces sobre el agua *(1946). Un cuento suelto, "La última erranza" (1947) salió en la colección "Lunes" de México.*

¡ERA LA MAMÁ!

I

No supo cuántas cuadras había corrido. A pie. Metiéndose en los brusqueros. Dejando tiras de carne en los grises y mortales zapanes de las alambradas.

—¡Pára, negro maldecido!

—Dale vos la vuerta por áhi.

—Ha sido ni venao er moreno.

Jadeaba y sudaba frío. Oía tras él los pasos. Y el casco bronco del caballo del capitán retumbaba en el muelle piso del potrero.

—Aquí sí que...

El viento se llevaba las palabras. Al final del potrero había una mancha de arbolillos. Podría esconderse. ¡Aunque eran tan ralas las chilcas y tan sin hojas los guarumos!

—Ris... Ris...

En las orejas se le reían los balazos. Y el golpe

273

de la detonación de los "mánglicher" le llegaba al pecho: porque eran rurales.

Más allá de los árboles sonaba el río. Gritaban unos patillos.

—Er que juye vive...

¿Se estaban burlando de él?

—En los alambres me cojen...

El puyón del viento le zumbaba en las orejas.

—Masque deje medio pellejo yo paso...

Metió la cabeza entre los hilos de púas. Una le rasgó la oreja. Las separó cortándose los dedos. Le chorreaba tibia la sangre por las patillas, por las sienes. Se le escapó el hilo de arriba cerrando la cerca sobre él. De un tirón pasó el torso dibujándose una atarraya de arañazos en las espaldas negras.

—Deje er caballo pa pasar —advertían atrás al montado—. Una patada en las nalgas lo acabó de hacer pasar la cerca. Se fue de cara en la hierba.

—¡Ah! Hijo de una perra...

Esta vez la bota del rural le sonó como un campanillazo al patearlo en la oreja. En la ya rasgada.

Se irguió de rodillas. La culata del rifle le dio de lleno en el pecho. Las patadas lo tundían.

—Ajá, yastás arreglao...

Pero era un mogote el negro. Rugía como toro empialado. Y se agarró a las piernas del otro fracasándolo de espaldas. Quiso alzarse y patear también. Veía turbio.

Se culebreó sobre el caído. Forcejeaban sordamente.

—Ajá.

Lo tenía. Le había metido los dedos en la boca. El otro quería morder. El negro le hundía las manos abriéndole la boca sin sentir el dolor de los dientes. Y súbito tiró. Las mejillas del rural le dieron un escalofrío al rasgarse. Chillaron como el ruán que rasgan las mujeres cosiendo.

274

Al retirar las manos sangrientas oyó que la voz se le iba.

No tenía boca. Raigones negruzcos de muelas y de dientes reían. Se llevaba las manos a la cara recogiendo las piltrafas desgajadas.

—¡Ah! Hijo de una perra...

De todos lados las culatas y las botas le llovían golpes. Giró el negro los ojos blanqueantes. Agitó la bemba. Quería hablar. Los miró a todos en torno allí de rodillas. Recordó que todo había sido por el capitán borracho y belicoso! Se cubrió la cara con el brazo y cayó otra vez.

—¡Ah! ¡mardecido!

—Lo ha fregao a Rangel...

—Démosle duro.

—¡Negro mardito!

Bailaban sobre el cadáver.

II

—Hei, señora.

Del interior de la casa respondían. Se oían pasos.

—A ver... ¿Qué jue?

—Una posadita...

—¿Son rurales?

—Sí. ¿Y qué?

—Bueno, dentren nomás.

Brilló un candil sobre la cabeza de la vieja negra. El grupo kaki claro al pie de la casucha semejaba una hoja de maíz entreabierta. Hablaban entre ellos:

—Déjenlo áhi guardao adebajo er piso.

—Era de habeslo enterrao allá mesmo todoi... Onde cayó.

—Mañana lo enterramo. Anden. Cuidao se asusta la vieja.

Subieron ruidosamente. El cuerpo del negro muer-

to a patadas hizo una pirueta y cayó montado en el
filo de los guacayes horizontales del chiquero. Bajo
el piso.

Apoyaban los rifles cañón arriba en las paredes.
El capitán se sentó en la hamaca. Ya se le había
pasado la borrachera que lo hizo disputar con el
negro. Los otros se acomodaban en bateas boca
abajo. En el baúl. Donde pudieron.

—¿Han comido?

—Ya señora.

—Pero argo caliente. ¿Un matecito e café puro con
verde asao?

—Si usté es tan güena...

—Petitaa... ¿Ta apagao er fogón?

Del cuarto interior salió la muchacha.

—No tuavía, mama.

Entonces vámo a'sar unos verdes y un poquito e
café puro pa los señores...

La muchacha había hecho encenderse los pai-pais
de los ojos del capitán.

—Oye "Pata e venao", trai la damajuanita e ma-
yorca. Pa ponesle un poquito en er café puro e la
señora y de usté también, niña... niña Petita ¿no?
No pensaba habesme econtrao po aquí con una flor
de güenas tarde como ella...

Petita reía elevando el traje rosado con la loma
de su pecho duro, al respirar. E iba y venía con un
ritmo en las caderas que enloquecía al rural.

Después del café puro hubieran conversado un
rato con gusto. La vieja negra cortó:

—La conversa ta mui güena... pero ustedes dis-
pensarán que nos vayamos pa adentro a acostarno
yo y mi hija... Tenemo que madrugás... Porque
tarbés amanezca aquí mijo que llega e Manabí mañana... Ahi les dejo er candil.

La puerta de ocre oscuro, de viejas guadúas lati-
lladas, se cerró. Sus bisagras de veta de novillo chi-

rriaron. Los rurales la miraban con ojos malos.
El capitán los detuvo con el planazo de su mirada:

—Naiden se meta... La fruta es pa mí. Y pa mi
solo ta que se cai de la mata...

Ella le había guiñado el ojo. Apagó el candil. Por
la caña rala de las paredes salían ovillos de amari-
llenta claridad. Pegó la frente febril a las rendijas
frías.

—Se está esvistiendo...

Miraba, tendida atrás la mano deteniendo a los
otros. Cruzó en camisón la vieja hasta la ventana
con un mate en la mano. A verterlo afuera. Y ágil
metió por la puerta entornada la cabeza el hombre.
Una seña violenta y breve: vendré. Espérame. La
Petita apretó púdica el camisón, medio descubierto, contra el seno. Sonrió: sí.

La vieja sin darse cuenta de nada se metió bajo
el toldo colorado de la talanquera del frente. Apagando su candil.

Una hora más tarde crujía la puerta.

Y crujía la talanquera de Petita.

La vieja roncaba. Los rurales soñaban en la cua-
drita con la suerte de su jefe.

III

—Señora, muchísimas gracias. ¡Y nos vamo que
hai que hacer en er día!

Petita se sonreía con el capitán a espaldas de la
vieja. Uno dijo:

—¿La joven es casada u sortera?

—Ta separada el esposo —aclaró la madre.

—Y, una cosa señora pa saber a quien agradecer-
le ¿cómo es su gracia?

—Panchita e Llorel.

Petita ve al herido —al de la cara desgarrada en
la lucha de ayer— y pregunta:

—¿Qué jue eso, capitán?... Como anoche no lei visto...

—Jue antier una pelea..

—¡Pero qué bruto er que se lo hizo! Sería con navaja...

—No, con los dedos...

—¡Jesús! Lo han dejao guaco pa toda su vida...

Bajaron. Ya era claro. La manga húmeda brillaba como si hubiera llovido del sereno. Cantaban caciques en los ciruelos de las cercas.

Las dos mujeres empezaban sus quehaceres. A Petita le dolían las caderas: ¡es que tres veces!...

—Oite Petita... Baja a ver ar chancho que ha estao moviéndose y como hozando toda la noche...

Bajó Petita y la oyó gritar la madre:

—Mama, mama, estos marvaos le han echao un muerto ar chancho... Venga... Eso es lo que ha estao comiendo toda la santa noche... ¡Jesús! ¡San Jacinto lindo! Venga.

—¡Ar fin rurales! Son la plaga: con razón nuei dormido naditita: y antes que no han querido argo pior con vos...

Acudió. Como cluecas rodearon el chiquero. No sabían de donde empuñar el cuerpo mancornado con la cara sumergida en el lodo. Comido por el cuello. Por el pecho. Descubiertas las costillas.

—¡Pero qué mardecidos!... De adeveras: ar fin rurales... ¿Y quién será er pobre hombre este?

Por un brazo lo pudieron alzar. La camiseta tenía mucha sangre. Pero el pantalón ¿lo conocían? Con un canto de la falda limpió Petita el prieto embarrado hediendo de la cara. El cuerpo descansaba a medias en la vieja, a medias en el filo del chiquero.

Fue un grito corto el de Petita:

—¡Ay mama! Si es Ranulfo, mi ñaño...

La vieja no dijo nada. Su cara negra —arrugada

como el tronco leñoso de un níspero— se hizo ceniza, ceniza.

A Petita le dolían los besos del rural —los besos de la noche oscura— como si hubieran sido bofetadas...

COMENTARIO

En 1930, la publicación de *Los que se van* produjo en el Ecuador un escándalo literario que después tuvo repercusiones continentales. Los autores de este tomo de cuentos eran tres jóvenes: Demetrio Aguilera Malta, que a la sazón tenía veintiún años, Joaquín Gallegos Lara, diecinueve, y Enrique Gil Gilbert, dieciocho. *Los que se van* refleja el espíritu proletario que imperaba entre gran parte de los intelectuales del mundo entre 1929 y 1939. Con este libro, ya no hay temas prohibidos para la literatura. Los personajes son los cholos más pobres cuya vida peligra constantemente no sólo por los abusos de la sociedad, sino también por la violencia de su apetito sexual. Las transcripciones fonéticas de su dialecto son las más atrevidas que existen en la literatura hispanoamericana. No obstante los elementos crudos de estas obras, los tres ecuatorianos hacen gala de una maestría técnica que les ha ganado un nicho seguro en la cuentística hispanoamericana.

De los tres autores de *Los que se van*, Gallegos Lara es el más proletario. Aunque a primera vista parece descuidar el arte en favor de la protesta social, "¡Era la mamá!" impresiona precisamente por la forma artística con que el autor reviste su tema tan cruel. Dividido en tres escenas, el cuento luce una gran unidad. Además de la trama y del tono violento, el autor refuerza discretamente la estructura del cuento con detalles que ligan las tres escenas. Casi al final de la primera escena, el negro recuerda que su persecución se debe al "capitán borracho y belicoso". Después de la muerte del negro, la escena cambia al interior de la casa donde al capitán "ya se le había pasado la borrachera que lo hizo disputar con el negro". Al no entrar en más detalles, el autor demuestra que lo que más le preocupa es la sociedad que permite el asesinato cruel de un hombre por un motivo insignificante. La despedida de los rurales en la última escena trae recuerdos de la primera cuando Petita se horroriza irónicamente ante la víctima de su hermano. El lector comparte la sorpresa de las dos mujeres ante el descubrimiento de la identidad del cadáver, aunque en la segunda escena hay una leve insinuación del desenlace cuando la señora dice que llegará su hijo al día siguiente.

La violencia del cuento depende tanto de los hechos como del estilo. Abunda el diálogo muy rápido; casi todas las oraciones son de pocas palabras —en la primera escena, hay veinte oraciones de seis palabras o menos—; y los sonidos del cuento constituyen un fondo musical muy apropiado para el tema: "pasos de soldados... casco del caballo... el viento... los balazos... sonaba el río... gritaban unos patillos... las patadas... rugía... crujía la puerta... la vieja roncaba". En contraste con los sonidos, escasean los colores. Sólo hay unas cuantas alusiones a lo negro. Por eso, sobresale tanto el penúltimo párrafo: "La vieja no dijo nada. Su cara negra..., arrugada como el tronco leñoso de un níspero... se hizo ceniza, ceniza." El silencio después de tanto ruido; el cambio de color después de tanta oscuridad; y la prolongación de la oración por el símil muy acertado después de tantas oraciones breves —todo contribuye a dar bastante peso a este momento de ternura con la intención de contrarrestar los efectos de todo lo anterior. Teniendo en cuenta la importancia de la mamá —recuérdese el título del cuento— la alusión a la hermana en el párrafo que sigue, con su insistencia en los sonidos y la oscuridad, debilita el fin del cuento.

DEMETRIO AGUILERA MALTA
[1909]

Ecuatoriano. Nació en Guayaquil. De profesor de colegio llegó a ser Subsecretario de Educación Pública. Sus cuentos en Los que se van *y sus novelas* Don Goyo *(1933) y* La isla virgen *(1942) transcurren en la región limitada de la desembocadura del río Guayas. Sus otras novelas, de menos valor literario, tienen un escenario más exótico:* Canal Zone *(1935),* Madrid *(1939) y* Una cruz en la Sierra Maestra *(1961). En 1964 comenzó a publicar una serie de novelas históricas con el título "galdosiano" de* Episodios Americanos. *Hasta la fecha han salido tomos sobre Bolívar (1964), Francisco de Orellana (1964) y Vasco Núñez de Balboa (1965). Se le considera el mejor dramaturgo de su país con obras como* Lázaro *(1941),* Dientes blancos *(1955),* El tigre *(1957),* Honorarios *(1957) e* Infierno negro *(1967). Radicado desde hace varios años en México. Profesor visitante en Scripps College (1968) y en la Universidad de California, Irvine (1970). Representante de los autores sudamericanos en la directiva de la Comunidad Latinoamericana de Escritores. Una nueva novela,* Siete lunas y siete serpientes *(1970) acaba de publicarse.*

EL CHOLO QUE SE VENGÓ

—Tei amao como naide ¿sabés vos? Por ti mei hecho marinero y hei viajao por otras tierras... Por ti hei estao a punto e ser criminal y hasta hei abandonado a mi pobre vieja: por ti que me habís engañao y te habís burlao e mí... Pero mei vengao:

281

todo lo que te pasó ya lo sabía yo desde antes. ¡Por eso te dejé ir con ese borracho que hoi te alimenta con golpes a vos y a tus hijos!

La playa se cubría de espuma. Allí el mar azotaba con furor, y las olas enormes caían, como peces multicolores sobre las piedras. Andrea lo escuchaba en silencio.

Si hubiera sido otro... ¡Ah!... Lo hubiera desafiao ar machete a Andrés y lo hubiera matao... Pero no. Ér no tenía la curpa. La única curpable eras vos que me habías engañao. Y tú eras la única que debía sufrir así como hei sufría yo...

Una ola como "raya" inmensa y transparente cayó a sus pies interrumpiéndole. El mar lanzaba gritos ensordecedores. Para oír a Melquiades ella había tenido que acercársele mucho. Por otra parte, el frío...

—¿Te acordás de cómo pasó? Yo, lo mesmo que si juera ayer. Tábamos chicos; nos habíamos criao juntitos. Tenía que ser lo que jue. ¿Te acordás? Nos palabriamos, nos íbamos a casar... De repente me llaman pa trabajá en la barsa e don Guayamabe. Y yo, que quería plata, me jui. Tú hasta lloraste creo. Pasó un mes. Yo andaba po er Guayás, con una madera, contento e regresar pronto... Y entonces me lo dijo er Badulaque: vos te habías largao con Andrés. No se sabía nada e ti. ¿Te acordás?

El frío era más fuerte. La tarde más oscura. El mar empezaba a calmarse. Las olas llegaban a desmayar suavemente en la orilla. A lo lejos asomaba una vela de balandra.

—Sentí pena y coraje. Hubiera querido matarlo a ér. Pero después vi que lo mejor era vengarme: yo conocía a Andrés. Sabía que con ér sólo te esperaban er palo y la miseria. Así que ér sería mejor quien me vengaría... ¿Después? Hei trabajao mu-

282

cho, muchísimo. Nuei querido saber más de vos. Hei visitao muchas ciudades; hei conocío muchas mujeres. Sólo hace un mes me ije: ¡andá a ver tu obra!

El sol se ocultaba tras los manglares verdinegros. Sus rayos fantásticos danzaban sobre el cuerpo de la chola dándole colores raros. Las piedras parecían coger vida. El mar se dijera una llanura de flores policromas.

—Tei hallao cambiada ¿sabés vos? Estás fea; estás flaca; andás sucia. Ya no vales pa nada. Sólo tienes que sufrir viendo cómo te hubiera ido conmigo y como estás ahora ¿sabés vos? Y anda vete que ya tu marido ha destar esperando la merienda, anda vete que sinó tendrás hoi una paliza...

La vela de la balandra crecía. Unos alcatraces cruzaban lentamente por el cielo. El mar estaba tranquilo y callado y una sonrisa extraña plegaba los labios del cholo que se vengó.

COMENTARIO

Aguilera Malta también escribe sobre cholos incultos, el sexo primitivo y la violencia, pero ¡qué diferencia entre este cuento y "¡Era la mamá!" De las dos personas que están presentes sólo habla el hombre. Por medio de su monólogo nos enteramos de la gran desilusión sufrida tanto por el hombre traicionado como por la mujer. A medida que se va completando el cuadro, crece el suspenso. A pesar de que el título se explica en el primer párrafo, queda la amenaza de la violencia. Por eso, a pesar de que el final concuerda completamente con todo el cuento, no deja de sorprender.

Aguilera Malta embellece esta escena de la vida chola alternando las descripciones del mar con el monólogo. Esas descripciones tienen una función múltiple.

El furor del mar refleja las emociones del hombre igual que la calma que sigue. La presencia del mar sugiere el sexo en su sentido más primitivo y da más universalidad al cuento. Melquiades y Andrea, por medio del mar, dejan de ser cholos y se convierten en *un* hombre y *una* mujer. Al mismo tiempo que la actuación del mar refleja las emociones del hombre, el lenguaje poético de las descripciones hace contraste con su habla realista. Los distintos juegos de luz y sonido crean una serie de cinco cuadros plásticos que podrían ser interpretados a las mil maravillas por una orquesta sinfónica.

De los tres autores de *Los que se van*, Aguilera Malta es el más artista. El hecho de ser dramaturgo también explica la paradoja de este cuento: la gran fuerza dramática de una escena exenta de acción.

ENRIQUE GIL GILBERT
[1912]

Ecuatoriano. Nació en Guayaquil. Profesor de historia en la Universidad de Guayaquil y profesor de castellano y de literatura en el Colegio Nacional Vicente Rocafuerte. Además de los cuentos de Los que se van, *publicó otros dos tomos de cuentos,* Yunga *(1933) y* Los relatos de Emmanuel *(1939), y una novela,* Nuestro pan *(1942), que ganó el segundo premio del primer concurso Farrar y Rinehart. "Después abandonó la literatura para dedicarse por entero a la política."* [1]

EL MALO

> *Duérmase niñito.*
> *duérmase por Dios;*
> *duérmase niñito*
> *que allí viene el cuco*
> *¡ahahá! ¡ahahá!*

Y LEOPOLDO elevaba su destemplada voz meciéndose a todo vuelo en la hamaca, tratando de arrullar a su hermanito menor.

—¡Er moro!

Así lo llamaban porque hasta muy crecido había estado sin recibir las aguas bautismales.

—¡Er moro! ¡Jesú, qué malo ha de ser!

[1] Enrique Anderson Imbert, *Historia de la literatura hispanoamericana*, México: Fondo de Cultura Económica, 1961, vol. II, p. 255.

—¿Y nuá venío tuabía la mala pájara a gritajle?

—Iz que cuando uno es moro la mala pájara pare...

—No: le saca los ojitos ar moro.

San José y la virgen
fueron a Belén
a adorar al niño
y a Jesús también.
María lavaba,
San José tendía
los ricos pañales
que el niño tenía,
¡ahahá! ¡ahahá!

Y seguía meciendo. El cuerpo medio torcido, más elevada una pierna que otra, sólo la más prolongada servía de palanca mecedora. En los labios un pedazo de res: el "rompe camisa".

Más sucio y andrajoso que un mendigo, hacía exclamar a su madre:

—¡Si ya nuai vida con este demonio! ¡Vea: si nuace un ratito que lo hei bestío y ya anda como de un mes!

Pero él era impasible. Travieso y malcriado por instinto. Vivo; tal vez demasiado vivo.

Sus pillerías eran porque sí. Porque se le antojaba hacerlo.

Ahora su papá y su mamá se habían ido al desmonte. Tenía que cocinar. Cuidar a su hermanito. Hacerlo dormir, y cuando ya esté dormido, ir llevando la comida a sus taitas. Y lo más probable era que recibiera su cueriza.

Sabía sin duda lo que le esperaba. Pero aunque ya el sol "estaba bastante paradito", no se preocupaba de poner las ollas en el fogón. Tenía su cueriza segura. Pero ¡bah!

286

¿Qué era jugar un ratito?... Si le pegaban le dolería un ratito y... ¡nada más! Con sobarse contra el suelo, sobre la yerba de la virgen...

Y viendo que el pequeño no se dormía se agachó; se agachó hasta casi tocarle la nariz contra la de él.

El bebé, espantado, saltó, agitó las manecitas. Hizo un gesto que lo afeaba y quiso llorar.

—¡Duérmete! —ordenó.

Pero el muy sinvergüenza en lugar de dormirse se puso a llorar.

—Vea ñañito: ¡duérmase que tengo que cocinar!

Y empleaba todas las razones más convincentes que hallaba al alcance de su mentalidad infantil.

El bebé no hacía caso.

Recurrió entonces a los métodos violentos.

—¿No quieres dormirte? ¡Ahora verás!

Cogiólo por los hombritos y lo sacudió.

—¡Si no te duermes verás!

Y más y más lo sacudía. Pero el bebé gritaba y gritaba sin dormirse.

—¡Agú! ¡Agú! ¡Agú!

—Parece pito, de esos pitos que hacen con cacho e toro y ombligo de argarrobo.

Y le parecía bonita la destemplada y nada simpática musiquita.

¡Vaya! Qué gracioso resultaba el muchachito, así, moradito, contrayendo los bracitos y las piernitas para llorar.

—¡Ji, ji, ji! ¡Como si ase! ¡Ji, ji, ji!

Si él hubiera tenido senos como su mamá, ya no lloraría el chico, pero... ¿Por qué no tendría él?...

...Y él sería cuando grande como su papá...

Iría...

—¡Agú! ¡Agú! ¡Agú!

¡Carambas, si todavía lloraba su ñaño!

Lo bajó de la hamaca.

—¡Leopordo!

—Mande.

—¿Nuás visto mi gallina fina?

—¡Yo no hei visto nada!

Y la Chepa se alejaba murmurando:

—¡Si es malo-malo-malo-como er mesmo malo!

¡Vieja majadera! Venir a buscar gallinas cuando él tenía que hacer dormir a su ñaño y cocinar... Y ya el sol "estaba más paradito que endenantes".

¡Qué gritón el muchacho! Ya no le gustaba la musiquita.

Y se puso a saltar alrededor de la criatura. Saltaba. Saltaba. Saltaba.

Y los ocho años que llevaba de vida se alegraron como nunca se habían alegrado.

Si había conseguido hacerlo callar, lo que pocas veces conseguía...

Y más todavía, se reía con él... ¡Con él que nadie se reía!

Por eso tal vez era malo.

¿Malo? ¿Y qué sería eso? A los que les grita la lechuza antes de que los lleven a la pila, son malos... ¡Y a él dizque le había gritado!

Pero nadie se reía con él.

—No te ajuntes con er Leopordo. —Había oído que le decían a los otros chicos—. ¡No te ajuntes con ese ques malo!

Y ahora le había sonreído su hermanito. ¡Y diz que los chiquitos son angelitos!

—¡Güio! ¡Güio!

Y saltaba y más saltaba a su alrededor.

De repente se paró.

—¡Ay!

Lloró. Agitó las manos. Lo mismo había hecho el chiquito.

—¿Y de onde cayó er machete?

Tornaba los ojos de uno a otro lado.

—¿Pero de onde caería? ¿No sería er diablo?

Y se asustó. El diablo debía estar en el cuarto.

—¡Uy!

Sus ojos se abrieron mucho... mucho... mucho...

Tanto que de tan abiertos se le cerraron. ¡Le entró tanto frío en los ojos! Y por los ojos le pasó al alma.

El chiquito en el suelo... y él viendo: Sobre los pañalitos... una mancha como de fresco de pitahaya... no... si era... como de tinta de mangle... y salía y salía... ¡qué colorada!

Pero ya no lloraba.

—¡Ñañito!

No, ya no lloraba. ¿Qué le había pasado? ¿Pero de dónde cayó el machete? ¡El diablo!

Y asustado salió. Se detuvo apenas dejó el último escalón de la escalera. ¿Y si su mamá le pegaba? ¡Como siempre le pegaban...!

Volvió a subir... Otra vez estaba llorando el chiquito... ¡Sí! Sí estaba llorando... ¡Pero cómo lloraba! ¡Si casi no se le oía!

—¡Oi! ¡Cómo se ha manchao! ¡Y qué colorao! ¡Qué colorao questá! ¡Si toíto se ha embarrao!

Fue a deshacerle el bulluco de pañales. Con las puntas del índice y del pulgar los cogía: ¡Tanto miedo le daban!

Eso que le salía era como la sangre que le salía a él cuando se cortaba los dedos mientras hacía canoítas de palo e balsa.

Eso que le salía era sangre.

—¿Cómo caería er machete?

Allí estaba el diablo...

El diablo. El diablo. El diablo.

Y bajó. No bajó. Se encontró sin saber cómo, abajo. Corrió en dirección "al trabajo" de su papá.

—¡Yo no hei sío! Yo no hei sío.

Y corría.

Lo vio pasar todo el mundo.

Los hijos de la Chepa. Los de la Meche. Los de la Victoria. Los de la Carmen. Y todos se apartaban.

—¡Er malo!

Y se quitaban.

—¿Lo ves cómo llora y cómo habla? ¡Se ha gorbido loco! ¡No se ajunten con él que la lechuza lo ha gritao!

Pero él no los veía.

El diablo... su hermanito... ¿cómo fue? El diablo... El malo... El... ¡El que le decían el malo!

—¡Yo no jui! ¡Yo no jui! ¡Si yo no sé!

Llegó. Los vio de lejos. Si les decía le pegaban... No: él les decía...

Y avanzó:

—¡Mama! ¡Taita!

—¿Qué quieres vos aquí? ¿No te dejé cuidando ar chico?

Y lloró asustado. Y vio:

El diablo.

Su hermanito.

El machete.

—Si yo no jui... ¡Solito no más se cayó! ¡Er diablo!

—¿Qué ha pasado?

—En la barriguita... ¡pero yo no jui! ¡Si cayó solito! Naiden lo atacó! ¡Yo no jui!

Ellos adivinaron.

¡Y corrieron. Él asustado. Ella llorosa y atrás. Leopoldo con un espanto más grande que la alegría de cuando su hermanito le sonrió!

Para todos pasó como algo inusitado ver corriendo como locos a toda la familia.

Algunos se reían. Otros se asustaban. Otros que daban indiferentes.

Los muchachos se acercaban y preguntaban:

—¿Qué ha pasao?

Hablaban por primera vez en su vida al malo.

—¡Yo nuei sío! ¡Jue er diablo!

Y se apartaban de él.

¡Lo que decía!

Y subieron todos y todos vieron y ninguno creyó en lo que veía. Sólo él —el malo— asustado, tan asustado que no hablaba —cosa rara en él— desgreñado, sucio, hediondo a sudor, miraba y estaba convencido de que era cierto lo que veían.

Y sus ojos interrogaban a todos los rincones. Creía ver al diablo.

La madre lloró.

Al quitarle los pañales vio con los ojos enturbiados por el llanto lo que no hubiera querido ver...

Pero ¿quién había sido?

Juan, el padre, explicó: como de costumbre él había dejado el machete entre las cañas... él, nadie más que él, tenía la culpa.

No. Ellos no lo creían. Había sido el malo. Ellos lo acusaban.

Leopoldo llorando imploraba:

—Si yo no jui! Jue er diablo.

—¡Er diablo eres vos!

—¡Yo soy Leopordo!

—Tu taita ej er diablo, no don Juan.

—Mentira —gritó la madre ofendida.

Y la vieja Victoria, bruja y curandera, arguyó con su voz cascada:

—¡Nuasido otro quer Leopordo, porque ér ej er malo. Y naiden más quer tiene que haber sido!

Leopoldo como última protesta:

—¡Yo soy hijo e mi taíta!

Todos hacían cruces.

Había sido el malo. Tenía que ser. Ya había co-menzado. Después mataría más.

—¡Hay que decirle ar Político er pueblo!

Se alejaban del malo. Entonces él sintió repul-sión de ellos. Fue la primera vez que odió.

Y cuando todos los curiosos se fueron y queda-ron solos los cuatro, María, la madre, lloró. Mien-tras Juan se restregaba una mano con otra y las lágrimas rodaban por sus mejillas.

María vio al muerto... ¡Malo, Leopoldo, malo! ¡Mató a su hermanito, malo! Pero ahora vendría el Político y se lo llevaría preso... Pobrecito. ¿Cómo lo tratarían? Mal porque era malo. Y con lo bru-tos que eran los de la rural. ¡Pero había matado a su hermanito! Malo, Leopoldo, malo...

Lo miró. Los ojos llorosos de Leopoldo se en-contraron suplicantes con los de ella.

—¡Yo no hei sío, mama!

La vieja Victoria subió refunfuñando:

—¡Si es ques malo de nación: es ér, er malo, naiden más que ér!

María abrazó a su hijo muerto... ¿Y el otro? ¿El Leopoldo?... ¡No, no podía ser!

Corrió, lo abrazó y lo llevó junto al cadáver. Y allí abrazó a su hijo muerto y al vivo.

—¡Mijito! ¡Pobrecito!

—Le gritó la lechuza...

El machete viejo, carcomido, manchado a partes de sangre, a partes oxidado, negro, a partes pla-teado, por no sé qué misterio de luz, parecía reírse.

—¡Es malo, malo Leopoldo!

COMENTARIO

En este cuento, lo mismo que en los dos anteriores, no se ve la mano del artista. La acción se desarrolla mediante el diálogo y los pensamientos de los personajes. La unidad se deriva de la presentación parcial de los personajes y de la trama. El lector tiene que participar activamente en el proceso creativo. En "El malo", el detalle importante de la edad de Leopoldo no se revela hasta casi el fin del primer tercio del cuento y entonces, de una manera poco enfática. La muerte del hermanito impresiona porque la vemos por los ojos de Leopoldo y como él, tardamos en darnos cuenta exacta de lo que pasó.

"El malo" se distingue de los cuentos anteriores de *Los que se van* por su gran penetración psicológica y por su construcción más compleja. Dividiendo el cuento en tres escenas, se puede comprender el doble propósito del autor: el captar directamente los pensamientos y las emociones de un niño de ocho años y el presentar la fuerza de la opinión pública. En la primera escena, que acaba con la muerte, predomina el mundo interior de Leopoldo cuyas divagaciones alternan con sus esfuerzos para hacer dormir al chiquito. El tema de los vecinos se insinúa levemente en los recuerdos de Leopoldo y en la entrada inesperada de la Chepa. En la segunda escena, que consta de las dos carreras, el autor funde con gran talento los dos temas. El muchacho aterrorizado pasa volando por entre los comentarios de todos los vecinos. Si se apartan para dejarlo pasar en la primera mitad de la carrera, lo acosan despiadadamente cuando vuelve. "Y subieron todos y todos vieron y ninguno creyó en lo que veía." En la tercera escena, igual que en el tercer acto de algunos dramas del Siglo de Oro (v.gr. *El alcalde de Zalamea* de Calderón de la Barca), el tema principal de comienzos de la obra se opaca mientras el tema secundario se convierte en el principal. Ante los dardos constantes de los vecinos, Leopoldo se calla. La explicación lógica de Juan también cede ante el fanatismo de los vecinos; y para colmo, hasta el amor materno vacila ante la presión pública. Al comienzo del cuento, Leopoldo recuerda cómo también su madre lo llamaba "demonio". Sin embargo, en el momento supremo, acude desesperadamente a la comprensión de su madre. Ella responde abrazándolo, pero ahí no termina el cuento. Todavía faltan los dos comentarios anónimos que, sin que el autor nos lo diga, ponen en duda el amor materno. La oración dedicada a la sonrisa diabólica del machete separa los dos comentarios y les da más relieve.

En fin, el terror delirante y la impotencia angustiosa de Leopoldo se crean con tanta destreza que "El malo" tiene que figurar como una de las obras maestras del cuento hispanoamericano.

SALVADOR SALAZAR ARRUÉ (SALARRUÉ)
[1899]

*Salvadoreño. Nació en Sonsonate, de familia aco-
modada. Su padre era profesor; su madre escribía
versos y traducía cuentos del francés. Salarrué estudió arte en El Salvador y en los Estados Unidos.
Fue profesor y director del periódico* Patria *(1925-
1935) y de la revista* Amatl *(1939-1940). Durante
varios años fue agregado cultural de El Salvador
en Washington. Es el literato salvadoreño más conocido dentro y fuera de su país tanto por su fe-
cundidad como por la calidad y variedad de sus
obras. En éstas se revelan dos tendencias, la regional y la universal (fantástica, exótica, espiritua-
lista):* El Cristo negro *(1926),* El señor de la bur-
buja *(1927),* O-Yarkandal *(1929),* Remotando el
Uluán *(1932),* Cuentos de barro *(1933),* Eso y más
(1940), Cuentos de cipotes *(1945),* Trasmallo *(1954)
y* La espada y otras narraciones *(1960).*

LA BOTIJA

José Pashaca era un cuerpo tirado en un cuero; el
cuero era un cuero tirado en un rancho; el rancho
era un rancho tirado en una ladera.

Petrona Pulunto era la *nana* de aquella boca:

—¡Hijo: abrí los ojos; ya hasta la color de que
los tenés se me olvidó!

José Pashaca pujaba, y a lo mucho encogía la
pata.

—¿Qué quiere mama?

—¡Ques nicesario que tioficiés en algo, ya tás indio entero!

—¡Agüén!...

Algo se regeneró el holgazán: de dormir pasó a estar triste, bostezando.

Un día entró Ulogio Isho con un *cuenterete*. Era un como sapo de piedra, que se había hallado arando. Tenía el sapo un collar de pelotitas y tres hoyos: uno en la boca y dos en los ojos.

—¡Qué feyo este baboso! —llegó diciendo. Se carcajeaba—; meramente el tuerto Cande!...

Y lo dejó, para que jugaran los *cipotes* de la María Elena.

Pero a los dos días llegó el anciano Bashuto, y en viendo el sapo dijo:

—Estas cositas son obra denantes, de los agüelos de nosotros. En las aradas se incuentran catizumbadas. También se hallan botijas llenas dioro.

José Pashaca se dignó arrugar el pellejo que tenía entre los ojos, allí donde los demás llevan la frente.

—¿Cómo es eso, ño Bashuto?

Bashuto se prendió al puro con toda la fuerza de sus arrugas, y se fue en humo. *Enseguiditas* contó mil hallazgos de *botijas*, todos los cuales "él bía presenciado con estos ojos". Cuando se fue, se fue sin darse cuenta de que, de lo dicho, dejaba las cáscaras.

Como en esos días se murió la Petrona Pulunto, José levantó la boca y la llevó caminando por la vecindad, sin resultados nutritivos. Comió *majonchos* robados, y se decidió a buscar *botijas*. Para ello, se puso a la cola de un arado y empujó. Tras la reja iban arando sus ojos. Y así fue como José Pashaca llegó a ser el indio más holgazán y a la vez el más laborioso de todos los del lugar. Trabajaba sin trabajar —por lo menos sin darse cuenta— y trabajaba tanto, que las horas coloradas le hallaban siempre sudoroso. con la mano en la mancera y los ojos en el surco.

Piojo de las lomas, caspeaba ávido la tierra negra, siempre mirando al suelo con tanta atención, que parecía como si entre los borbollos de tierra hubiera ido dejando sembrada el alma. Pa que nacieran perezas; porque eso sí, Pashaca se sabía el indio más sin oficio del valle. Él no trabajaba. Él buscaba las *botijas* llenas de *bambas* doradas, que hacen "¡plocosh!" cuando la reja las topa, y vomitan plata y oro, como el agua del charco cuando el sol comienza a *ispiar* detrás de *lo del ductor Martínez*, que son los llanos que topan al cielo.

Tan grande como él se hacía, así se hacía de grande su obsesión. La ambición más que el hambre, le había parado del cuero y lo había empujado a las laderas de los cerros; donde aró, aró, desde la gritería de los gallos que se tragan las estrellas, hasta la hora en que el *guas* ronco y lúgubre, parado en los ganchos de la ceiba, *puya* el silencio con sus gritos destemplados.

Pashaca se peleaba las lomas. El patrón, que se asombraba del milagro que hiciera de José el más laborioso colono, dábale con gusto y sin medida luengas tierras, que el indio soñador de tesoros rascaba con el ojo presto a dar aviso en el corazón, para que éste cayera sobre la *botija* como un trapo de amor y ocultamiento. Y Pashaca sembraba, por fuerza, porque el patrón exigía los censos. Por fuerza también tenía Pashaca que cosechar, y por fuerza que cobrar el grano abundante de su cosecha, cuyo producto iba guardando despreocupadamente en un hoyo del rancho, por *siacaso*.

Ninguno de los colonos se sentía con hígado su-

297

ficiente para llevar a cabo una labor como la de José. "Es el hombre de jierro —decían—; ende que le entró asaber qué, se propuso hacer pisto. Ya tendrá una buena huaca..."

Pero José Pashaca no se daba cuenta de que, en realidad, tenía *huaca*. Lo que él buscaba sin desmayo era una *botija* y siendo como se decía que las enterraban en las aradas, allí por fuerza la *incontraría* tarde o temprano.

Se había hecho no sólo trabajador, al ver de los vecinos, sino hasta generoso. En cuanto tenía un día de no poder arar, por no tener tierra cedida, les ayudaba a los otros, les mandaba descansar y se quedaba arando por ellos. Y lo hacía bien: los surcos de su reja iban siempre pegaditos, *chachados y projundos*, que daban gusto.

—¡Onde te metés, babosada! —pensaba el indio sin darse por vencido—: Y tei de topar, aunque no querrás, así mihaya de tronchar en los surcos.

Y así fue; no lo del encuentro, sino lo de la tronchada.

Un día, a la hora en que se *verdeya* el cielo y en que los ríos se hacen rayas blancas en los llanos, José Pashaca se dio cuenta de que ya no había *botijas*. Se lo avisó un desmayo con calentura; se dobló en la mancera; los bueyes se fueron parando, como si la reja se hubiera enredado en el raizal de la sombra. Los hallaron negros, contra el cielo claro, "*voltiando a ver al indio embruecado, y resollando el viento oscuro*".

José Pashaca se puso malo. No quiso que *naide* lo cuidara. "*Dende que bía finado la Petrona, vivía íngrimo en su rancho.*"

Una noche, haciendo *juerzas de tripas*, salió sigiloso llevando, en un cántaro viejo, su *huaca*. Se agachaba detrás de los *matochos* cuando *otiba* ruidos, y así se estuvo haciendo un hoyo con la *cuma*.

298

Se quejaba a ratos, rendido, pero luego seguía con brío su tarea. Metió en el hoyo el cántaro, lo tapó bien tapado, borró todo rastro de tierra removida; y alzando sus brazos de bejuco hacia las estrellas, dejó ir liadas en un suspiro estas palabras:

—¡Vaya; pa que no se diga que ya nuai botijas en las aradas!...

COMENTARIO

A primera vista los *Cuentos de barro* parecen tener un regionalismo exagerado. Sí lo tienen, pero al combinarlo con un estilo vanguardista, Salarrué logra ciertos efectos artísticos que traspasan las fronteras nacionales. Emplea las formas dialectales no sólo cuando dialogan sus personajes campesinos, sino también en sus propios trozos narrativos donde alternan con símiles y metáforas sofisticados; "tras la reja iban arando sus ojos"; "piojo de las lomas, caspeaba ávido la tierra negra".

A veces las imágenes revelan un sentido humorístico que no se encuentra mucho entre los otros criollistas: "José levantó la boca y la llevó caminando." El uso de letras cursivas para las formas dialectales cuando aparecen en la prosa del autor indica que éste las está saboreando como elemento exótico.

"La botija", lo mismo que los otros "cuenteretes", da la impresión de que el personaje campesino de Salarrué es un ser pintoresco con cuya simplicidad el autor pretende hacer sonreír al lector. Ese punto de vista, característico de los autores costumbristas de fines del siglo XIX, constituye una excepción dentro del criollismo cuyos partidarios penetran más en sus personajes para compartir su sufrimiento. Sin embargo, "La botija" no deja de ser un buen cuento. El final inesperado y humorístico concuerda con el tono de todo el cuento, establecido por el juego lingüístico del primer párrafo y continuado por el contraste entre la ingeniosidad del autor y la ingenuidad del protagonista.

La superioridad de este cuento respecto a los otros "Cuentos de barro" resulta de los brochazos magistrales con que Salarrué pinta a José Pashaca y luego de la transformación total que "sufre" a través de muy pocas páginas.

VÍCTOR CÁCERES LARA
[1915]

*Hondureño. Maestro de enseñanza primaria, perio-
dista, diputado y embajador en Venezuela. Publicó
dos libros de romances nacionales,* Arcilla *y* Romances de la alegría y de la pena, *y un tomo de
cuentos,* Humus. *Anderson Imbert lo considera el
mejor cuentista hondureño de la época de 1940 a
1955.*[1] *Actualmente también se dedica a la Historia
nacional y preside la Sociedad de Geografía e Historia de Honduras.*

PALUDISMO

LA NOCHE iba poniendo oscuros toques de angustia
en los ángulos de la habitación destartalada donde
el aire penetraba sometido a racionamiento riguroso y donde la luz, aun en la hora más soleada del
día, no alcanzaba a iluminar plenamente. Afuera,
sonaba como temeroso de ser oído el chorro imperceptible de una llave de agua mal cerrada. La
única llave para la sed de infinidad de personas
que habitaban la misma cuartería. Un niño imploraba pan a voz en cuello y la madre —posiblemente
por la desesperación— le contestaba su pedido con
palabras groseras:

—¡Callate, *jodido...* nadie ha comido aquí!

Ella, la enferma del cuarto destartalado, veía

[1] Enrique Anderson Imbert, *Historia de la literatura hispanoamericana.* México: Fondo de Cultura Económica, 1961,
vol. II, p. 304.

cómo la poca luz iba terminándose; no disponía de alumbrado eléctrico y el aceite de la humilde lámpara estaba casi agotado. Ella no sentía ni un hilo de fuerza en sus músculos, ni una emanación tibia dentro de sus venas vacías. Un frío torturante iba subiéndole por las carnes enflaquecidas; ascendía por su cintura otrora flexible y delicada como los mimbres silvestres y se apoderaba de su corazón que entonces parecía enroscarse de tristeza, estallando en una plegaria muda, temblorosa de emoción reconcentrada.

La luz del día terminaba lentamente. En la calle se oían pisadas de gentes que iban, en derroche de vida, camino de la diversión barata: del *estanco* consumidor de energías y centavos; del *burdel* lleno de carne pútrida vendida a alto precio, en fin, de toda esa sarta de distracciones que el pobre puede proporcionarse en nuestro medio y que, a la larga, lejos de ocasionar gozo o contento, acarrea desgaste, enfermedad, miseria, desamparo, muerte...

Ella, ahora, en la tarde que afuera tenía gorjeos alegres, se sentía morir. Sentía que la "pálida" se enroscaba en su vida e iba asfixiándola lenta, implacable, seguramente, mientras un frío terrible le destrozaba los huesos y le hacía tamborilear enloquecidamente las sienes.

Abandono total en torno de ella. Nadie llegaba con una palabra, con un mendrugo de cariño, con un vaso de leche. Ella misma tenía que salir, entre uno y otro de los fríos de la fiebre, a buscarse el pedazo de tortilla dura que comía, *vacío* en la imposibilidad de comprarse un poco de *con qué*. En sus salidas pedía limosnas y las había estado obteniendo de centavo en centavo, tras de sufrir horribles humillaciones.

Y ella no podía explicarse el porqué del abandono

que sufría... Fue ella siempre buena con el prójimo. Fue siempre caritativa y dadivosa. Por sus vecinas hizo siempre lo que pudo: a los niños los adoró siempre, quizá porque no pudo tenerlos. Pero era posible que la vieran muy delgada, muy amarilla. Quizá la oían toser y pensaban que estaba tísica. Ella sabía que la mataba el paludismo. Pero, ¿cómo hacer para que los demás no creyeran otra cosa? Mientras tanto había que sufrir, que esperar el momento definitivo en que cesaran sus negras penas, sus infructuosas peregrinaciones, su terrible sangrar de plantas recorriendo los pedregales del mundo...

En el techo empezaban a bailotear sombras extrañas; las sienes la martillaban más recio y su vista se le iba hacia lejanías remotas, una lejanía casi imprecisa ya, casi sin contornos, pero que al evocarla en lánguida reminiscencia, la hacía sentir una voz de consuelo y resignación abriendo trocha de luz en lo más puro y en lo más íntimo de su vida.

Vivía entonces sus días de infancia en la aldea remota que atesoraba fragancia tonificante de pinos; música de zorzales enamorados; olor de terneritos retozones; cadencia de torrentes despeñados; frescura de sabanetas empapadas de rocío; pureza de sencilleces campesinas impregnadas de salves y rosarios devotísimos.

En la aldea lozana y cándida vio cómo se levantaban sus senos robustos y cómo le vibraban las carnes a los impulsos primeros del amor, del amor sencillo, sin complicaciones civilizadas, pero con las dulzuras agrestes de los idilios de Longo. Después, sus anhelos por venirse hacia la Costa soñada, insinuación de dichas y perspectiva en brazos de promesa cuando desde la lejanía se sueña.

Las ilusiones prendían grandes fogatas en su mente sencilla y buena y los llamados del instinto empezaban a quemar sus carnes morenas, turgentes, con un fuego distinto al del generoso sol de los trópicos. Empezó a deleitarse en la propia contemplación cuando, libre de la prisión del vestido, surgía a la luz la soberbia retadora de su cuerpo y cuando crespos por la cosquilla de la brisa, como dos conos de fuego, se le escapaban los pechos de la prisión delicada de la blusa.

Entonces conoció al hombre que avivó su fuego interior y la predispuso a la aventura en tentativa de dominar horizontes. Oyó la invitación de venirse a la Costa como pudo haber oído la de irse para el cielo. El hombre le gustaba por fuerte, por guapo, por *chucano*. Porque le ofrecía aquello que ella quería conocer: el amor y, además del amor, la Costa Norte.

—Allá —le decía él— los bananos crecen frondosos, se ganan grandes salarios y pronto haremos dinero. Tú me ayudarás en lo que puedas y saldremos adelante.

—¿Y si alguna mujer te conquista y *me das viaje?*

—¡De ninguna manera, mi negra, yo te quiero sólo a ti y juntos andaremos siempre!... Andaremos en tren... En automóvil... Iremos al cine, a las verbenas, en fin, a todas partes...

—¿Y son bonitos los trenes?

—¡Como gusanones negros que echaran humo por la cabeza, sabes! Allí va un gentío, de campo en campo, de La Lima al Puerto. Un hombre va diciendo los nombres de las estaciones: ¡Indiana!... ¡Mopala!... ¡Tibombo!... ¡Kele-Kele!... ¡Es *arrechito*! ¡Lo vas a ver!

Ella deliraba con salir del viejo pueblo de sus mayores. Amar y correr mundo. Para ella su pueblo estaba aletargado en una noche sin amanecer y de nada servía su belleza, acodada junto al riachuelo murmurante de encrespado lecho de riscos y de guijas. Quería dejar el pueblecito risueño donde pasó sus años de infancia y donde el campo virgen y la tierra olorosa pusieron en su cuerpo fragancias y urgencias vitales. Así fue como emprendió el camino, cerca de su hombre, bajando estribaciones, cruzando bulliciosos torrentes, pasando valles calcinados por un sol de fuego entre el concierto monótono de los *chiquirines* que introducía menudas astillitas en la monorritmia desesperante de los días.

¡Y qué hombre era su *hombre!* Por las noches de jornada, durmiendo bajo las estrellas, sabía recompensarle todas sus esperanzas, todos sus sueños y todos sus deseos. A la hora en que las tinieblas empezaban a descender sobre los campos, cuando la noche era más prieta y más espesa, cuando la aurora empezaba a regar sus arreboles por la lámina lejana del oriente... Ella sentía la impetuosidad, el fuego, la valentía, el coraje indomeñable de su *hombre* y sentía que su entraña se le encrespaba en divinos pálpitos de esperanza y de orgullo.

Llegaron, por fin, a La Lima y empezó la búsqueda de trabajo. Demetrio lo obtenía siempre porque por sus *chucanadas* era amigo de capitanes, *taimkípers* y *mandadores*, pero lo perdía luego porque en el fondo tenía mal carácter y por su propensión marcada a los vicios. Montevista, Omonita, Mopala, Indiana, Tibombo, los campos del *otro lado*... en fin, cuanto sitio tiene abierto la frutera conoció la peregrinación de ellos en la búsqueda de la vida. Unas veces era en las tareas de *chapia*, otras como *cortero* o *juntero* de bananos; después como irrigador de veneno, cubierto de verde desde la cabeza hasta los pies. Siempre de sol a sol, asándose bajo el calor desesperante que a la hora del mediodía hacía rechinar de fatiga las hojas de las matas de banano. Por las noches el hombre regresaba cansado, agobiado, mudo de la fatiga que mordía los músculos otrora elásticos como de fiera en las selvas.

En varias oportunidades enfermó él de paludismo, y, para curarse, acudía con más frecuencia al aguardiente. Todo en vano, la enfermedad seguía y suspender el trabajo era morirse de hambre. Trabajaban por ese tiempo en Kele-Kele. Ella vendía de comer y él tenía una pequeña contrata. Una noche de octubre los hombres levantaban el *bordo* poniéndole montañas de sacos de arena. Las embestidas del Ulúa eran salvajes. Las aguas sobrepasaban el nivel del dique y Demetrio desapareció entre las tumultuosas aguas que minuto a minuto aumentaba el *temporal*.

Quedó sola y enferma. Enferma también de paludismo. Con un nudo en el alma dejó los *campos* y se fue al *puerto*. Anduvo buscando qué hacer y sólo en *Los Marinos* pudo colocarse en trabajos que en nada la enorgullecían sino que ahora, al evocarlos, le hacían venir a la cara los colores de la vergüenza. Miles de hombres de diferente catadura se refocilaban en su cuerpo. Enferma y extenuada, con el alma envenenada para siempre, dejó el garito y vino a caer a San Pedro Sula. El paludismo no la soltaba, cada día las fiebres fueron más intensas y ahora se encontraba postrada en aquel pobre catre, abandonada de todos, mientras la luz se iba y sombras atemorizadas le hacían extrañas piruetas cabalgando en las vigas del techo.

Sus ojos que supieron amar, son ahora dos lagos resecos donde sólo perdura el sufrimiento; sus manos descarnadas, no son promesa de caricia ni de tibieza embrujadora; sus senos flácidos casi ni se insinúan bajo la zaraza humilde de la blusa; pasó sobre ella el vendaval de la miseria, y se insinúa, como seguridad única, la certeza escalofriante de la muerte.

En la calle, varios chiquillos juegan enloquecidos de júbilo. Una *pareja* conversa acerca del antiguo y nuevo tema del amor. Un carro hiere el silencio con la arrogancia asesina de su claxon. A la distancia, el *mixto* deja oír la estridencia de su pito, y la vida sigue porque tiene que seguir...

COMENTARIO

"Paludismo" tiene varios elementos de la clásica obra antimperialista: la anonimidad de la protagonista; la tentación de conocer la zona "rica"; el abandono del pueblo sano en busca de mejor vida; las dificultades del trabajo en el trópico; el enviciamiento de la gente; la conversión de la campesina alegre en prostituta envenenada; las enfermedades, el alcoholismo y la muerte a manos de la naturaleza. Sin embargo, "Paludismo" se distingue de tantas otras obras antimperialistas en no echarle la culpa por todos los males a la compañía extranjera. En efecto, sólo una vez se menciona la frutera, aunque no queda ninguna duda de que se trata de la Compañía United Fruit en la Costa Norte de Honduras. Demetrio pierde a menudo su trabajo no por la injusticia de un capataz desalmado, sino por su mal carácter y su "propensión marcada a los vicios". Su muerte no fue causada por una falta de quinina, sino por el temporal. No es que el autor esté tratando de defender la frutera, sino que prefiere enfocarse en la vida trágica de esas personas que se dejan tentar por lo exótico.

Aunque el tema del antimperialismo suele cultivarse más en la novela que en el cuento a causa de sus complejidades, "Paludismo" luce una gran unidad. El tiempo transcurrido no pasa de los minutos. Al principio, se presencia la llegada de la noche y al final de los recuerdos, el autor nos cuenta que "la luz se iba". Desde luego que la luz se equipara con la vida; y la noche con la muerte. Este contraste acentúa más los contrastes paradójicos de los escalofríos palúdicos y el calor tropical;

y la sed, la escasez de agua y los estragos del temporal hacen pensar en el romanticismo, pero la indiferencia del mundo en el párrafo final y el estudio clínico de la protagonista delatan un naturalismo rezagado. Al mismo tiempo, hay que reconocer la sensibilidad artística del cuentista. Hace hincapié en los sentidos: "ella... se *sentía* morir". La luz, representando la vida, aparece con sus variantes de sol, fuego, fogata, alumbrado eléctrico y lámpara. Las impresiones auditivas recorren la escala de la intensidad: "el chorro imperceptible de una llave mal cerrada"; "el riachuelo murmurante"; los "bulliciosos torrentes"; la "arrogancia asesina" del claxon y la estridencia del pito del tren. La "carne pútrida"; la "fragancia tonificante de pinos" y la "tierra olorosa" contribuyen a completar el cuadro sinestético. Otros artificios estilísticos que realzan el valor de este cuento son la aliteración ("racionamiento riguroso"; "el pobre puede proporcionarse"; "se le escapaban los pechos de la prisión"), las series de palabras o frases paralelas ("con una palabra, con un mendrugo de cariño, con un vaso de leche"; "todas sus esperanzas, todos sus sueños y todos sus deseos") y los muchos refuerzos estructurales basados, sobre todo, en los juegos de la luz y del agua.

JUAN BOSCH
[1909]

Dominicano. Viajó por Europa y América como re-
fugiado político por veinticinco años. Vivió mucho
tiempo en Cuba. Jefe del Partido Revolucionario
Dominicano, volvió a su patria en 1961, después del
asesinato de Trujillo. Fue elegido presidente de su
país en 1963 y pocos meses después fue derrocado
por un golpe militar. Ha publicado una biografía
de Hostos; una novela, La mañosa *(1936), y varios*
tomos de cuentos: Camino real *(1933),* Indios *(1935),*
Dos pesos de agua *(1944),* Ocho cuentos *(1947),* La
muchacha de la Guaira *(1955)* y Cuento de Navidad
(1956).

LA MUJER

LA CARRETERA está muerta. Nadie ni nada la resuci-
tará. Larga, infinitamente larga, ni en la piel gris
se le ve vida. El sol la mató; el sol de acero, de tan
candente al rojo —un rojo que se hizo blanco. Tornóse luego transparente el acero blanco, y sigue ahí,
sobre el lomo de la carretera.

Debe hacer muchos siglos de su muerte. La des-
enterraron hombres con picos y palas. Cantaban y
picaban; algunos había, sin embargo, que ni cantaban ni picaban. Fue muy largo todo aquello. Se veía
que venían de muy lejos; sudaban, hedían. De tarde
el acero blanco se volvía rojo; entonces en los ojos
de los hombres que desenterraban la carretera se
agitaba una hoguera pequeñita, detrás de las pupilas.

La muerte atravesaba sabanas y lomas y los vientos traían polvo sobre ella. Después aquel polvo murió también y se posó en la piel gris.

A los lados hay arbustos espinosos. Muchas veces la vista se enferma de tanta amplitud. Pero las planicies están peladas. Pajonales, a distancia. Tal vez aves rapaces coronen cactos. Y los cactos están allá, más lejos, embutidos en el acero blanco.

También hay bohíos, casi todos bajos y hechos con barro. Algunos están pintados de blanco y no se ven bajo el sol. Sólo se destaca el techo grueso, seco, ansioso de quemarse día a día. Las canas dieron esas techumbres por las que nunca rueda agua.

La carretera muerta, totalmente muerta, está ahí, desenterrada, gris. La mujer se veía, primero como un punto negro, después como una piedra que hubieran dejado sobre la momia larga. Estaba allí, tirada, sin que la brisa le moviera los harapos. No la quemaba el sol; tan sólo sentía dolor por los gritos del niño. El niño era de bronce, pequeñín, con los ojos llenos de luz, y se agarraba a la madre tratando de tirar de ella con sus manecitas. Pronto iba la carretera a quemar el cuerpecito, las rodillas por lo menos, de aquella criatura desnuda y gritona.

La casa estaba allí cerca, pero no podía verse.

A medida que se avanzaba, crecía aquello que parecía una piedra tirada en medio de la gran carretera muerta. Crecía, y Quico se dijo: "Un becerro, sin duda, estropeado por auto."

Tendió la vista: la planicie, la sabana. Una colina lejana, con pajonales, como si fuera esa colina sólo un montoncito de arena apilada por los vientos. El cauce de un río; las fauces secas de la tierra que tuvo agua mil años antes de hoy. Se resquebrajaba la planicie dorada bajo el pesado acero transparente. Los cactos, los cactos, coronados de aves rapaces.

Más cerca ya, Quico vio que era persona. Oyó distintamente los gritos del niño.

El marido la había pegado. Por la única habitación del bohío, caliente como horno, la persiguió, tirándola de los cabellos y machacando a puñetazos su cabeza.

—¡Hija de mala madre! ¡Hija de mala madre! ¡Te voy a matar como a una perra, desvergonsá!

—¡Pero si nadie pasó, Chepe; nadie pasó! —quería ella explicar.

—¿Que no? ¡Ahora verá!

Y volvía a golpearla.

El niño se agarraba a las piernas de su papá. Él veía la mujer sangrando por la nariz. La sangre no le daba miedo, no, solamente deseos de llorar, de gritar mucho. De seguro mamá moriría si seguía sangrando.

Todo fue porque la mujer no vendió la leche de cabra, como él se lo mandara; al volver de las lomas, cuatro días después, no halló el dinero. Ella contó que se había cortado la leche; la verdad es que la bebió. Prefirió no tener unas monedas más a que la criaturita sufriera hambre tanto tiempo.

Le dijo después que se marchara con su hijo:

—¡Te mataré si vuelves a esta casa!

La mujer estaba tirada en el piso de tierra; sangraba mucho y nada oía. Chepe, frenético, la arrastró hasta la carretera. Y se quedó allí, como muerta, sobre el lomo de la gran momia.

Quico tenía agua para dos días más de camino, pero casi toda la gastó en rociar la frente de la mujer. La llevó hasta el bohío, dándole el brazo, y pensó en romper su camisa listada para limpiarla de sangre. Chepe entró por el patio.

—¡Te dije que no quería verte má aquí, condená!

Parece que no había visto al extraño. Aquel acero blanco, transparente, le había vuelto fiera, de seguro. El pelo era estopa y las córneas estaban rojas.

Quico le llamó la atención, pero él, medio loco, amenazó de nuevo a su víctima. Iba a pegarla ya. Entonces fue cuando se entabló la lucha entre los dos hombres.

El niño pequeñín, pequeñín, comenzó a gritar otra vez; ahora se envolvía en la falda de su mamá.

La lucha era como una canción silenciosa. No decían palabra. Sólo se oían los gritos del muchacho y las pisadas violentas.

La mujer vio cómo Quico ahogaba a Chepe: tenía los dedos engarfiados en el pescuezo de su marido. Éste comenzó por cerrar los ojos; abría la boca y le subía la sangre al rostro.

Ella no supo qué sucedió, pero cerca, junto a la puerta, estaba la piedra; una piedra como lava, rugosa, casi negra, pesada. Sintió que le nacía una fuerza brutal. La alzó. Sonó seco el golpe. Quico, primero soltó el pescuezo del otro, luego dobló las rodillas, después abrió los brazos con amplitud y cayó de espaldas, sin quejarse, sin hacer un esfuerzo.

La tierra del piso absorbía aquella sangre tan roja, tan abundante. Chepe veía la luz brillar en ella.

La mujer tenía las manos crispadas sobre la cara, todo el pelo suelto y los ojos pugnando por saltar. Corrió. Sentía flojedad en las coyunturas. Quería ver si alguien venía; pero sobre la gran carretera muerta, totalmente muerta, sólo estaba el sol que la mató. Allá, al final de la planicie, la colina de arenas que amontonaron los vientos. Y cactos, embutidos en el acero.

COMENTARIO

"La mujer", uno de los cuentos hispanoamericanos más antologados, es una sinfonía audiovisual del trópico. Si existiera alguna duda, lo comprueban las palabras del mismo autor: "la lucha era como una canción silencio-sa". En esta composición musical, se funden los personajes con el escenario. Ellos se deshumanizan mientras la naturaleza y la carretera adquieren rasgos humanos.

La estructura de la composición se basa en el cruce de los dos temas principales: la carretera comienza como tema principal; baja en la segunda y en la tercera parte; y vuelve a subir al final. En cambio, la mujer aparece como un punto negro en la primera parte y poco a poco va cogiendo importancia hasta el acto culminante de la tercera parte. Después, al final vuelve a diluirse en la inmensidad de la carretera. A pesar de caminar por rumbos opuestos, estos dos temas se identifican uno con el otro por la muerte, la piedra y la sangre.

El argumento constituye una parte muy importante de la sinfonía, sin llegar a dominarla excesivamente. La lucha entre los dos hombres es el punto culminante que termina con el golpe seco (tambor) de la piedra.

Este episodio se absorbe dentro de la sinfonía con la vuelta al tema de la carretera. Su piel gris convertida en acero blanco por el sol rojo crea una imagen deslumbrante. Al mismo tiempo, los efectos visuales son respaldados por los efectos auditivos, creados por la repetición sistemática de varios motivos, la aliteración y la brevedad de las oraciones.

A pesar de las descripciones brillantes del paisaje, no deja de impresionar la vida trágica de la gente pobre del trópico. La mujer anónima y abnegada se sacrifica por su niño y acepta los golpes furiosos del marido, trastornado por el sol y por la frustración de no poder ganarse la vida.

313

La acción de la mujer sorprende por su falta de lógica, pero se comprende muy bien al tener en cuenta el ambiente primitivo. Conviene notar que el mismo caso ocurre en las novelas, *El embrujo de Sevilla* de Carlos Reyles e *Historia de arrabal* de Manuel Gálvez.

Tanto la construcción artística como la importancia concedida a la luz y al sonido de la composición denuncian la herencia modernista. Igual que el venezolano Rómulo Gallegos, Juan Bosch sabe adaptar las innovaciones modernistas para dar más relieve a la escena criolla. Además, la imagen deslumbrante de la carretera indica cierta influencia del surrealismo.

MANUEL ROJAS
[1896]

Chileno. Nació en Buenos Aires de padres chilenos.
Trabajó de peón en la construcción del ferrocarril
transandino, de estibador en Valparaíso, de apunta-
dor para una compañía teatral, de periodista y de
profesor. En 1931 fue nombrado director del Depar-
tamento de Publicaciones de la Universidad de Chile.
En 1957 recibió el Premio Nacional de Literatura. Ha
enseñado en Midlebury College (1959), en la Uni-
versidad de California en Los Ángeles (1962) y en
la Universidad de Oregon (1963). Sus obras más
famosas son las colecciones de cuentos: Hombres
del sur *(1926)* y El delincuente *(1929); y las novelas*
Lanchas en la bahía *(1932)*, La ciudad de los césa-
res *(1936)*, Hijo de ladrón *(1951)*, Mejor que el vino
(1958), Punta de rieles *(1960)* y Sombras contra
el muro *(1964)*.

EL VASO DE LECHE

Afirmado en la barandilla de estribor, el marinero
parecía esperar a alguien. Tenía en la mano izquierda un envoltorio de papel blanco, manchado de
grasa en varias partes. Con la otra mano atendía
la pipa.

Entre unos vagones apareció un joven delgado;
se detuvo un instante, miró hacia el mar y avanzó
después caminando por la orilla del muelle con las
manos en los bolsillos, distraído o pensando.

Cuando pasó frente al barco, el marinero le gritó en inglés:

—*I say; look here!* (Oiga usted, mire.)

El joven levantó la cabeza y, sin detenerse, contestó en el mismo idioma:

—*Hello! What?* (¡Hola! ¿Qué?)

—*Are you hungry?* (¿Tiene usted hambre?)

Hubo un silencio breve, durante el cual el joven pareció reflexionar y hasta dio un paso más corto que los demás, como para detenerse; pero al fin dijo, mientras dirigía al marinero una sonrisa triste:

—*No. I am not hungry. Thank you, sailor.* (No. No tengo hambre. Muchas gracias, marinero.)

—*Very well.* (Muy bien.)

Sacóse la pipa de la boca el marinero, escupió y colocándosela de nuevo entre los labios, miró hacia otro lado. El joven, avergonzado de que su aspecto despertara sentimientos de caridad, pareció apresurar el paso, como temiendo arrepentirse de su negativa.

Un instante después, un magnífico vagabundo, vestido inverosímilmente de harapos, grandes zapatos rotos, larga barba rubia y ojos azules, pasó ante el marinero, y éste, sin llamarlo previamente, le gritó:

—*Are you hungry?*

No había terminado aún su pregunta, cuando el atorrante, mirando con ojos brillantes el paquete que el marinero tenía en sus manos, contestó apresuradamente:

—*Yes, sir, I am very much hungry!* (Sí, señor, yo tengo harta hambre.)

Sonrió el marinero. El paquete voló en el aire y fue a caer entre las manos ávidas del hambriento. Ni siquiera dio las gracias y abriendo el envoltorio calientito aún, sentóse en el suelo, restregándose las manos alegremente, al contemplar su contenido. Un atorrante de puerto puede no saber inglés, pero nunca se perdonaría no saber el suficiente como para pedir de comer a uno que hable ese idioma.

El joven que pasara momentos antes, parado a corta distancia de allí, presenció la escena.

Él tenía hambre. Hacía tres días justos que no comía, tres largos días. Y más por timidez y vergüenza que por orgullo, se resistía a pararse delante de las escalas de los vapores, a las horas de comida, esperando de la generosidad de los marineros algún paquete que contuviera restos de guisos y trozos de carne. No podía hacerlo, no podría hacerlo nunca. Y cuando, como en el caso reciente, alguno le ofrecía sus sobras, las rechazaba heroicamente, sintiendo que la negativa le aumentaba su hambre.

Seis días hacía que vagaba por las callejuelas y muelles de aquel puerto. Lo había dejado allí un vapor inglés procedente de Punta Arenas, puerto en que había desertado de un vapor en que servía como muchacho de un capitán. Estuvo un mes allí, ayudando en sus ocupaciones a un austriaco pescador de centollas, y en el primer barco que pasó hacia el Norte embarcóse ocultamente.

Lo descubrieron al día siguiente de zarpar y enviáronlo a trabajar en las calderas. En el primer puerto grande que tocó el vapor lo desembarcaron, y allí quedó, como un fardo sin dirección ni destinatario, sin conocer a nadie, sin un centavo en los bolsillos y sin saber trabajar en oficio alguno.

Mientras estuvo allí el vapor, pudo comer, pero después... La ciudad enorme, que se alzaba más allá de las callejuelas llenas de tabernas y posadas pobres, no le atraía: parecía un lugar de esclavitud, sin aire, oscura, sin esa grandeza amplia del mar, y entre cuyas altas paredes y rectas la gente vive y muere aturdida por un tráfago angustioso.

Estaba poseído por la obsesión terrible del mar, que tuerce las vidas más lisas y definidas como un brazo poderoso una delgada varilla. Aunque era muy joven, había hecho ya varios viajes por las costas de América del Sur, en diversos vapores, desempeñando distintos trabajos y faenas, faenas y trabajos que en tierra no tenían casi aplicación.

Después que se fue el vapor, anduvo y anduvo, esperando del azar algo que le permitiera vivir de algún modo mientras tornaba a sus canchas familiares; pero no encontró nada. El puerto tenía poco movimiento y en los contados vapores en que se trabajaba no lo aceptaron.

Ambulaban por allí infinidad de vagabundos de profesión; marineros sin contrata como él, desertados de un vapor o prófugos de algún delito; atorrantes abandonados al ocio, que se mantenían de no se sabe qué, mendigando o robando, pasando los días como las cuentas de un rosario mugriento, esperando quién sabe qué extraños acontecimientos, o no esperando nada, individuos de las razas y pueblos más exóticos y extraños, aun de aquellos en cuya existencia no se cree hasta no haber visto un ejemplar vivo.

Al día siguiente, convencido de que no podría resistir mucho más, decidió recurrir a cualquier medio para procurarse alimentos.

Caminando, fue a dar delante de un vapor que había llegado la noche anterior y que cargaba trigo. Una hilera de hombres marchaba dando la vuelta, al hombro los pesados sacos, desde los vagones, atravesando una planchada, hasta la escotilla de las bodegas, donde los estibadores recibían la carga.

Estuvo un rato mirando hasta que atrevióse a hablar con el capataz, ofreciéndose. Fue aceptado y animosamente formó parte de la larga fila de cargadores.

318

Durante el primer tiempo de la jornada trabajó bien; pero después empezó a sentirse fatigado y le vinieron vahídos, vacilando en la planchada, cuando marchaba con la carga al hombro, viendo a sus pies la abertura vertiginosa formada por el costado del vapor y el murallón del muelle, en el fondo del cual el mar, manchado de aceite y cubierto de desperdicios, glogloteaba sordamente.

A la hora de almorzar hubo un breve descanso, y en tanto que algunos fueron a comer en los figones cercanos y otros comían lo que habían llevado, él se tendió en el suelo a descansar, disimulando su hambre.

Terminó la jornada completamente agotado, cubierto de sudor, reducido ya a lo último. Mientras los trabajadores se retiraban, se sentó en unas bolsas, acechando al capataz, y cuando se hubo marchado el último, acercóse a él confuso y titubeante, aunque sin contarle lo que le sucedía, le preguntó si podían pagarle inmediatamente o si era posible conseguir un adelanto a cuenta de lo ganado.

Contestóle el capataz que la costumbre era pagar al final del trabajo y que todavía sería necesario trabajar el día siguiente para concluir de cargar el vapor. ¡Un día más! Por otro lado, no adelantaban un centavo.

—Pero —le dijo—, si usted necesita, yo podría prestarle unos cuarenta centavos... No tengo más.

Le agradeció el ofrecimiento con una sonrisa angustiosa y se fue.

Le acometió entonces una desesperación aguda. ¡Tenía hambre, hambre, hambre! Un hambre que lo doblegaba como un latigazo pesado y ancho; veía todo a través de una niebla azul y al andar vacilaba como un borracho. Sin embargo, no habría podido quejarse ni gritar, pues su sufrimiento no era oscuro ni fatigante; no era dolor, sino angustia sorda, acabamiento; le parecía que estaba aplastado por un gran peso.

Sintió de pronto como una quemadura en las entrañas, y se detuvo. Se fue inclinando, inclinando, doblándose forzadamente como una barra de hierro, y creyó que iba a caer. En ese instante, como si una ventana se hubiera abierto ante él, vio su casa, el paisaje que se veía desde ella, el rostro de su madre y el de sus hermanos, todo lo que él quería y amaba apareció y desapareció ante sus ojos cerrados por la fatiga... Después, poco a poco, cesó el desvanecimiento y se fue enderezando, mientras la quemadura se enfriaba suavemente. Por fin se irguió, respirando profundamente. Una hora más y caería sin sentido al suelo.

Apuró el paso, como huyendo de un nuevo mareo, y mientras marchaba resolvió ir a comer a cualquier parte, sin pagar, dispuesto a que lo avergonzaran, a que le pegaran, a que lo mandaran preso, a todo, lo importante era comer, comer, comer. Cien veces repitió mentalmente esta palabra: comer, comer, comer, comer, hasta que el vocablo perdió su sentido, dejándole una impresión de vacío caliente en la cabeza.

No pensaba huir; le diría al dueño: "Señor, tenía hambre, hambre, hambre, y no tengo con qué pagar... Haga lo que quiera."

Llegó hasta las primeras calles de la ciudad y en una de ellas encontró una lechería. Era un negocio muy claro y limpio, lleno de mesitas con cubierta de mármol. Detrás de un mostrador estaba de pie una señora rubia, con un delantal blanquísimo.

Eligió ese negocio. La calle era poco transitada. Habría podido comer en uno de los figones que estaban junto al muelle, pero continuamente se encontraban llenos de gente que jugaba y bebía.

En la lechería no había sino un cliente. Era un vejete de anteojos, que con la nariz metida entre las hojas de un periódico, leyendo, permanecía inmóvil, como pegado a la silla. Sobre la mesita había un vaso de leche a medio consumir.

Esperó que se retirara, paseando por la acera, sintiendo que poco a poco se le encendía en el estómago la quemadura de antes, y esperó cinco, diez, hasta quince minutos. Se cansó y paróse a un lado de la puerta, desde donde lanzaba al viejo unas miradas que parecían pedradas.

¡Qué diablos leería con tanta atención! Llegó a imaginarse que era un amigo suyo, el cual, sabiendo sus intenciones, se hubiera propuesto entorpecerlas. Le daban ganas de entrar y decirle algo fuerte que le obligara a marcharse, una grosería o una frase que le indicara que no tenía derecho a permanecer uno sentado y leyendo por un gasto tan reducido.

Por fin el cliente terminó su lectura, o por lo menos la interrumpió. Se bebió de un sorbo el resto de leche que contenía el vaso, se levantó pausadamente, pagó y dirigióse a la puerta. Salió; era un vejete corcovado, con trazas de carpintero o barnizador.

Apenas estuvo en la calle, afirmóse los anteojos, metió de nuevo la nariz entre las hojas del periódico y se fue, caminando despacito y deteniéndose cada diez pasos para leer con más detenimiento.

Esperó que se alejara y entró. Un momento estuvo parado a la entrada, indeciso, no sabiendo dónde sentarse; por fin eligió una mesa y dirigióse hacia ella; pero a mitad de camino se arrepintió, retrocedió, tropezó en una silla, instalándose después en un rincón.

Acudió la señora, pasó un trapo por la cubierta de la mesa y con voz suave, en la que se notaba un dejo de acento español, le preguntó:

—¿Qué se va usted a servir?

Sin mirarla, le contestó:

—Un vaso de leche.

—¿Grande?

—Sí, grande.

—¿Solo?

—¿Hay bizcochos?

—No; vainillas.

—Bueno, vainillas.

Cuando la señora se dio vuelta, él se restregó las manos sobre las rodillas, regocijado, como quien tiene frío y va a beber algo caliente.

Volvió la señora y colocó ante él un gran vaso de leche y un platillo lleno de vainillas, dirigiéndose después a su puesto detrás del mostrador.

Su primer impulso fue el de beberse la leche de un trago y comerse después las vainillas, pero en seguida se arrepintió; sentía que los ojos de la mujer lo miraban con curiosidad y detención. No se atrevía a mirarla; le parecía que, al hacerlo, ella conocería su estado de ánimo y sus propósitos vergonzosos y él tendría que levantarse e irse, sin probar lo que había pedido.

Pausadamente tomó una vainilla, humedecióla en la leche y le dio un bocado; bebió un sorbo de leche y sintió que la quemadura, ya encendida en su estómago, se apagaba y deshacía. Pero, en seguida, la realidad de su situación desesperada surgió ante él y algo apretado y caliente subió desde su corazón hasta la garganta; se dio cuenta de que iba a sollozar, a sollozar a gritos, y aunque sabía que la señora lo estaba mirando no pudo rechazar ni deshacer aquel nudo ardiente que se estrechaba más y más. Resistió, y mientras resistía comió apresuradamente, como asustado, temiendo que el llanto le impidiera comer. Cuando terminó con la leche y las vainillas, se le nublaron los ojos y algo tibio rodó por su nariz, cayendo dentro del vaso. Un terrible sollozo lo sacudió hasta los zapatos.

Afirmó la cabeza en las manos y durante mucho rato lloró, lloró con pena, con rabia, con ganas de llorar, como si nunca hubiese llorado.

Inclinado estaba y llorando, cuando sintió que una mano le acariciaba la cansada cabeza y una voz de mujer, con un dulce acento español, le decía:

—Llore, hijo, llore...

Una nueva ola de llanto le arrasó los ojos y lloró con tanta fuerza como la primera vez, pero ahora no angustiosamente, sino con alegría, sintiendo que una gran frescura lo penetraba, apagando eso caliente que le había estrangulado la garganta. Mientras lloraba, parecióle que su vida y sus sentimientos se limpiaban como un vaso bajo un chorro de agua, recobrando la claridad y firmeza de otros días.

Cuando pasó el acceso de llanto se limpió con su pañuelo los ojos y la cara, ya tranquilo. Levantó la cabeza y miró a la señora, pero ésta no le miraba ya, miraba hacia la calle, a un punto lejano, y su rostro estaba triste.

En la mesita, ante él, había un nuevo vaso de leche y otro platillo colmado de vainillas; comió lentamente, sin pensar en nada, como si nada le hubiera pasado, como si estuviera en su casa y su madre fuera esa mujer que estaba detrás del mostrador.

Cuando terminó ya había oscurecido y el negocio se iluminaba con una bombilla eléctrica. Estuvo un rato sentado, pensando en lo que diría a la señora al despedirse, sin ocurrírsele nada oportuno.

Al fin se levantó y dijo simplemente:

—Muchas gracias, señora; adiós...

—Adiós, hijo... —le contestó ella.

Salió. El viento que venía del mar refrescó su cara, caliente aún por el llanto. Caminó un rato sin dirección, tomando después por una calle que bajaba hacia los muelles. La noche era hermosísima y grandes estrellas aparecían en el cielo de verano.

Pensó en la señora rubia que tan generosamente se había conducido con él, haciendo propósitos de pagarle y recompensarle de una manera digna cuando tuviera dinero; pero estos pensamientos de gratitud se desvanecían junto con el ardor de su rostro, hasta que no quedó ninguno, y el hecho reciente retrocedió y se perdió en los recodos de su vida pasada.

De pronto se sorprendió cantando algo en voz baja. Se irguió alegremente, pisando con firmeza y decisión.

Llegó a la orilla del mar y anduvo de un lado para otro, elásticamente, sintiéndose rehacer, como si sus fuerzas interiores, antes dispersas, se reunieran y amalgamaran sólidamente.

Después la fatiga del trabajo empezó a subirle por las piernas en un lento hormigueo y se sentó sobre un montón de bolsas.

Miró al mar. Las luces del muelle y las de los barcos se extendían por el agua en un reguero rojizo y dorado, temblando suavemente. Se tendió de espaldas, mirando al cielo largo rato. No tenía ganas de pensar, ni de cantar, ni de hablar. Se sentía vivir, nada más.

Hasta que se quedó dormido con el rostro vuelto hacia el mar.

COMENTARIO

"El vaso de leche" se distingue de la mayor parte de los cuentos criollos por su visión optimista del hombre y de la vida en general. Aunque el hambre del protagonista cobra relieve en contraste con el oportunismo del atorrante y con la indiferencia del vejete, la bondad de la señora de la lechería remata la generosidad del marinero inglés y del capataz de los cargadores. Vencida el hambre, el protagonista se duerme "con el rostro vuelto hacia el mar". Es decir, que a pesar de la dureza de la vida marítima, el mar simboliza la creación y el renacimiento del hombre.

La importancia del individuo es muy chilena. La anonimidad del protagonista no le quita en absoluto su valor humano. En este cuento, Rojas no está preocupado por la protesta social; sólo quiere analizar lo que siente una persona que está sufriendo hambre. Describe con tanta intensidad los varios momentos críticos para el protagonista que el lector llega a identificarse con éste sin conocerlo. En efecto, se sabe muy poco del protagonista. Es joven y delgado; tiene madre y hermanos; trabajó en un barco, desertó, trabajó con el pescador de centollas y se embarcó ocultamente. Eso es todo. No se saben detalles físicos ni por qué motivos abandonó el hogar. Lo importante es el sufrimiento y la presión ejercida por el hambre sobre la timidez y la vergüenza.

El énfasis en el individuo no quiere decir que el cuento está desarraigado de la realidad. Al contrario, Rojas se esfuerza por crear el ambiente de puerto: los extranjeros (el marinero inglés, el pescador austriaco —no importa que no esté presente— y la lechera española); los vagabundos; los estibadores; los figones; el montón de bolsas, y las luces del muelle y de los barcos. Sólo que a diferencia de Mariano Latorre, jefe de los criollistas chilenos, el propósito principal de Rojas no es captar los rasgos distintivos de una región, sino presentar un drama humano dentro de un ambiente realista.

"El vaso de leche" da la impresión de una narración sencilla y directa, sin trucos literarios. Sin embargo, los recursos estilísticos de Rojas son tan valiosos como los de Aguilera Malta o de Juan Bosch. La comparación del hambre con un fuego abrasador da doble sentido al efecto del vaso de leche, de las lágrimas y del mar. De acuerdo con la sencillez de la acción y con la intensidad de las emociones, el estilo de Rojas, muy chileno, se caracteriza por su lentitud. Las oraciones son largas; abundan las construcciones paralelas; y hasta la traducción de las palabras del marinero inglés contribuye a establecer el ritmo lento. Para reconciliar la intensidad emotiva con el ritmo lento, Rojas construye sus oraciones a base de verbos, que a veces adorna en el lugar apropiado con enclíticos. "Se bebió de un sorbo el resto de leche que contenía el vaso, se levantó pausadamente, pagó y dirigióse a la puerta." El sentido del ritmo también se percibe en el uso del pronombre "las" en la frase bimembre "las luces del muelle y las de los barcos".

En cuanto a la estructura del cuento, Rojas rechaza la técnica común y corriente de encuadrar su obra con motivos artísticos. La unidad del cuento se deriva del solo tema del hambre que se liquida al final. De cierta manera, el desenlace feliz se prepara con el comienzo falso. Parece que el autor nos está tomando el pelo al hacernos creer por más de una página que el marinero inglés va a ser el protagonista. Esa picardía de parte del autor no concordaría con un fin trágico.

La primacía del ser humano en "El vaso de leche" marca el fin del criollismo. En Chile, la preeminencia de la vida citadina y el influjo de los inmigrantes europeos han creado una literatura más "antropocéntrica" que la de la mayoría de los otros países hispanoamericanos. Sin embargo, ya para 1945 la reacción contra el criollismo se había hecho general.

ÍNDICE

327

328

Este libro se terminó de imprimir el día 30 de Marzo de 1979 en los talleres de Lito Ediciones Olimpia, S. A. Sevilla 109, y se encuadernó en Encuadernación Progreso, S. A. Municipio Libre 188, México 13, D. F. Se tiraron 10,000 ejemplares.